Michel Grunauer

• SELBST BEWUSST SEIN •

Michel Grunauer

SELBST BEWUSST SEIN

Die Deutsche Nationalbibliothek verzeichnet diese Publikation in der Deutschen Nationalbibliografie; detaillierte bibliografische Daten sind im Internet über dnb.dnb.de abrufbar. Die Schweizerische Nationalbibliothek (NB) verzeichnet aufgenommene Bücher unter helveticat.ch und die Österreichische Nationalbibliothek (ÖNB) unter onb.ac.at.

Autor:
Michel Grunauer
SELBST BEWUSST SEIN
ISBN: 978-3-033-06173-6

Buchsatz: Danny Lee Lewis, Berlin: dannyleelewis@gmail.com
Marketing: Rampenlicht, Basel, www.rampenlichtagentur.ch

© Copyright 2017

Sie finden uns im Internet unter: www.grunauer-coaching.com

Inhalt

Widmung 9

Vorwort – Warum noch so ein Buch 11

Positives Denken – Wie Gedanken unser Leben
    beeinflussen 15

Michel der Rebell – Warum ich Dir Mut machen
    möchte 19

I Wie unser Gehirn tickt 43
- Warum träumen wir 44
- Das Phänomen Stress 46
- Was den Verbindungseffekt ausmacht 48
- Visionen von den eigenen Zielen 49
- Wie machen es die Delfine 50
- Visionen auf dem Weg zum Ziel 52

II Stress und Burn-out 53
- Stress – Störenfried und Geheimnis unseres
 Antriebs 54
- Burn-out – Viel mehr als nur ein Modewort 56
- Die Bedeutung von Persönlichkeitsmerkmalen . . . 58
- Ein Burn-out ist heilbar! 61

III Kindheit und Jugend als erste Herausforderung . . 65
- Bedeutung der Vergangenheit 66
- Zauberkraft des »richtigen« Lobs 69

IV Glücklich und erfolgreich werden 73
- Selbstfindung – Der erfolgreiche Anfang 74
- Glück entsteht im menschlichen Gehirn 75
- Persönliches Glück kann beeinflusst werden 78
- Wie hängen Erfolg und Glück zusammen 81
- Du hast Dein Schicksal in der Hand 84
- Sei Du selbst 88
- Unser Unterbewusstsein 92
- Du bist wertvoll 97
- Schwierigkeiten sind normal 99
- Tipps zum Glücklichwerden 101
- Zusammenfassung – Wege zum Glück 104

V Die Bedeutung des Glaubens 107
- Glaube an Dich selbst 108
- Dein größter Feind – und wie Du ihn besiegen kannst 112
- Religion und Deine wirkliche Sünde, den Mut zu verlieren 117
- Was Angst in dir auslöst 121
- Ursache und Wirkung hängen immer zusammen . 123
- Wie die Liebe Dich von Deinem Hass befreit 128

VI Beginne immer »JETZT« 133
- Bleib hilfsbereit, aber mach die Probleme anderer nicht zu Deinen 134
- Du musst nichts 136
- Vor der scheinbaren Zufriedenheit steckt die Kapitulation 142
- Suche Dein Ziel, aber niemals den Weg dorthin . . 145
- Werde Dir Deiner Ziele und Wünsche bewusst . . . 149
- Die Arbeit an Dir selbst 153
- Warum sich nicht alle Wünsche erfüllen 155
- Schaffe Dir ein neues Weltbild 158

VII Positive Gedanken helfen Dir in allen wichtigen Lebenslagen 161
- Mehr Freude im Beruf, Erfolg und Wohlstand finden 162
- Durch Visualisierung zu Erfolg und Wohlstand . . . 165
- Krankheiten und dessen Einfluss 175

VIII Erfüllung in Partnerschaft und Sexualität 179
- Dein Traum von einem Partner 180
- Sexuelle Frustration ist Gift für jede Beziehung . . . 186
- Wenn Kinder Opfer einer Scheidung werden 188
- Eine glückliche Beziehung 193
- Uneigennützig etwas für den anderen tun 199
- Liebeskummer überwinden 202
- Narzissmus und Beziehung 203

- Phasen der Beziehung 205
- »Zusammenpassen« 207
- Probleme in der Kommunikation 214
- Tipps für eine glücklichere Beziehung 218

IX Krisen: Vertraute Wegbegleiter in unserem Leben 221
- Krisenbewältigung im Alltag 222
- In kleinen Schritten zu mehr Entspannung 228
- Faktor Bewegung 230

X Gelassenheit beginnt im Kopf 233
- Der innere Entspannungshelfer 234
- Fühle dich wohl in Deinem Körper 239
- Weniger erwarten – mehr staunen 240
- Lass die Probleme einfach Probleme sein – Gelassenheit beginnt im Kopf 242
- Die zwei Wölfe in unserem Inneren 245

XI Durch unsere professionelle Hilfe zu neuem Lebensmut 247
- Unsere Philosophie 248
- Durch unser Coaching zu mehr Lebensfreude . . . 249

Fragen und Selbstcoaching-Methoden 255

Die »Belief-Liste« 261

Literatur 263

Widmung

Ich danke meiner ganzen Familie für all das Erlebte, die Erfahrungen und für ihre Unterstützung.

Ein Dank gilt auch meinem ersten Mentor, C. Huber. Für mich war die erste Begegnung mit ihm mein erster Anstoß für meinen Wendepunkt in meinem Leben. Ich danke auch all meinen weiteren Professoren, Autoren und Lektoren, die mich über die Jahre hinweg begleitet und unterstützt und ihr Wissen und ihre Erfahrungen an mich weitergegeben haben.

An meine Großmutter, die mich immer mit Rat und Tat bei der Verwirklichung meines Buches unterstützt hat, möchte ich meinen ganz besonderen Dank richten.

Der wohl wichtigste Dank gilt schließlich meiner Partnerin Julia. Danke, dass Du immer für mich da bist und bei jeder Idee und jedem Projekt voll hinter mir stehst. Danke auch für Deine Geduld, die Du mitbringen musstest. Auf vieles musstest Du verzichten, während dieses grossen Projektes, besonders auf mich. Ich möchte hiermit meinen Dank und meine Wertschätzung für Dich ausdrücken; ich danke Dir, dass Du immer an meiner Seite stehst.

Einen besonderen Dank auch an unseren treuen Wegbegleiter Taiki.

Herzlichen Dank an alle.
Michel Grunauer

Vorwort – Warum noch so ein Buch

Haben Sie das Gefühl, das Leben sei Ihnen noch etwas schuldig geblieben? Haben Sie eine oder mehrere schwere Krisen überstanden, sie aber noch nicht wirklich bewältigt? Wenn Sie solche Fragen umtreiben, sind Sie mit diesem Buch auf dem richtigen Weg.

Wir alle müssen mit Leid zurechtkommen, doch mancher scheint eine weniger schwere Bürde zu tragen als andere. Wie steht es bei Ihnen? Vielleicht haben Sie schon viele, auch fragwürdige Hilfen ausprobiert, aber noch hat keine Ihnen wirklich nachhaltig geholfen. Nun empfinden Sie Ihr Leben als zu flach, es fehlt etwas. Freude und Glück stellen sich einfach nicht wieder ein. Mein Buch wird Sie dabei unterstützen, das Leben wieder mehr zu genießen und erfolgreicher zu sein. Sie lernen sich selbst besser kennen und finden in sich den Menschen, der Sie schon immer sein wollten.

Ein ganzheitliches Konzept

Unsere Welt und wir selbst befinden uns im Wandel. Immer mehr Menschen hinterfragen ihr Leben, wollen mehr erreichen, aber sich selbst dabei treu bleiben. Mein Buch basiert auf meiner persönlichen Geschichte. Ich weiß also sehr genau, von welchen Dingen ich schreibe. Zu meinen eigenen Erlebnissen kommen eine umfangreiche Praxiserfahrung, diverse Übungen und mein Wissen um die Kernthemen Partnerschaft, Erfolg und Glück hinzu. Ich strebe ein ganzheitliches Konzept an. Wir sind nicht nur diese oder jene Momentaufnahme. Wenn es irgendwo in uns krankt, ist unser ganzes Leben betroffen, nicht nur ein Teil von uns. Viele Methoden behandeln nur ein Thema, doch ich will mehr: Sie sollen auf allen Ebenen Ihres Lebens glücklicher und zufriedener und erfolgreicher sein!

Die Macht und die Kraft Ihrer Gedanken wird Sie überraschen. In diesem Buch zeige ich Ihnen, wie Sie diese Macht finden und gebrauchen können. Ich bin der festen Überzeugung, ja, ich weiß es sogar, dass jeder Mensch mehr erreichen kann, als er es sich bisher vorstellen konnte. Das Motto lautet:»Träume nicht dein Leben, sondern lebe deinen Traum.«

Um diesem Ziel näherzukommen, biete ich Ihnen das Du an. So wird unser Austausch etwas persönlicher. Diese Nähe erlaubt meist fruchtbarere Ergebnisse als zu viel Distanz – die allein schon durch die Tatsache gegeben ist, dass Sie aktuell dieses Buch in der Hand halten und nicht direkt mit mir sprechen können. Wir beide, Du und ich, begeben uns hiermit auf eine spannende Reise in eine neue und glücklichere Zukunft.

Endlich die richtigen Antworten

Wie lange suchst Du schon nach dem tiefen Sinn in deinem Leben? Wahrscheinlich viel zu lange, so kommt es Dir vor. Du bist genervt, enttäuscht, frustriert. Vielleicht weißt Du auch gar nicht genau, was Du eigentlich suchst. Aber Du gibst nicht auf, anderenfalls hättest Du nicht zu diesem Buch gegriffen. Das allein ist schon eine positive und wichtige Eigenschaft, die Du für deine neue Zukunft nutzen kannst.

Du suchst zufriedenstellende Antworten, und zwar nicht einzeln, sondern aufeinander aufbauend. Alles hängt mit allem zusammen: scheinbar eine Binsenweisheit, die wir viel zu oft nicht wahrnehmen (wollen). Natürlich müssen die Antworten auf Deine Fragen auch zusammenhängend sein, sonst ergibt sich daraus kein Sinn. So wie ich es Dir zeigen möchte, wirst Du Klarheit darüber gewinnen, was das Leben Dir noch bieten kann. Du musst nur ernsthaft und persönlich auf manche Fragen antworten. Ich zeige Dir, wie das geht. Mein Buch gibt Dir die Antworten, die Du suchst: über Harmonie, Gesundheit, Freude, Partnerschaft, Erfolg und manches andere. Sie werden Dein Leben für immer verändern.

Stellen wir hier eine Beispielfrage: Wieso ist unsere Medizin besser als jemals zuvor, aber es gibt trotzdem immer mehr kranke Menschen? Auf diese Frage wirst Du am Ende des Buches ebenso selbstständig eine Antwort finden wie auf viele andere.

Deine Reise in eine bessere Zukunft

Erlaube mir noch eine Bemerkung: Dieses Buch ist ein Arbeitsbuch. Du sollst keineswegs meine Meinungen einfach so übernehmen. Das Ziel dieser Zeilen besteht darin, dass Du während des Lesens die Fragen Deines Lebens selbst beantworten kannst. Finde Deinen eigenen Weg mit meiner Hilfe. Das ist etwas völlig anderes, als wenn ich sage: Folge meinem Weg. Du wirst den Sinn deines Lebens nur verstehen, wenn Du Deinen eigenen Weg gehst.

Bist Du fest entschlossen, einen neuen, anderen, besseren Weg einzuschlagen? Dann lies dieses Buch. Es wird Dein Leben nachhaltig zum Besseren verändern. Nimm Dir Zeit dafür, denn es sind Deine ehrlichen Antworten gefragt. Wie sehen Deine Ziele aus, wohin soll deine Lebensreise gehen? Wenn Du Dich ernsthaft auf diesen inneren Prozess einlässt, wird Dir dieses Buch viel Nutzen bringen. Also lass uns zusammen starten!

Wenn Du ein persönliches Gespräch wünschst oder Fragen hast, kannst Du mich und mein Team jederzeit kontaktieren unter:

info@grunauer-coaching.com

Auf unserer Webseite www.grunauer-coaching.com findest alle Informationen zu unseren Dienstleistungen und im Shop viele interessante Artikel (Hörbuch, Meditationen, Musik usw.)

Unsere eigenen geführten Meditationen kannst Du auch begleitend für die Arbeit mit meinem Buch benutzen oder einfach zur Entspannung.

Positives Denken – Wie Gedanken unser Leben beeinflussen

Vereinfacht gesagt geht es beim Positiven Denken darum, Deine Gedanken durch einen ständigen Einfluss in eine konstruktive und optimistische Grundhaltung zu bringen. Diese durch und durch positive Grundhaltung führt unweigerlich zu einer höheren Zufriedenheit und zu mehr Lebensqualität. Beim Positiven Denken stellst Du den Glauben in den Mittelpunkt, ihm kommt eine zentrale Bedeutung zu. Allerdings handelt es sich dabei nicht um einen religiös motivierten Glauben. Es geht vielmehr um die absolute Überzeugung, die Du in jeder Situation Deines Lebens als »wahr« betrachtest – und die sich deshalb in Deinem Leben verwirklicht. Positives Denken muss auch nichts mit Esoterik zu tun haben! Für mich war es eine zentrale Erkenntnis, genau das zu verstehen. Mein Anliegen ist es, auch Dir den Zugang zum Positiven Denken zu erleichtern und Deinen Blickwinkel zu erweitern. Dein Bewusstsein hat grenzenlose Fähigkeiten, und Du kannst lernen, diese in ihrer ganzen Fülle zu nutzen. Es liegt ganz allein in Deiner Hand, wie Deine Zukunft aussieht!

Natürlich gibt es auch beim Positiven Denken Rückschläge. Du wirst Misserfolge erleben und sicher manchmal daran zweifeln, dass Dein Weg richtig ist. Lass Dich in dieser Situation nicht beirren! Kehre wieder zu Deinem unerschütterlichen Glauben zurück und versuche, in jedem Rückschlag das Positive zu sehen. Gehe nach einer kurzen Phase des Zweifels einfach weiter auf Deinem Weg zu Deinen Zielen und Träumen und glaube fest daran, dass sie wahr werden. Dann hast Du ein großes Hindernis auf Deinem Weg zum Positiven Denken und zu Deinem großen Traum aus dem Weg geräumt – Deine eigenen Zweifel. Lass Dich auch nicht auf Gedanken ein, dass Du nicht zweifeln darfst! Nimm Dir nach einem Misserfolg ruhig die Zeit, kurz in Dich hineinzuhören. Nimm Deine Zweifel an und akzeptiere sie. Jeder Misserfolg will verkraftet und verarbeitet werden. Warte aber nicht zu lange, um wieder zu Deinem bewährten Positiven Denken zurückzukehren. Glaube fest daran, dass das, was Du erreichen willst, wahr ist und dass Du Dein Ziel erreichst. Vertraue darauf, dass in jedem Rückschlag etwas Positives steckt. Schon bald hast Du diese schwere Zeit des Zweifels hinter Dir gelassen und gehst mit leichten Schritten und frohen Gedanken wieder auf Dein Ziel zu.

Es gibt übrigens eine Reihe von Forschungen, die beweisen, wie wichtig eine positive Einstellung für die Gesundheit ist. Wusstest Du, dass eine positive Einstellung Dir noch besser dabei hilft, mit Stress umzugehen? Verfalle auch nicht in den Irrglauben, dass Du keine Schwächen haben oder zeigen darfst, wenn Du Deiner positiven Einstellung folgst. Ganz im Gegenteil musst Du Deine Schwächen kennen und dazu stehen, und diese Tatsache wird Dir viel Überwindung und Selbstvertrauen abverlangen. Arbeite Schritt für Schritt daran und gib nicht auf, mit positiven Gedanken in die Zukunft zu gehen. Positives Denken bedeutet auch, in der Gegenwart zu leben und für die Menschen in Deiner Umgebung allein durch Deine gute Laune eine helle Freude zu sein.

Hast Du schon einmal darüber nachgedacht, wie positives Denken wirklich funktioniert? Einfach gesagt, beeinflussen Deine Gedanken auf ganz subtile Weise Dein Verhalten – und damit das Ergebnis Deiner Handlungen. Wenn Du also positiv denkst, verändert sich Deine Art, mit Deinen Mitmenschen umzugehen. Es ist dann nur logisch, dass aus positivem Denken andere Handlungen und Ergebnisse entstehen als aus negativen Gedanken. Der Gedanke an Erfolg führt zu erfolgreichen Handlungen und damit zu erfolgreichen Ergebnissen. Der Gedanke an Liebe führt zu liebevollen Handlungen und damit zu liebevollen Ergebnissen. Nicht mehr – aber auch nicht weniger! – ist das Geheimnis hinter dem Positiven Denken.

Viele Menschen sagen immer wieder: »Positives Denken ist toll, aber das wirkt wohl nicht bei mir!«. Bedenke immer, dass es ganz egal ist, ob Du bei Deiner Suche schon viel unternommen hast oder ob Du das richtige Werkzeug noch nicht gefunden hast, um Deine Ziele und Wünsche zu erfüllen. Entdecke den Zugang zu den unglaublichen Kräften in Deinem Unterbewusstsein! Sobald Du verstanden hast, dass Du durch Dein Denken und Handeln Dein Schicksal in Dir selbst erschaffen kannst, mache Dich an die Arbeit. Wenn Du ernsthaft bereit bist, Deine Glaubenssätze zu ändern und wenn Du offen bist für Neues und den festen Willen hast, Dein Leben zum Positiven zu wandeln, wirst Du auch erfolgreich sein.

Einige der hier beschriebenen Ansätze basieren auf den weltberühmten Lehren von Dr. Joseph Murphy. Er war einer der Vorreiter auf dem Gebiet des positiven Denkens. Sein direkter Schüler Erhard F. Freitag und mein Lehrer Christian Huber hatten großen Einfluss auf meinen Weg und meine Entwicklung zum Positiven Denken. Meine Methoden beruhen auf einem über Jahrzehnte hinweg erprobten und angewandten Wissen und auf Erfahrungen, die ich selbst in den letzten Jahren immer wieder machen, weiterentwickeln und modernisieren durfte. Sie setzen an dem Grundgedanken an, dass Positives Denken unser ganzes Leben beeinflusst und verändert. Wenn Du diese Idee zulässt und ihr genügend Raum in Deinem Leben gibst, wirst Du schon bald die unglaublichen Erfolge feststellen und Dein Leben in neue Bahnen lenken. Beruflicher Erfolg, Geld, Gesundheit, Glück und Liebe schaffen sich Platz in Deinem Leben.

Michel der Rebell – Warum ich Dir Mut machen möchte

»Das Schicksal eines Menschen liegt in seiner eigenen Hand.«
(Francis Bacon)

Der britische Philosoph und Wissenschaftler Francis Bacon brachte es schon im Jahr 17. Jahrhundert auf den Punkt: Wir selbst sind Herrscher über unser Schicksal. Wenn Dein Leben gerade sehr unruhig verläuft und wenn Du wieder einmal nicht weißt, wie es eigentlich weiter gehen soll, fällt es Dir sicher schwer, an diese positiven und ermutigenden Worte zu glauben. Du fühlst Dich schlecht, Du glaubst, alle sind gegen Dich und das Leben meint es überhaupt nicht gut mit Dir. Du hast das Pech für Dich gepachtet, dabei ist es doch vor wenigen Wochen noch so gut für Dich gelaufen.

Du hast ein tolles Mädchen kennengelernt, doch sie will leider nichts von Dir wissen. Dir ist ein super Typ über den Weg gelaufen, aber nach dem ersten Date hat er sich nicht mehr bei Dir gemeldet. Du fürchtest, dass Dein Lebenspartner oder Deine Verlobte fremdgeht. Du hast erfahren, dass aus der harmlosen Unterhaltung bei der Weihnachtsfeier zwischen Deinem Freund und seiner Kollegin doch mehr geworden ist, als Eurer Beziehung gut tut. Du hast den Verdacht, dass Deine Partnerin zu heftig mit dem netten Kollegen aus der Nachbarabteilung flirtet. Deine Traumfrau oder Dein Traummann hat Dich gerade verlassen, und Du weißt eigentlich nicht, wie Dein Leben jetzt weitergehen soll.

Im Job läuft es gerade auch nicht so, wie Du es Dir vorgestellt hast. Die Kollegen sind unsympathisch und nervig. Die Arbeit macht Dir überhaupt keinen Spaß mehr, sie ist langweilig und geht Dir nur noch auf die Nerven. Du hast Dir Hoffnung gemacht, ein neues Fachgebiet übernehmen zu können, das Deinen Neigungen entspricht. Ganz nebenbei erfährst Du, dass Du bei der lange ersehnten Beförderung übergangen wurdest. Das vielversprechende Projekt wird jetzt von jemandem geleitet, der viel weniger Erfahrung und Motivation mitbringt als Du. Mit dem neuen Chef kommst Du nicht klar, er kann Dich nicht leiden und gibt Dir immer neue Aufgaben, die Du nicht schaffen kannst. Du fühlst Dich überfordert und brauchst ganz dringend eine Auszeit vom Beruf. Der nächste Urlaub liegt aber noch in weiter Ferne, und Du weißt überhaupt nicht, ob Du ihn Dir leisten kannst.

Bei Deinen Finanzen sieht es auch nicht so rosig aus. Du hast in den letzten Wochen viel zu viel Geld ausgegeben, jetzt ist Dein Konto überzogen, und Du hast keine Ahnung, wie Du es ausgleichen sollst. Durch einen dummen Fehler hast Du hohe Schulden gemacht. Überhaupt hast Du das Gefühl, dass Deine Einnahmen viel niedriger sind als die Ausgaben. Jetzt denkst Du darüber nach, wie Du in Zukunft mehr Geld verdienen kannst, um Dir alle Deine Wünsche zu erfüllen.

Bei näherem Hinsehen könnte es natürlich so weitergehen in Deinem Leben. Es gibt so viele Baustellen, dass Du gar nicht weißt, wo Du eigentlich anfangen sollst. Gesundheitlich bist Du nicht ganz auf der Höhe. Mit den Eltern gibt es immer wieder Streit, mit den Geschwistern führst Du ständige Auseinandersetzungen. Dann gibt es da noch den Freundeskreis, in dem Du Dich auch nicht so wohl fühlst. Deine Wohnung könnte wieder einmal einen neuen Anstrich vertragen, und am besten ziehst Du sogar gleich in eine neue Bleibe.

Findest Du Dich in irgendeiner Situation wieder, die ich Dir hier beschrieben habe? Hast Du an der einen oder anderen Stelle gedacht »Das kenne ich doch!« oder »Ja, so fühle ich mich gerade!« oder auch »Wenn ich nur wüsste, was ich machen soll!«? Tatsächlich ist es beruhigend zu wissen, dass jeder von uns solche Phasen im Lauf seines Lebens immer wieder durchlebt. Du bist also nicht allein mit allem, was Dir passiert, was Dich stört, was Du gerne an anderen Menschen oder auch an Dir und Deinem Leben verändern möchtest. Du bist auch nicht der einzige Mensch auf der Welt, der Tage erlebt, an denen alles schlecht ist und an denen Du das Haus am liebsten gar nicht mehr verlassen möchtest. Auf den nächsten Seiten möchte ich Dir meine Geschichte erzählen. Vielleicht hilft sie Dir ein bisschen, dass Du Dich nicht mehr so einsam fühlst mit Deinen Problemen. Vielleicht gibt sie Dir einen Anreiz, um über Dein Leben nachzudenken und zu überlegen, was Du gerne ändern möchtest. Vielleicht beruhigt sie Dich ein wenig, wenn Du erfährst, dass man auch aus einer schwierigen Situation noch etwas Gutes ziehen kann. Und vielleicht ist sie Dir auch Anreiz genug, die Dinge gemeinsam mit mir anzupacken, um Dein Leben wieder in die richtigen Bahnen zu lenken. Denn schon Francis Bacon hat es vor vielen Jahrhunderten festgestellt: Dein Schicksal liegt in Deiner Hand. Es ist an Dir, die Dinge anzunehmen und zu verändern. Du hast die Möglichkeiten und die Kraft dazu, das Beste aus Dir zu machen, und dabei möchte ich Dir gerne helfen.

Stell Dir einmal ein neugeborenes Baby vor. Vielleicht hat eines Deiner Geschwister schon Nachwuchs bekommen. Vielleicht ist einer Deiner Freunde Vater geworden. Vielleicht freut sich eine Deiner Freundinnen über das erste Kind. Auch wenn es in Deinem direkten Umkreis noch keine Kinder gibt oder wenn Du gar nicht an den niedlichen, aber hilflosen Bundeln interessiert bist, ist es nicht schwer, die folgende Situation zu verstehen.

Wenn ein Neugeborenes auf die Welt kommt, weiß es – nichts. Es ist unvoreingenommen und unschuldig. Ganz ohne Vorerfahrungen, ohne Ängste und Schmerzen beginnt der kleine

Wurm sein Leben. Es ist noch nicht geprägt durch Erlebnisse aus der Vergangenheit. Es kennt kein »Gut« und kein »Schlecht«, es kann nicht unterscheiden zwischen positiven und negativen Erfahrungen. Es weiß auch noch nicht, was richtig oder falsch ist. Das Baby ist wie ein unbeschriebenes Blatt, es ist blütenweiß, rein und vollkommen unschuldig.

Erst im Lauf der Zeit macht dieses neugeborene Baby seine Erfahrungen. Irgendwann nach einigen Jahren spiegeln sich diese Erfahrungen in seinem Verhalten wider. Vieles von dem, was dieses Baby erlebt, hat Auswirkungen auf seine Meinungen, seine Ansichten und seine Gefühle. Auch ich war ein unschuldiges Baby, das vor vielen Jahren auf die Welt kam. Auch ich war naiv und unbelastet und wusste noch nicht, was im Lauf des Lebens auf mich zukommt. Ich war unvoreingenommen und unschuldig. Ich hatte keine Vorerfahrungen, ich kannte keine Ängste und keine Schmerzen. Ich war nicht geprägt von Erlebnissen. Ich kannte kein »Gut« und kein »Schlecht«, und ich konnte auch noch nicht unterscheiden zwischen guten und schlechten Erlebnissen. Ich wusste nicht, was richtig oder falsch ist. Ich war wie das viel zitierte unbeschriebene Blatt. Ich war absolut unschuldig, blütenweiß und rein.

Meine persönliche Geschichte soll Dir zeigen, dass Du von allem profitieren kannst und aus jeder Krise gestärkt hervorgehen kannst. Ich erzähle sie Dir nicht, um Dich mit meinen Erfahrungen zu langweilen oder Dein Mitleid zu erwecken. Ich bringe sie nicht zu Papier, weil ich mich selbst therapieren möchte oder weil ich mit meiner Vergangenheit Geld verdienen möchte. Ich habe sie auch nicht aufgeschrieben, weil ich mit meinem Mut und meinem Tatendrang für Aufsehen sorgen und angeben will.

Ich habe mein Erlebtes aufgeschrieben, weil ich Dich an meinen Erfahrungen teilhaben lassen möchte. Ich möchte Dir zeigen, dass Du von allem, was Du in Deinem Leben erlebt hast, irgendwie profitieren kannst. Unabhängig davon, ob Du ein Erlebnis als »gut« oder »schlecht« beurteilst, kannst Du aus jeder Situation etwas gewinnen. Du kannst daraus profitieren und stärker und motivierter daraus hervorgehen. Wenn Du es schaffst, Dein Leben selbst in die Hand zu nehmen, wirst Du alles erreichen, was Du Dir jemals vorgenommen hast. Dein Leben wird endlich zu dem Leben, das Du Dir immer gewünscht hast. Begib Dich mit mir auf die Reise durch mein Leben bis heute! Lass Dich inspirieren von meinen Erfahrungen, und lass sie Dir gerne Anreiz sein, Deine Erlebnisse aktiv zu verarbeiten und Dein Leben in die Hand zu nehmen. Lass Deine Gedanken fließen und male Dir aus, wie Du Dein Leben gestalten willst. Ich zeige Dir, wie Du auch aus schlechten Erlebnissen das Beste für Dich ziehen kannst und wie Du Dein Leben in Zukunft so lebst, wie Du es Dir immer erträumt hast.

Mein erstes einschneidendes Erlebnis hatte ich im zarten Alter von etwa 18 Monaten – unbewusst natürlich. Mein Vater und meine Mutter trennten sich. Was heute schon für die kleinsten Kinder nichts Außergewöhnliches ist, erlebte ich damals und in den kommenden Jahren als kleine persönliche Katastrophe. Zwar war mein Stiefvater für mich wie ein Vater, weil ich es ja nicht anders kannte. Doch irgendwie fühlte sich das alles nicht richtig an. Heute weiß ich, dass mich dieses Ereignis aus der frühesten Kindheit sehr nachhaltig geprägt hat.

In den ersten Jahren nach der Trennung und nachdem ich mir bewusst wurde, dass in meiner Familie etwas »anders« ist als in vielen anderen Familien, machte ich mich auf die Suche nach dem Schuldigen. Ich wollte herausfinden, wer oder was die Trennung meiner geliebten Eltern und der Familie verursacht hatte! Weil ich mich natürlich nicht an die Zeit als Baby erinnern konnte, fragte ich Großeltern, Onkel, Tanten und andere Menschen aus dem nahen familiären Umfeld. Doch es kam, wie es kommen musste: Von jeder Partei bekam ich andere Informationen. Jeder erzählte mir eine andere Version der Geschichte. Aus meiner Kindheit kann ich mich selbst nicht mehr bewusst an Einzelheiten erinnern. Aber eine wichtige Empfindung begann schon in dieser frühen Phase meiner Kindheit zu reifen, und sie hat mich bis weit in die Jugend hinein geprägt: Ich wusste nicht mehr, was »richtig« und »falsch« ist, ich konnte nicht zwischen »wahr« und »unwahr« unterscheiden. Noch viel schlimmer war außerdem, dass ich mich in der Familie hin- und hergerissen fühlte. Ich hatte das Gefühl, zwischen allen Beteiligten zu stehen und mich zwischen meinen Eltern entscheiden zu müssen. Sehnte ich mich nach meinem Vater, den ich so selten sehen konnte, hatte ich ein schlechtes Gewissen meiner Mutter gegenüber, die in ihrem Alltag mit oft begrenzten finanziellen Mitteln alles für mich tat, was ihr in dieser schwierigen Situation möglich war. Heute würde man sagen, ich war ein typisches »Scheidungskind«. Ich hatte in meinem engsten familiären Umfeld keine konstante Bezugsperson, die mir hätte Halt geben können. Trotzdem sehnte ich mich natürlich nach Beständigkeit und suchte genau nach dieser Person.

Etwas Licht ins Dunkel brachten in dieser ersten bewusst erlebten schweren Phase meines Lebens meine Großeltern. Sie wurden schon früh mehr und mehr zum Ersatz der Eltern. Noch heute habe ich zu ihnen einen weitaus engeren Bezug als zu meinen Eltern. Wenn man es bildlich ausdrücken wollte, waren sie so etwas wie das Licht am Ende des Tunnels. Wenn ich bei ihnen war, schien meine kleine Kinderwelt in Ordnung zu sein. Hier konnte ich so richtig Kind sein und mich ganz nach Belieben ausleben und austoben. Ich musste mir nicht die Frage stellen, was ich tun muss, damit mich meine Großeltern liebten. Ich musste mich nicht für einen von beiden entscheiden, denn schließlich waren ja beide da. Ich sah auch keine Veranlassung, mich hin- und hergerissen zu fühlen, weil einer von beiden eifersüchtig auf den anderen reagieren könnte. Heute bin ich sicher, dass mein Leben ganz anders verlaufen wäre, wenn sich meine Eltern nicht in meiner jüngsten Kindheit getrennt hätten, sondern wenn sie mir ein beständiges Familienleben mit einem festen Rahmen gegeben hätten. Doch es sollte anders kommen.

Meine Kindheit und meine Erziehung nehme ich noch heute als sehr streng wahr. Beide waren durch Druck und Strafen geprägt. Damals entwickelte ich einen ganz einfachen und trotzdem scheinbar unverständlichen und widersprüchlichen Mechanismus: Je mehr Druck ich bekam, desto weniger tat ich. Ich machte also konsequent das Gegenteil von dem, was von mir verlangt und erwartet wurde. Natürlich habe ich mich in späteren Jahren oft die Frage gestellt, warum ich das Gegenteil von dem tue, was von mir erwartet wird, obwohl ich doch wusste, dass ich bestraft werde! Für Kinderpsychologen ist die Antwort recht einfach: Ich bekam zu wenig positive Aufmerksamkeit und Liebe, deshalb suchte ich immer wieder nach neuen Wegen, um diese Aufmerksamkeit auf mich zu ziehen. Die Mittel und Wege dazu waren leider falsch, denn alles, was ich bekam, war allenfalls negative Aufmerksamkeit. Doch diesen schwierigen Zusammenhang habe ich als Kind und Jugendlicher natürlich nicht verstanden, und auch für mein Umfeld war nicht nachvollziehbar, warum ich so schwierig war. Für die Menschen in meiner Familie war ich einfach ein kompliziertes Kind, das einfach nicht das tut, was man von ihm verlangt. Schon bald hatte ich den Ruf als »schwer erziehbar«. Ich galt als aufmüpfig und renitent. Man erwartete nichts Gutes mehr von mir. Bei allem, was ich tat, ging man davon aus, dass ich meine Mutter ärgern wollte und meinen liebsten Mitmenschen ein Leid zufügen wollte. Dabei sehnte ich mich nur nach Liebe und Aufmerksamkeit, habe aber leider den denkbar ungünstigsten Weg dazu gewählt.

Übrigens ist diese Reaktion kein Phänomen, das man nur bei Kindern beobachten kann! Wenn Erwachsene zu wenig Liebe und Aufmerksamkeit bekommen, suchen sie sich oft die verschiedensten Wege, um diese auf sich zu ziehen. Dabei wählen sie oft nicht den richtigen Weg. Sie wählen immer wieder neue und falsche Mittel, um die Liebe anderer Menschen auf sich zu ziehen und machen diese am Ende nur unglücklich. Fast möchte man meinen, dass negative Aufmerksamkeit von vielen

Menschen immer noch als besser empfunden wird als gar keine Aufmerksamkeit. Und so gerät man Schritt für Schritt in einen Sog aus schlechten, schlimmen oder sogar verbotenen Handlungen und bringt seine Umwelt immer mehr gegen sich auf. Wohl dem, der in dieser Situation eine liebende Hand findet, die er ergreifen kann! Viel zu oft ist eine negative Abwärtsspirale in dieser Lage vorprogrammiert, viel zu häufig landen schon junge Menschen in der Arbeitslosigkeit, auf der Straße oder im Gefängnis, weil sie aus ihrem familiären Umfeld nicht die gesuchte Aufmerksamkeit erhalten. Wie viele junge Straftäter könnten geheilt werden oder müssten gar nicht erst straffällig werden, wenn sie die Aufmerksamkeit und Liebe aus ihrer Familie bekommen, nach der sie sich so sehnen! Natürlich gibt es noch weitere Faktoren, die einen z. B. zu einem Straftäter machen können.

Die nächste größere Katastrophe lauerte dann, als ich mich mit etwa 14 Jahren entscheiden musste, welchen Nachnamen ich annehmen möchte. Es ging darum, ob ich in Zukunft den Namen meines leiblichen Vaters führen wollte oder – wie bisher – den Nachnamen meines Stiefvaters. Das war einer der schlimmsten Momente in meinem bisherigen Leben! Ich werde mein ganzes Leben lang nicht den Moment vergessen, in dem wir alle in der Küche saßen und ich gefragt wurde, welchen Namen ich in Zukunft tragen möchte. Ich erinnere mich noch genau an den inneren Konflikt in mir, weil ich einfach nicht wusste, wie ich es allen recht machen konnte, ohne massiv zu verletzen. Ich wusste auch nicht, wofür ich mich entscheiden sollte, denn schließlich würde ich den Namen mein ganzes Leben lang führen, und er würde mich für den Rest meines Lebens daran erinnern, wo ich herkomme und wo meine Wurzeln liegen. Da war sie also wieder, die große innere Zerrissenheit und das Wissen, dass ich es einerseits niemandem recht machen konnte und dass ich andererseits ganz sicher eine falsche Entscheidung treffen würde.

Als ich etwa 15 Jahre alt war, trennten sich mein Stiefvater und meine Mutter. Lange wunderte ich mich über mich selbst, denn ich reagierte damals ungewöhnlich ruhig und gelassen auf die Situation. Natürlich kann es sein, dass ich unbewusst und aus der Erfahrung meiner jüngsten Kindheit heraus schon lange gespürt hatte, dass irgendetwas nicht gut läuft. Und es ist sicher auch nicht erstaunlich, dass ich mich wieder herausgerissen fühlte aus einer scheinbar sicheren Welt mit einem konstanten Rahmen und mit festen Richtlinien.

Heute weiß ich, dass ich mich unbewusst an die erste Trennung meiner Mutter erinnerte und dass es deshalb beim zweiten Mal keine gänzlich neue Situation für mich war. Ich überlebte also im Grunde mit den negativen Erfahrungen aus der jüngsten Kindheit und reagierte deshalb beim zweiten Mal unbewusst auf die für mich jetzt nicht mehr unbekannte Änderung in meinem Leben. Noch heute erstaunt es mich, wie sehr man in dieser Lage durch die unbewussten Erfahrungen aus der jüngsten Kindheit geprägt wird, an die ich mich natürlich nicht mehr aktiv erinnern konnte. Trotzdem muss ich damals gespürt haben, dass mein Leben weitergeht, selbst wenn sie sich getrennt haben.

Es verwundert aber sicher niemanden, dass ich zu dieser Zeit wirklich schlecht war in der Schule. Jeder fragte sich, ob es an meiner Intelligenz lag. Ich war stur und rebellisch. Wenn ich gar keine Hilfe mehr wusste, fing ich auch an, mich mit anderen zu schlagen. Diese Entwicklung zog sich von der ersten Klasse bis später in die Oberstufe durch. Schritt für Schritt und mit jedem Jahr schien es schlimmer zu werden, dabei suchte ich am Ende nur nach Aufmerksamkeit. Ich fiel überall negativ auf, meine Noten wurden immer schlechter. Was zuerst nur eine kleine Rangelei unter Schulanfängern war, wurde bald zu einer handfesten Prügelei unter Halbwüchsigen. Ich habe unzählige Gespräche mit Psychologen geführt und Lerntrainings besucht. Niemand konnte mir helfen, weil niemand meinem Umfeld vermitteln konnte, wonach ich eigentlich suchte und was ich mit meinem Verhalten erreichen wollte. Heute weiß ich, dass ich auch in dieser Phase meines jungen Lebens fortwährend nach Aufmerksamkeit gesucht habe und diese von Eltern, Familie, Lehrern und Freunden nur bekommen habe, weil ich mich jeder Anweisung widersetzt habe.

Bald kam, was kommen musste: Kurz vor dem Schulabschluss wurde ich zwangsversetzt in die niedrigste Stufe. Ich war so oft negativ aufgefallen und hatte so schlechte Noten, dass man keine andere Wahl mehr wusste, als mich in eine andere Klasse und in eine andere Stufe zu versetzen. Jetzt hatte ich endgültig die Aufmerksamkeit, nach der ich mich so sehr gesehnt hatte, doch leider war sie absolut negativer Natur. Aber in dieser Phase meines Lebens, als ich ständig schlechte Noten nach Hause brachte, bis mein Schulabschluss am Ende gefährdet und sogar unmöglich wurde, hatte ich natürlich die Aufmerksamkeit aus dem Umfeld, die ich unbedingt wollte. Auch damals habe ich noch nicht verstanden, dass ich mich für den falschen Weg entschieden hatte: Aufmerksamkeit und Liebe von den Menschen um mich herum haben zu wollen.

Trotzdem gelang es mir, eine Lehrstelle als Schreiner zu finden. Von diesem Zeitpunkt an schien es etwas besser zu laufen. Ich wurde selbstständiger, und in der Schule lief es auch besser. Ich wurde sogar schnell zu einem der Klassenbesten, ohne dass ich viel dafür tun musste. Ich bekam auch von zu Hause keinen Druck mehr. Einerseits lag es natürlich daran, dass ich nun »von der Straße weg war«, endlich eine Lehrstelle hatte und begann, mein eigenes Geld zu verdienen. Für meine Eltern war klar, in welche Richtung mein Leben laufen würde. Der Weg schien vorgezeichnet, ich würde bald ganz auf eigenen Füßen stehen und mein eigenes Leben leben. Vor allem war ich auch nicht mehr finanziell so sehr abhängig und konnte mir erste kleinere Wünsche selbst erfüllen. Andererseits hatte ich aber auch den Ernst der Lage ein wenig begriffen. Ich hatte mir mit dem Abstieg von der obersten zur untersten Schulstufe einen Teil meiner beruflichen Karriere schon in jungen Jahren selbst verbaut. Am Ende hatte niemand außer mir die Schuld daran! Zwar war ich zu diesem Zeitpunkt noch nicht in der Lage, die ganze Situation und meine Entwicklung aus psychologischer Sicht zu hinterfragen und zu verstehen, doch ich begann langsam zu begreifen, dass es an der Zeit war zu handeln, wenn ich nicht ganz auf die schiefe Bahn geraten wollte. Zu diesem Zeitpunkt schien es, als sollte ich mein Leben vielleicht doch in den Griff bekommen.

Heute ist mir klar, was in dieser Phase mit mir passierte und wo mein Problem lag: Ich kämpfte noch immer mit meiner Vergangenheit. Schon damals gab es viele Menschen, die nie an mich geglaubt haben. Man prophezeite mir schon zum damaligen Zeitpunkt, dass aus mir nie etwas werden würde und dass ich sogar noch tiefer fallen würde. Ich beendete zwar meine Lehre mit Erfolg, doch ich ging immer nur den Weg des geringsten Widerstandes. Ich sah keinen Sinn darin, um etwas zu kämpfen, weil ich sicher war, dass sich der Einsatz doch nicht lohnt. Ich machte nur das, was absolut notwendig war, tat aber keinen Handschlag mehr. So lebte ich mein Leben während der Ausbildung und eine ganze Zeit danach. Irgendwann in dieser Zeit lernte ich meine erste Freundin kennen, nach unzähligen Affären und bedeutungslosen Bekanntschaften.

Das war eine neue und sehr spannende Zeit in meinem Leben. Trotzdem war es von Anfang an schwierig für mich, Liebe zu geben. Ein »Ich liebe Dich« kam mir extrem schwer und äußerst selten über die Lippen. Außerhalb meiner Beziehung eckte ich weiter überall in meiner Umwelt an. Ich stritt mich mit meinen Eltern und mit meinen Vorgesetzten. Das Verhältnis zu meiner Mutter entspannte sich erst ein wenig, als ich von Zuhause auszog und mir eine eigene kleine Wohnung mit meiner damaligen Freundin nahm. Heute kann ich sagen, dass ich diese Zeit sehr genossen habe, obwohl es immer wieder zu Reibereien mit meinem Umfeld kam. Trotzdem liebte ich meine Selbstständigkeit. Gemeinsam mit meiner Freundin hatten wir einen kleinen Hausstand, ich wurde unabhängiger von meinem Elternhaus und konnte meine eigenen Entscheidungen treffen. Wieder einmal sah es so aus, als sollte mein Leben in geregelte Bahnen kommen. Doch die nächste Katastrophe bahnte sich schon an.

Nach der Lehre musste ich zum Militär. Dort passierte ein Unfall, dessen Auswirkungen auf mein Leben bis heute spürbar sind. Zum Glück, kann ich heute sagen. Zuerst fiel ich durch diesen Unfall ein Jahr bei meiner Arbeit aus. Mit dem sich daran anschließenden Jobverlust war ein neuer Tiefpunkt in meinem Leben erreicht. Das Schlimmste aber war, dass mir fast ein Jahr lang kein Arzt und keine Untersuchung helfen konnten, den Grund für meine Schmerzen zu finden. Viel schlimmer noch: Man stellte mich als Simulant dar. Häufig hörte ich, dass man den Grund für meine Beschwerden nicht nachvollziehen könne, dass keine Ursache für meine Schmerzen auszumachen sei und dass man mir deshalb auch nicht helfen könne. Am schlimmsten aber war, dass ich als Simulant dargestellt wurde. Man behauptete, ich bilde mir das alles nur ein, um nicht arbeiten gehen zu müssen. Bald hatte ich den Ruf eines Faulpelzes, der lieber daheim bleibt, als das Geld für seine Familie zu verdienen. Zu diesem Zeitpunkt fühlte ich mich unglaublich allein und wütend.

Erst nach einem Jahr fand ich einen Arzt, der mich ernst nahm und mir auch helfen konnte. Kaum waren die körperlichen Beschwerden unter Kontrolle, entschied ich mich dazu, eine Umschulung zu machen und begann nach der Umschulung einen neuen Job. Jetzt ging es in meinem Leben endlich wieder bergauf.

Der beste und wichtigste Effekt aus diesem Erlebnis wartete aber noch darauf, von mir entdeckt zu werden: Ich begann, mich mehr und mehr mit mir selbst zu beschäftigen! Den Weg, den ich dazu wählte, hatte ich früher eher verabscheut und deshalb gar nicht erst in Betracht gezogen, denn ich begann mit Weiterbildungen. Zum ersten Mal kam zu diesem Zeitpunkt der Wille in mir auf, dass ich mein Leben nicht wie bisher weiterleben will, sondern dass ich alles das nachholen will, was ich seit meiner Jugend versäumt hatte. Ich wollte endlich erfolgreich werden! Also belegte ich immer mehr Weiterbildungen und machte mich nach zwei Jahren selbstständig. Die Reaktionen aus meinem Umfeld sind mir bis heute in Erinnerung geblieben! Man kannte es von mir nicht, dass ich mich aus freien Stücken weiterbilde und dass ich etwas für meine Karriere freiwillig unternehme. Doch genau das machte mir großen Spaß, denn schließlich tat ich es aus freiem Willen und ohne Zwang. Langsam, aber sicher konnte ich mir mein eigenes Unternehmen aufbauen – der Sprung in die Selbstständigkeit war geglückt. Zu diesem Zeitpunkt lief mein Leben zum ersten Mal auf der ganzen Linie richtig erfolgreich. Viele Menschen, die mich noch von früher kannten, waren sehr überrascht, dass ich es so weit gebracht hatte. Gut fünf Jahre lang habe ich meine Arbeit als selbstständiger Masseur und Schmerztherapeut sehr genossen. Es hat mir Spaß gemacht, Menschen helfen zu können, die gesundheitliche Beschwerden haben. Zu sehen, wie es ihnen nach jeder Behandlung besser ging, hat mich so motiviert, dass meine Tätigkeit viel mehr für mich war als ein Job. Hinzu kam natürlich, dass ich mein eigenes kleines Unternehmen hatte, für das ich verantwortlich war.

Nach etwa fünf Jahren gab es eine erneute Änderung in meiner beruflichen Orientierung. Meine Tätigkeit verursachte mir mehr und mehr gesundheitliche Probleme. Einmal mehr musste ich mich entscheiden, wie es in meiner beruflichen Entwicklung weitergehen sollte. Heute weiß ich, dass meine damaligen gesundheitlichen Probleme der Auslöser waren, mich mit dem Verlauf meiner weiteren Karriere zu beschäftigen. Ich hatte erkannt, dass es so nicht weitergehen konnte, denn die Arbeit als Masseur erwies sich als sehr erfüllend, aber auch als äußerst anstrengend in körperlicher Hinsicht. Es musste also etwas geschehen, wenn es mir auf Dauer körperlich gut gehen sollte und wenn ich nicht Gefahr laufen wollte, berufsunfähig zu werden.

Zu Beginn meiner Selbstständigkeit bekam ich immer wieder Einladungen für verschiedenste Seminare. Und wie es der Zufall so will – wenn man an ihn glaubt – war ein Seminar von C. Huber dabei. Diese Veranstaltung wurde zum Wendepunkt in meinem Leben. Ich lernte, warum ich so war und warum ich so reagierte, wie ich reagierte. Ich begriff, dass ich immer nur nach Anerkennung, Wertschätzung und Liebe suchte. Ich war begeistert von ihm und von seiner Lehre! Von diesem Zeitpunkt an schien mein ganzes Leben und alles, was ich bisher erlebt hatte, endlich Sinn zu ergeben. Es ist bis heute nicht übertrieben, wenn ich sage, er legte den Grundstein für den Weg, den ich in den kommenden Monaten und Jahren eingeschlagen habe. Er war der Auslöser für das, was ich danach aus meinem Leben gemacht habe.

Ich habe mich voll und ganz dem Mental- und Lifecoaching verschrieben. Ich belegte mehrere Ausbildungen und lernte immer mehr dazu. Wingwave, Paartherapie, Kommunikationstraining, Psychologie und vieles mehr gehörte in den kommenden Jahren zu meinem Repertoire an Weiterbildungen. Ich setzte also erneut an einer meiner größten Stärke an und lernte ohne Zwang von außen in meinem eigenen Interesse und für meine persönlichen Ziele. Es gab niemanden, der mich dazu gezwungen hätte. Ich hatte mich entschieden, diesen Weg zu gehen und mich in dieser Richtung beruflich weiterzuentwickeln. Häufig betrachtete ich mich im Spiegel und konnte kaum glauben, dass aus mir – dem ehemals unbeholfenen Schüler ohne Zukunftsperspektiven und ohne Aussicht auf Erfolg – ein Mann geworden war, der sich als Mental und Lifecoach für andere Menschen weiterbilden und selbstständig machen wollte. Irgendwann kam ich dann in dieser für mich zuerst so fremden Materie an den

Punkt, an dem ich mich bereit fühlte, ein zweites Unternehmen aufzubauen.

Schon aus meiner Tätigkeit als Masseur und Schmerztherapeut hatte ich gelernt, was dazu gehört, um ein eigenes Unternehmen mit Erfolg zu führen. Ich kannte meine Stärken und Schwächen und wusste, wie ich sie gezielt einsetzen kann, damit mein Betrieb am Markt besteht. Ich kannte mich selbst gut genug, um zu wissen, dass mir eine selbstständige Tätigkeit viel mehr liegt als eine abhängige Aufgabe als Arbeitnehmer. Ich hatte begriffen, dass ich weiterhin mein eigener Chef bleiben wollte, auch wenn ich meine ursprüngliche Aufgabe noch einmal verändern musste. Diese Stärken wollte ich für ein neues Thema einsetzen, das mir schon während der Weiterbildung sehr ans Herz gewachsen war. Ich hatte erkannt, wie viel es mir bedeutet, gemeinsam mit anderen Menschen an ihrem Lebensweg zu arbeiten und ihren Erfolg hautnah zu erleben! In dieser Aufgabe gehe ich heute jeden Tag erneut auf, denn sie gibt mir etwas, was ich in jungen Jahren so sehr vermisst habe.

Heute ist es für mich zu einer Lebensaufgabe geworden, mit Menschen zu arbeiten, sie zu unterstützen und sie auf ihrem beruflichen oder privaten Weg zu begleiten. Das Mental- und Lifecoaching hat sich für mich zu einer Aufgabe entwickelt, die sicher nicht von Anfang an vorgegeben war. Ich brauchte Zeit, um mich in dieser Richtung zu entwickeln und um meinen Weg zu finden. Ich bin jetzt in vielen verschiedenen Ländern unterwegs und lerne immer wieder neue Menschen kennen. Sie bringen unterschiedlichste Erfahrungen, Sorgen, Nöte und Träume mit. Ich helfe ihnen dabei, ihre Wünsche zu identifizieren und wahr werden zu lassen. So wie man mir vor vielen Jahren geholfen hat, meine Träume herauszufinden und sie umzusetzen, sehe ich heute meine Lebensaufgabe darin, Menschen bei der Umsetzung ihrer Ziele zu begleiten.

Viele stammen aus schwierigen familiären und beruflichen Verhältnissen. Oft sind die finanziellen Gegebenheiten komplex und unüberschaubar. Fast immer erscheint es aussichtslos, in dieser Situation etwas Neues wagen zu wollen. Vielleicht muss man eine sichere berufliche Existenz aufgeben. Vielleicht muss man eine eingespielte familiäre Situation hinter sich lassen. Vielleicht sprechen gesundheitliche Gründe dafür, sich im Beruf noch einmal neu zu orientieren. Doch allen Menschen gemein ist der Wunsch, etwas an ihrem Leben zu ändern und das Beste aus sich herauszuholen.

Dieser Weg ist für die Betroffenen nicht einfach. Er ist mit vielen Überlegungen, mit Ängsten, Sorgen und Unklarheiten verbunden. Änderungen stehen an, sie wollen bedacht und verarbeitet werden. Das schürt Angst bei einem selbst, aber auch in ihrer Familie. Gerade deshalb ist mir die Begeisterung und die Freude dieser Menschen Ansporn genug, diesen Weg weiterzugehen. Es ist die schönste Erfahrung überhaupt, anderen Menschen dabei zu helfen, einen Weg gemeinsam mit ihnen zu gehen und diesen Weg erfolgreich und eigenverantwortlich zu gestalten. Jeder von ihnen ist ein lebendiges Beispiel dafür, dass es sich lohnt, auch in schwierigen Phasen selbst aktiv zu werden und das eigene Leben endlich in die Hand zu nehmen.

Ich selbst habe meine Begeisterung für diese Aufgabe endlich erkannt. Ich habe für mich gesehen, dass hier meine berufliche Zukunft liegt und dass ich diesen Weg weiter beschreiten möchte. Es ist einerseits die Freude darauf, Tag für Tag an meinem eigenen Unternehmen arbeiten zu können und meine berufliche Zukunft selbst zu gestalten. Es ist andererseits aber auch die Leidenschaft dafür, anderen Menschen in einer schwierigen Situation helfen zu können, sich selbst zu helfen. Hilfe zur Selbsthilfe – nichts anderes ist ein Mental- und Lifecoaching. Früher hätte ich nie gedacht, dass mich mein beruflicher Weg einmal in diese Richtung führen könnte. Doch ich möchte das Glück, das ich selbst hatte, als ich C. Huber und seine Lehre kennenlernte, nicht für mich behalten. Ich möchte meine Erfahrungen weitergeben und andere Menschen ermutigen, ihr Leben wieder in die Hand zu nehmen. Denn nichts ist so schön wie das Gefühl, seine Mitmenschen glücklich zu machen und ihnen zu helfen, ihr Leben selbst aktiv zu gestalten.

Wie aber konnte mir mein Beruf das geben, was ich in meiner Kindheit und Jugend so vermisst habe: Anerkennung und sogar Liebe?

Viele Menschen haben sicher ganz ähnliche Erfahrungen gemacht wie ich. Wenn es im Beruf einmal nicht so läuft, wie man sich das wünscht, wenn es in der Beziehung kriselt oder wenn andere Dinge stören, muss man sich gut gemeinte Ratschläge anhören. Vielleicht hast auch Du es schon einmal erlebt! Du musstest Dir anhören, dass Du in Deiner Kindheit und Jugend doch alles gehabt hast, was man sich wünschen kann. Du hattest ein schönes Zuhause. Es war mehr als ein Dach über dem Kopf. Es war schick und gemütlich eingerichtet. Deine Familie war gesund, Deine Eltern haben genügend Geld verdient. Du konntest Dir schöne Kleidung kaufen. Du hattest Deinen eigenen Fernseher, Handy, Computer und schon sehr früh den Führerschein. Du konntest mit Deinen Eltern in die Ferien fahren. Mehrmals im Jahr warst Du mit ihnen im Ausland, sie sind mit Dir gereist und haben dafür gesorgt, dass es Dir materiell an nichts mangelt. Solche Ermahnungen musste ich mir oft anhören, und auch Du kennst sie vielleicht.

Dann kommt schnell so etwas wie ein schlechtes Gewissen auf. Man fühlt sich schlecht und undankbar, weil man seine Eltern nicht genügend liebt für alles, was sie uns Gutes getan haben. Man sucht die Fehler bei sich selbst, denn schließlich haben sie ja alles unternommen, was in ihrer Macht steht, damit es uns gut geht. Nicht zu vergessen ist natürlich, dass sie uns ein sorgenfreies Leben ermöglicht haben. Die Kinder konnten auf die Schule gehen, die ihrem Wissen und ihren Neigungen entspricht. Sie konnten Abitur machen oder einen höheren Schulabschluss anstreben, wenn sie es gewollt hätten. Sie konnten Freunde mit nach Hause bringen, sie durften übernachten und rauschende Partys feiern. Geburtstage und andere Familienfeiern wurden immer im großen Stil begangen. Es gab keine Not und keine Knappheit, man hatte es auf der ganzen Linie gut und dürfte sich eigentlich über nichts beschweren.

Gerade die heutigen Generationen haben es ja nicht mehr so schwer wie noch unsere Großeltern, die zu Kriegszeiten aufgewachsen sind. Sie leben in vernünftigen Verhältnissen, es geht ihnen gesundheitlich gut, es ist genügend Geld da, und als junger Mensch kann man das Leben in vollen Zügen genießen. Es besteht kein Grund, sich Sorgen um die Zukunft zu machen, man kann sich auf die Schule konzentrieren und jeden Beruf ergreifen, der einem gut gefällt und der den persönlichen Neigungen entspricht. Schnell steht dann der Eindruck im Raum, dass die junge Generation undankbar und verwöhnt ist. Sie ist nicht mehr gewohnt, um etwas zu kämpfen oder sich für etwas anzustrengen. Sicher hast auch Du Dir in Deiner Jugend ähnliche Vorträge angehört, wenn Du Dich einmal über Deine Eltern beschwert hast.

Solche Vorträge kommen oft von Menschen, deren eigene Jugend schon etwas zurückliegt und die in anderen Verhältnissen aufgewachsen sind. Sie kommen aber auch von Menschen, die aus schwierigsten Umständen stammen und die selbst im Leben um alles kämpfen mussten, was sie erreicht haben. Diese Menschen verurteilen Dich als undankbar und unzufrieden. Sie werden nicht verstehen, was Dir fehlt, und sie können sich auch nicht in Deine Situation hineinversetzen. Schon gar nicht werden sie Dir helfen, Dich aus Deiner Lage zu befreien, denn sie erkennen gar nicht, an was es Dir eigentlich fehlt. Für sie bist Du nur so etwas wie ein verwöhntes Kind, das noch nicht gelernt hat, worauf es im Leben eigentlich ankommt und das den Sinn des Lebens noch nicht erkannt hat. Für Dich ist es wahrscheinlich besser, das Gespräch mit solchen Menschen schnell abzubrechen, denn sie werden nie verstehen, worunter Du leidest und warum Du Dich in Deiner Kindheit und Jugend so unverstanden gefühlt hast.

Auch ich habe lange Zeit nicht verstanden, was mir in jungen Jahren gefehlt hat und wie die Schwierigkeiten in meiner Kindheit und Jugend eigentlich entstehen konnten. Ich bin sicher nicht auf alles stolz, was ich in meinem Leben gemacht habe – aber ich bin stolz auf das, was ich aus meinem Leben gemacht habe! Rückblickend bin ich sehr dankbar für alle positiven und negativen Erfahrungen, die ich in meinem Leben machten durfte, denn sonst wäre ich sicher nicht der Mensch, der ich heute bin! Dieser kleine Ausschnitt aus meinem Leben soll Dir zeigen, dass es immer einen Ausweg gibt, ganz egal, wie kompliziert die Situation gerade sein mag. Beschäftige Dich nicht mit dem Negativen, sondern suche das Positive in jeder Erfahrung und blicke immer nach vorne!

Ich habe in meinem Beruf das gefunden, was mir in jungen Jahren so gefehlt hat. Ich erhalte Anerkennung und manchmal sogar so etwas wie Liebe von den Menschen, denen ich helfen konnte. Möglich ist das, weil ich es mir zur Aufgabe gemacht habe, Menschen aller Altersklassen in einer schwierigen Situation ihres Lebens zu begleiten. Ich unterstütze sie dabei, Lösungen zu finden und voller Zuversicht in die Zukunft zu schauen. Dabei geht es nicht nur darum, die persönliche Einstellung zu ändern und die Dinge wieder positiv zu betrachten! Sehr gerne wende ich das Prinzip »Hilfe zur Selbsthilfe« an, bei dem es darum geht, aufzuzeigen, wie man sich in einer scheinbar aussichtslosen Lage selbst helfen kann.

»Hilfe zur Selbsthilfe« heißt, dass Du Dein Leben wieder selbst in die Hand nimmst und aktiv an Veränderungen arbeitest. Du lernst Wege kennen, wie Du Deine Zukunft selbst bestimmen kannst, selbst wenn Du scheinbar ganz unten angekommen bist. Ich selbst habe erlebt, wie ich mein Leben mit Coaching, Willen und Überzeugung wieder in die richtigen Bahnen gelenkt habe. Durch meine eigenen Fähigkeiten konnte ich Ziele erreichen, die mir vorher nicht einmal im Traum möglich erschienen. All das passierte nicht durch pure Glücksfälle oder reinen Zufall. Vielmehr bin ich selbst aktiv geworden und habe die Chancen ergriffen, meine Zukunft wieder selbst zu bestimmen.

Den Weg dorthin möchte ich anderen Menschen aufzeigen! Nur Du allein bestimmst, wohin Deine Reise in Zukunft geht. Ich freue mich, diesen Weg gemeinsam mit Dir zu gehen und Dich dabei zu begleiten. Lerne mit mir, aus allen Erfahrungen etwas Positives zu ziehen und Deine Ziele durch Deinen eigenen Willen und Deine Überzeugung zu erreichen. Alle Erlebnisse, die Du bisher in Deinem Leben hattest, haben Dich geprägt und zu dem Menschen gemacht, der Du heute bist. Das ist weder gut noch schlecht, es gehört einfach zu Deinem Leben und zu Deiner Entwicklung dazu. Auch negative Erfahrungen sind für Dich kein Grund, in Deiner jetzigen Situation zu verharren und gebannt wie ein Kaninchen auf die Schlange in die Zukunft zu schauen! Lass Dir von mir durch professionelles Coaching zeigen, wie Du wieder zu einer aktiven Haltung kommst und Schritt für Schritt auf Dein Ziel zugehst.

Indem ich dieses System erlernt und für mich ausprobiert habe, konnte ich auch den Grundstein für meine weitere berufliche Entwicklung legen. Heute ist es mir ein Herzensbedürfnis, mein Wissen an Menschen weiterzugeben, die ihr Leben aktiv gestalten wollen. Ich höre Tag für Tag von glücklichen Kunden, die nach einer langen Phase der Dunkelheit endlich wieder Licht am Ende des Tunnels sehen und die nach einer Zeit der Inaktivität wieder voller Elan in ihre Zukunft blicken. Eine schönere Anerkennung kann ich mir heute für mich nicht wünschen. Wie es mir gelungen ist, mein Leben wieder in meine eigenen Hände zu nehmen, schaffst auch Du das mit ein wenig Unterstützung. Auf diesem Weg begleite ich Dich gerne!

Hier liegt auch die Antwort auf die Aussage am Anfang dieses Kapitels: Warum ich Dir Mut machen möchte! Ich weiß aus eigener Erfahrung, dass man sich gerade in jungen Jahren gerne hinter den Erlebnissen aus der frühesten Kindheit versteckt. Die Scheidung der Eltern ist ein Grund dafür, dass die eigene Beziehung in die Brüche geht. Die Arbeitslosigkeit des Vaters ist Ursache genug, selbst keinen höheren Schulabschluss anzustreben und sich selbst keinerlei berufliche oder finanzielle Ziele zu stecken. Finanzielle Probleme im Elternhaus sind der Anlass, warum man selbst ständig in Geldproblemen steckt und warum der Aufbau von eigenem Vermögen nicht möglich ist. Viel zu häufig nimmt man die Familie und Erfahrungen von früher als gegebene Ursache an, warum man selbst im Leben nicht erfolgreich ist.

Häufig werden diese Ausreden aus dem Umfeld heraus noch gestützt. Wer einmal zur sozialen Unterschicht gehört, bleibt für immer dort. Wer einmal arm war, muss für den Rest seines Lebens in Geldnöten stecken. Wer aus ärmlichen Verhältnissen kommt, hat keine Chance darauf, jemals zu den Besserverdienern zu gehören. Bemüht man sich doch darum, das Beste aus seinem Leben zu machen, reagiert das Umfeld mit Unverständnis. Neider befinden sich im direkten Umkreis, im Freundes -und Bekanntenkreis und in der Familie. Wenn sie erfahren, dass man an seinem Leben etwas ändern will, fühlen sie sich selbst bedroht. Es ist, als ob Du Ihnen einen Spiegel vorhalten würdest, um ihnen zu zeigen, was man mit Willen und Fleiß aus seinem eigenen Leben machen kann. Kaum jemand möchte sich dieses Spiegelbild gerne vorhalten lassen! Also redet man Dir ein, dass Du Deine hohen Ziele nicht erreichen kannst und dass Du es gar nicht erst versuchen sollst. Wenn Du in dieser Situation beginnst, auf solche Leute zu hören, haben sie gewonnen – und Du bist verloren. Niemals wieder wirst Du dann versuchen, an Deinem Leben etwas zu verändern. Du wirst keinen Zugang zu Coachings, Methoden und Verfahren erhalten, die Dir den Weg in ein glückliches und selbstbestimmtes Leben zeigen. Du wirst niemals erfahren, ob Du Dein Leben nicht doch hättest zum Guten wenden können. All das droht Dir, wenn Du Dich von negativen Erfahrungen aus der Vergangenheit und aus Deiner Kindheit leiten lässt und nicht bereit bist, Deine Zukunft aktiv zu gestalten.

Ich selbst bin viele Jahre einen ähnlichen Weg gegangen und habe mich hinter schlechten Erlebnissen aus meiner Kindheit und Jugend versteckt. Erst langsam habe ich begriffen, wie mein Unterbewusstsein mit solchen Erfahrungen umgeht und wie es mich bestimmt. Schritt für Schritt habe ich gelernt, mich diesen Dämonen aus der Vergangenheit zu entziehen und ihnen die Stirn zu bieten. Die ersten Erfolge ließen nicht lange auf sich warten! Schon nach kurzer Zeit habe ich die Erfahrung gemacht, dass ich Herr über mein eigenes Schicksal bin. Je mehr ich aber erlebt habe, dass es sich lohnt, sein Leben aktiv in die Hand zu nehmen, desto selbstbewusster und selbstbestimmter konnte ich auftreten und immer größere Schritte gehen. Ziele, die am Anfang noch unerreichbar schienen, rückten so in den Bereich des Machbaren. Alle Erfolge beruhen auf einem professionellen Coaching und aus meinem Willen und meiner Überzeugung, dass ich alles im Leben schaffen kann, was ich mir vornehme.

Diese schöne Erfahrung möchte ich mit Dir teilen. Ich möchte Dich dazu ermutigen, Dir über Dein Leben Gedanken zu machen und Deine Ziele und Wünsche aktiv umzusetzen. Meine persönliche Geschichte hat mir gezeigt, dass jeder seines Glückes Schmied ist. Deshalb möchte ich Dir Mut machen, sich aktiv mit Deinem bisherigen Leben, mit Deinen Wünschen und Träumen zu beschäftigen, um sie schon bald wahr werden zu lassen. Werde endlich zu dem Menschen, der Du immer sein wolltest und lebe das Leben, das Du immer führen wolltest. Gerne zeige ich Dir den Weg dorthin und begleite Dich einige Zeit mit meiner ganzen Erfahrung. Nur Du allein bestimmst, wohin Dich Deine Reise in Zukunft führt, und ich freue mich sehr darauf, mich mit Dir auf diese sehr spannende Reise in Dein wirkliches Leben zu begeben.

Bevor Du jedoch weiterliest, empfehle ich Dir, dass du folgendes für dich beantwortest und Dir Gedanken darüber machst. Nimm Dir die Zeit, die Du brauchst und wenn Du möchtest schreibe Deine Gedanken dazu auf.

Was sind Deine persönlichen Erwartungen an dieses Buch?
_____
_____

Was sind Deine persönliche Ziele/Träume im weiteren Leben?
_____
_____

Versuche Dein bisheriges Leben in einem Satz zu beschreiben.
_____
_____

Ressourcen-Ort auswählen: Wähle einen Ort aus, an dem Du Dich absolut sicher und wohl fühlst. Wo Du Deine ganze Energie wieder auftanken kannst. Ein Ort, an dem Du vielleicht schon mal warst oder gerne hingehen würdest. Je realer er Dir vorkommt, desto effektiver ist es.

Jedes Mal wenn es Dir nicht gut geht, Negatives aus der Vergangenheit hochkommt oder Du einfach entspannen und abschalten möchtest, gehst Du gedanklich an deinen Ressourcen-Ort und geniesst den Augenblick. Nimm die Umgebung, die Gerüche, die Stimmung usw. dort war.

Jetzt kann es weitergehen.

I
Wie unser Gehirn tickt

*Wer von seinem Tag nicht zwei Drittel für sich selbst hat,
ist ein Sklave.*

Friedrich Nietzsche

Warum träumen wir

Im Traum verarbeiten wir unsere Eindrücke und Erlebnisse während des Tages, aber auch das, was uns bewegt. Selbst dann, wenn wir schlafen, arbeitet unser Gehirn. Schlafmediziner haben schon lange die schnellen Augenbewegungen – Rapid Eye Movement (REM) – während der Traumphasen beobachtet. Aufgrund dieser charakteristischen Augenbewegungen werden die Traumphasen als REM-Schlaf bezeichnet. Neue Sinneseindrücke werden vorübergehend im Hippocampus, einem wichtigen Bestandteil unseres Gehirns, gespeichert. Ihren Namen trägt diese zentrale Schaltstation, da sie in ihrer Form an ein Seepferdchen erinnert. Der Hippocampus ist der Sitz eines wichtigen Teils des Kurzzeitgedächtnisses. Er hat jedoch nur eine begrenzte Kapazität, daher können diese Neuzugänge dort nicht dauerhaft bleiben. Sie müssen Platz machen für neue Eindrücke – so wie wir im täglichen Leben unsere Rechnungen, Kontoauszüge und andere Belege ordnen, müssen auch diese neuen Eindrücke geordnet werden – in Bereiche unseres Gehirns. Der Hippocampus ist also eine Art Zwischenspeicher für neue Sinneseindrücke.

Der große Speicher des menschlichen Gehirns ist das Großhirn, dort werden die neuen Informationen einsortiert. Genau wie Du Deine Kontoauszüge sortierst, ordnet auch das Gehirn diese Informationen nach einem sinnvollen System. Im täglichen Leben gelingt es manchmal nicht, große Dinge unterzubringen, da sie zu sperrig sind und blockieren. Auch verschiedene tägliche Erlebnisse können Blockaden auslösen – Blockaden für das Gehirn. Sie sind einfach zu groß, um im Traum verarbeitet zu werden, das Gehirn ist mit ihnen überfordert.

Vielleicht hast Du schon einmal etwas Schreckliches erlebt, das Dich belastet und Dich blockiert hat. Das kann eine sogenannte posttraumatische Belastungsstörung zur Folge haben. Du wirst dieses schreckliche Erlebnis nicht los, Du leidest noch

Jahre später darunter. Menschen, die von einer posttraumatischen Belastungsstörung betroffen sind, werden von gleichbleibenden Bildern und Gefühlen verfolgt, die immer wiederkehren – die schreckliche Erinnerung an dieses belastende Erlebnis lässt sich nicht auslöschen.

Hier kann das Emotions-Coaching helfen, bei dem der Betroffene keine neuen Fähigkeiten entwickeln, sondern an emotionaler Flexibilität gewinnen soll, um die vorhandenen Fähigkeiten zu nutzen und sie auf die geforderten Leistungen anzuwenden.

Unsere hektische und schnelllebige Zeit verlangt uns viel ab, Leistungsstress kann die Folge sein. Genau dieser Leistungsstress hat verschiedene Ursachen:

Bei der täglichen Arbeit wird viel gefordert; Du musst nicht nur Deine Leistungen erbringen, sondern bist Spannungen im Team, beim Umgang mit Kunden und mit Vorgesetzten ausgesetzt. Das tritt besonders bei öffentlichen Auftritten und bei Wettkämpfen ans Tageslicht. Bereitest Du Dich auf ein großes Ziel langfristig vor, kommt es auf Motivation an, doch kann dadurch Stress entstehen. Um die Leistung zu erbringen, kommt es auf Steigerung der Leistung an, denn nicht selten willst Du Dich selbst übertreffen. Du bist in dem Fall Dein eigenes Projekt – die Realisierung ist nicht immer einfach, Niederlagen sind nicht auszuschließen, das führt zu emotionalem Stress und zu Leistungsstress. Gerade Journalisten oder Künstler, die kreativ tätig sind, berichten von Ideen-Blockaden, die zu Stress führen. Nun glaubst Du, dass alles glatt geht, da Du Dich gut in ein Projekt eingebracht und viel Leistung gezeigt hast. Völlig überraschend wirst Du enttäuscht. Das passiert nicht selten durch Angriffe von Personen, die Du respektierst und mit denen Du vertraut bist. Eine große Belastung kann ein berufliches Dilemma nach sich ziehen, beispielsweise, wenn Du in leitender Stellung tätig bist und einem Mitarbeiter kündigen musst, auch wenn Dich dessen Schicksal bewegt. Stehst Du ständig unter Leistungsdruck, bist

Du körperlichem Stress ausgesetzt, beispielsweise Schlafmangel. Auch verschiedene Erlebnisse wie lange Autofahrten oder Flüge können Leistungsstress verursachen. Besonders Frauen müssen häufig Beruf und Familie miteinander koordinieren, diese Doppelbelastung führt zu Stress.

Das Phänomen Stress

Manche Menschen sind der Meinung, Stress zu brauchen, da sie dann effektiver arbeiten können; das ist allerdings nur ein kurzfristiges Phänomen. Langfristig macht Stress krank. Vielleicht hast Du es bei Dir selbst oder bei Deinen Kollegen schon einmal erlebt, unter Stress alles herum zu vergessen und nur noch kurz angebunden zu sein. In Stress fließen viele Faktoren ein:

- Versagensängste
- Hilflosigkeit
- Ärger
- Wut

Es kommt nun darauf an, Emotionen richtig zu dosieren und mit Deinen kognitiven und fachlichen Ressourcen zu vernetzen. Der Baumstamm ist hier ein gutes Beispiel. Willst Du aufsteigen, ohne ausgeglichen zu sein, dann fällst Du vom Baumstamm oder musst absteigen.

Wann hast Du Ereignisse, die Dir unangenehm waren, verarbeitet? Das ist dann der Fall, wenn Du Dich zwar noch daran erinnerst, aber sich Dein Körper ausgeglichen fühlt.

Die Amygdala, der winzig kleine Teil des Gehirns, beschreiben Gehirnforscher häufig als Alarmglocke des Gehirns, da er die instinktive Wahrnehmung als belastend oder bedrohlich bewertet. Hast Du ein unangenehmes Erlebnis verarbeitet, hat sich diese Alarmglocke beruhigt, trotzdem erinnerst Du dich noch daran.

Die mentalen Eigenkräfte ermöglichen in 95 Prozent den Abbau von Angst, Stress und Aufregung. Die Fähigkeit zum Zeitgefühl hilft dabei, denn aus der Distanz heraus gelingt es Dir, Dich an einen Vorfall zu erinnern und darüber zu sprechen.

Eine Nervenzelle kann auf einen Reiz hin reagieren. Wird die Nervenzelle zu häufig oder zu intensiv gereizt, kann sich diese Reaktion verselbstständigen. Ein Beispiel dafür sind Menschen mit amputierten Körperteilen, die unter Phantomschmerzen leiden. Der Körperteil, der nicht mehr vorhanden ist, schmerzt.

Die Gehirnzellen haben ein Schmerzgedächtnis, das heißt, sie können Schmerzen erlernen. In Träumen kann ein großer Teil unserer Erlebnisse verarbeitet werden, was allerdings bei schwerwiegenden Stresserlebnissen nicht gelingt. Eine solche Traumblockierung löst sich nicht, sondern sie wird zu einem Albtraum. Ein Coaching kann negative Erlebnisse zutage bringen, doch solltest Du überlegen, ob Dir nicht ein kurzfristiger Schmerz angenehmer ist, wenn Du Dich danach wieder wohler fühlst und ausgeglichener fühlst, als dauerhaft unter der Belastung zu leiden, nur um diesen Schmerz zu vermeiden.

Das Nervensystem kann durch einen Stressabbau entlastet werden, das führt zu einem besseren Wohlgefühl. Einige Menschen, die ein Coaching nutzen, sprechen davon, auf angenehme Weise erschöpft zu sein.

Bei einem Coaching kann es zu leichten Trance-Phänomenen kommen, denn die »Meldung«, dass sich dieser Stress nun in Wohlgefühl verwandelt hat, macht im Gehirn die Runde. Bis eine Veränderung in jede Zelle des Gehirns vordringt, dauert es vier bis sechs Wochen. Vielleicht hast Du das Bedürfnis zum Tagträumen – komme ihm nach und gehe mit Deinen Gedanken spazieren. Die meisten Eindrücke werden nachts im Gehirn abgespeichert, während der Trancezustände und Tagträume wird nichts gespeichert. Nach einem Coaching berichten viele Menschen über lebhafte Träume. Sie sind ein Zeichen dafür, dass eine Intervention in Gang gesetzt wurde und sich fortsetzt.

Was den Verbindungseffekt ausmacht

Das Gehirn sucht gerne nach Regeln und Mustern, die hinter einem Erlebnis verborgen sind. Das lässt sich folgendermaßen erklären: Begegnet Dir das Wort »Pizza«, dann siehst Du unweigerlich eine Pizza vor Dir, Du fragst Dich, wie viele Pizzen Du in Deinem Leben schon gegessen hast oder wann Du die letzte Pizza gegessen hast. Du stellst Dir vor, wie Du Deine Pizza gerne hättest. Genauso wie die Pizza nach Deinen Vorstellungen, wird auch ein Schlüsselbild von einem Erlebnis abgelegt.

Genauso wie diese Pizza, stellst Du Dir vor, dass Du eine Diskussionsrunde leiten oder einen Vortrag halten sollst. Du hinterlegst in Deinem Gehirn ein Schlüsselbild, Du siehst Dich und diejenigen, vor denen Du Deinen Vortrag halten sollst. Hast Du schon Erfahrungen damit gemacht, wirst Du daran denken, was schiefgegangen ist oder was gut geklappt hat.

Eine solche Verbindung kann etwas Positives bewirken. Genau so wie Du Dir Deine Wunsch-Pizza vorstellst, stellst Du Dir vor, dass Deine Diskussionsrunde für Dich die Gelegenheit bietet, Dich einzubringen und zu zeigen, was in Dir steckt.

Vielleicht mag Dir die Assoziation des Gehirns unlogisch erscheinen, doch hier erfolgt das Sortieren nach Kategorien. Treten bei den Ereignissen Ähnlichkeiten bei den Mustern auf, dann werden diese Ereignisse in einer Schublade zusammengefasst.

Hast Du schon einmal daran gedacht, dass Du schon kurz nach dem Aufwachen denkst und das Denken mit der Sprache kombinierst? Du denkst vielleicht:

- Muss ich jetzt aufstehen?
- Schaffe ich es auch noch, wenn ich noch fünf Minuten liegen bleibe?

Vielleicht gehst Du aber auch strenger mit Dir um: Steh jetzt auf, du schaffst es sonst nicht mehr! Du bist der Moderator Deiner Taten und Erlebnisse – Du motivierst Dich selbst. Es kommt da nicht nur auf strenge und negativ klingende Sätze an, wie »Beeile Dich, sonst schaffst Du das nie«, sondern viel motivierender sind positive Sätze, wie »Wenn Du jetzt aktiv bist, schaffst Du das!« Es kommt auf den Tonfall an, wie Du selbst mit Dir umgehst. Schrei Dich nicht innerlich an, sondern motiviere Dich, so wie ein Fußballtrainer, der seine Jungs nicht anschreit, sondern sie auf das Positive hinweist und sie motiviert.

Visionen von den eigenen Zielen

Um Perspektiven für die Zukunft zu entwickeln, musst Du Deine Ziele visualisieren – die Zukunftsperspektiven wirken wie ein mentaler Magnet, der Dich anzieht. Untersuchungen ergaben, dass Menschen, die eine positive Vorstellung von ihren Zielen haben, schneller ihre Ziele erreichen als diejenigen, die keine Vorstellungen von der Zukunft haben. Deine Ziele musst Du dreidimensional vor Dir sehen, Du musst sie hören, riechen, schmecken und fühlen.

Willst Du Dein Ziel visualisieren, kommt es nicht nur darauf an, vielleicht ein hohes Gehalt oder ein Haus vor Dir zu sehen, sondern auch Dich selbst als derjenige, der am Ziel ist. Baue Dir ein Bild von Deinem Zukunfts-Ich auf, als einer, der glücklich darüber ist, dass er am Ziel ist.

Vielleicht wird Dir diese Vorstellung zu Beginn noch merkwürdig vorkommen, denn immerhin ist das für Dein Gehirn noch eine Umstellung, es betritt Neuland, da es dafür noch keine komfortable neuronale Bahn angelegt hat. Dein Gehirn muss erst neue Verbindungen schaffen, dafür benötigt es mehr Energie als für die Nutzung bereits bestehender Verbindungen.

Kommt Dir diese Vorstellung komisch vor, muss sie deshalb nicht schlechter sein, die Verbindung muss erst hergestellt werden. Hast Du Dich daran gewöhnt, kommt Dir das nicht mehr komisch vor. Auf dem Weg nach vorn musst Du auch mit

Rückschlägen rechnen, doch solltest Du Dich nicht entmutigen lassen.

Wie machen es die Delfine

Um zu verdeutlichen, wie es ist, sich auf etwas Neues einzustellen, kommt hier ein Beispiel von Delfinen. Diese Meeressäuger wirken freundlich, sympathisch und verspielt, sie sind hoch entwickelt. Ein Delfin wird niemals denken, dass alle Meerestiere, die ihm ähnlich sind, auch Delfine sind. Sicher weiß er auch, dass da Haie sind, die gefährlich werden können. Darauf ist der Delfin eingestellt, er weiß entsprechend zu reagieren, wenn er einem Hai begegnet. Er versucht es nicht, einem Hai etwas Positives abzugewinnen, sondern er vertreibt ihn. Delfine sind auf Haie eingestellt, da sie zu ihrem Bild von der Unterwasserwelt einfach dazugehören.

Möchtest Du erfolgreich mit Konflikten fertig werden, so wie der Delfin mit den Haien, und ans Ziel kommen, dann solltest Du verschiedene positive Gedanken erlernen. Solche Gedanken sind

- Ich tue, was ich kann
- Alles ist möglich
- Ich bin perfekt für diese Aufgabe geeignet
- Die Menschen kann ich nicht ändern, doch kann ich mit ihnen umgehen
- Ich werde die richtige Lösung finden
- Ich will es – ich kriege es

➤ *Woher kommen unsere Ängste?*

Im Laufe meiner Karriere als Coach habe ich immer wieder die verblüffende Erfahrung gemacht, dass Ängste häufig ihren Ursprung in Erlebnissen haben, die wir gar nicht direkt mit der Angst in Verbindung setzen. In diesem Zusammenhang möchte ich die Geschichte der jungen Laura aus der Schweiz. erzählen. Laura war 29 Jahre alt, als sie mich aufsuchte und mir von ihrer Flugangst berichtete, die sie bereits seit ihrem 15. Lebensjahr plagte. Die Flugangst schränkte ihre Lebensqualität stark ein, hinderte sie sie doch daran, weite Reisen zu unternehmen und die Welt mit all ihren Schönheiten zu entdecken. Um Laura von ihrer Angst zu befreien, mussten wir jedoch zunächst die Ursache ausfindig machen. Ich ließ sie zunächst von ihrer Vergangenheit erzählen, um auf mögliche Anhaltspunkte aufmerksam zu werden. Außerdem führte ich einen sogenannten Muskeltest durch, mit dessen Hilfe sich herausfinden lässt, ob bestimmte Wörter zu einer unbewussten Stressreaktion im Körper führen. Bereits nach kurzer Zeit stellte sich Folgendes heraus: Laura hatte gar keine Flugangst. Sie hatte bei ihrem ersten Flug jedoch ein negatives Kindheitserlebnis gehabt, welches von ihrem Gehirn unterbewusst mit dem Fliegen verknüpft wurde. Es kam zu einer Blockade, die Laura fortan daran hinderte, ein Flugzeug zu besteigen. Im Laufe des Coachings gelang es mir, die Blockaden Schritt für Schritt zu lösen und Laura zu einem verbesserten Wohlbefinden sowie zu höherer Lebensqualität zu verhelfen. Ihre Flugangst ist im wahrsten Sinne des Wortes gänzlich »verflogen«.

Dieses Beispiel verdeutlicht sehr eindrucksvoll, dass Ängste unbewusst mit Erlebnissen verknüpft werden können, die scheinbar nicht in direkter Verbindung mit dieser Angst stehen. Das hängt damit zusammen, wie unser Gehirn Informationen abspeichert. Um den Ursachen unserer Ängste auf die Spur zu kommen, müssen wir also vor allem einen Blick in unsere persönliche Vergangenheit werfen. Doch keine Sorge: Es ist nicht nötig, unsere gesamte Vergangenheit aufzuarbeiten, um erfolgreich in eine neue Zukunft starten zu können. Stattdessen genügt es oftmals, einen kleinen Schritt zurückzugehen, um endgültig mit der Vergangenheit abzuschließen. Dieser Schritt erfordert viel Mut und ich möchte nicht behaupten, dass er einfach ist. Wer die Kraft aufbringt und bereit ist, sich mit negativen Erlebnissen in seiner Vergangenheit auseinanderzusetzen, profitiert jedoch auf vielfältige Weise davon und kann positiv gestimmt nach vorn blicken und seine Träume verwirklichen.

Visionen auf dem Weg zum Ziel

Das Gehirn verarbeitet Erlebnisse in Träumen, doch nicht alle Probleme und Erlebnisse können verarbeitet werden, diese können zu Albträumen führen. Menschen mit einer posttraumatischen Belastungsstörung schieben einen beachtlichen Brocken an Problemen vor sich her, der nicht in Träumen verarbeitet werden kann. Eine solche Belastungsstörung ist eine Blockade – doch kann Coaching helfen. Hier kann es sinnvoll sein, eine kurzfristige Ohrfeige hinzunehmen, indem diese schrecklichen Ereignisse noch einmal aufflackern, doch ist sie hilfreich, wenn Du künftig die schlechten Erlebnisse hinter Dir lassen willst. Die Erinnerung bleibt, doch wird es Dir gelingen, damit zu leben, da Du Dich inzwischen über das Erlebte hinweggesetzt hast. Um nach vorn zu kommen und das Ziel zu erreichen, musst Du vielleicht Deine Denkmuster verändern, Du musst ein Bild von Deinem Ziel und von Dir selbst als derjenige, der das Ziel erreicht hat, erschaffen. Niederlagen bleiben nicht aus, doch solltest Du daraus lernen und Dich nicht entmutigen lassen.

II
Stress und Burn-out

»Wenn der Mensch kein Ziel hat, ist ihm jeder Weg zu weit.«

Stress – Störenfried und Geheimnis unseres Antriebs

Er ist wohl einer der am häufigsten verwendeten Begriffe in unserem Alltag: Stress ist einerseits ein Modewort, andererseits eine Beschreibung für Belastungen. Aus medizinischer Sicht versteht man darunter ein Ungleichgewicht zwischen den erlebten Anforderungen und den eigenen Möglichkeiten, diese zu bewältigen. Abhängig vom Verhältnis zwischen diesen Anforderungen und den eigenen Ressourcen kann sogar unser ganz normaler Alltag zu einer großen Beanspruchung werden. Die Belastung wird übrigens umso größer, je wichtiger und wünschenswerter wir die erfolgreiche Bewältigung empfinden und je geringer wir die eigenen Möglichkeiten dazu einschätzen.

Die Bedeutung positiver Gedanken liegt in diesem Zusammenhang auf der Hand. Schon bei der ersten Beurteilung einer Stresssituation kann eine zuversichtliche Haltung die als Bedrohung empfundene Situation entschärfen. Wenn beispielsweise ein pessimistisch eingestellter Angestellter zu Beginn der Probezeit feststellt, dass er häufig Fehler macht, könnte er diese Lage sehr schnell als bedrohlich einschätzen, weil sein Arbeitsplatz seiner Meinung nach in Gefahr gerät. Ein optimistisch eingestellter Angestellter wird solche Situationen als Herausforderung wahrnehmen und seine eigenen Fehler als einen natürlichen Bestandteil seines Lernprozesses ansehen.

Stress hat einige negative Auswirkungen auf uns und auf unseren gesamten Organismus. Es ist deshalb wichtig, die Faktoren zu kennen, die uns in Stress versetzen. Nur so kann man die sogenannten Stressoren frühzeitig erkennen und gezielt reduzieren. In diesem Buch lernst Du verschiedene Methoden und Möglichkeiten kennen, um Dein Leben in Zukunft erfolgreicher zu gestalten.

Das sind die wichtigsten Stresssymptome:

Anfälligkeit gegen Krankheiten
Herz-Kreislauf-Beschwerden
Erhöhtes Infarktrisiko
Gereiztheit
Nervosität
Ängstlichkeit
Depressive Stimmungen

Muskuläre Ebene:
Schnelle Ermüdbarkeit
Spannungskopfschmerzen
Rückenschmerzen

Es ist wichtig zu wissen, dass nicht alle Symptome gleichzeitig auftreten müssen. Oft stellt man sie nur vorübergehend fest, manchmal machen sich mehrere Symptome nacheinander bemerkbar. Das macht es schwierig, Stress mit seinen negativen Auswirkungen auf den gesamten Organismus zu erkennen und zu behandeln.

Sofern wir Stress als negativ empfinden, weil wir mit den Belastungen des Alltags oder einer bestimmten Situation nicht fertig werden, kann er nach längerer Zeit gesundheitsschädigend werden. Er hat dann negative Folgen für das gesamte Herz-Kreislauf-System, für unseren Körper und für unsere Seele. Wenn wir Stress aber als Antriebskraft und Motor für unser Schaffen sehen, steht er für die wichtigen Leitplanken, die unser Leben auf Kurs halten und die uns in die gewünschte Richtung führen. Stress hat also nur dann etwas Negatives an sich, wenn wir ihn als negativ empfinden. Ob sich ein Stressor negativ oder positiv auf uns auswirkt, hat viel mit unserer Einstellung zu tun. Auf den Faktor Stress werden wir immer wieder im Verlauf dieses Buchs zurückkommen.

Burn-out – Viel mehr als nur ein Modewort

Burn-out ist ein Begriff, den man fast täglich in der Zeitung liest. Wohl jeder kann mindestens eine Person im beruflichen oder privaten Umfeld nennen, die einen Burn-out erlitten hat. Kritiker gehen davon aus, dass es sich hier nur um ein Modewort handelt, das gerne inflationär verwendet wird. Doch in medizinischen Kreisen ist Burn-out als Erkrankung heute anerkannt, obwohl die Ursachen so unterschiedlich sind. So erstaunlich es klingen mag: Jeder Mensch hat die Chance, etwas gegen Burn-out zu unternehmen. Obwohl er für die Betroffenen oft als unabwendbarer Schicksalsschlag daherkommt, ist er keine Erkrankung, an deren Folgen man ein Leben lang leiden muss. Es ist wichtig zu wissen und zu akzeptieren, dass man gegen einen drohenden Burn-out angehen kann, sofern man weiß, wo die Ursache dafür liegt.

Eine eindeutige Definition bei vielfältigen Symptomen
Etwa im Jahr 1970 wurde Burn-out erstmals im medizinischen Kontext benutzt. Der Begriff stand damals für eine zunehmende Erschöpfung, die eine distanzierte und zynische Einstellung hervorruft. Drei Kernaspekte eines Burn-outs sind emotionale Erschöpfung, Depersonalisierung und eine verringerte persönliche Leistungsfähigkeit.

Mit einer emotionalen Erschöpfung ist ein Zustand gemeint, in dem man sich gefühlsmäßig ausgelaugt fühlt. Man kann sich nicht mehr in andere Menschen hineinversetzen, man fühlt nicht mehr mit und fühlt sich leer und kalt.

Depersonalisierung ist der Fachbegriff für eine negative Wahrnehmung und für negative Gefühle gegenüber allen Dingen, die einem anvertraut sind. In diesem Zustand wird der Betroffene von seinem Umfeld als verändert wahrgenommen. Ein häufig gehörter Satz ist in diesem Zustand »So kenne ich Dich gar nicht.«. Der Betroffene selbst erlebt sich dann als eine andere Person und kann seine Gedanken, seine Gefühle und seine Handlungen gar nicht mehr nachvollziehen.

Eine verringerte persönliche Leistungsfähigkeit bedeutet, dass sich die Betroffenen als weniger leistungsfähig wahrnehmen. Meist wird das im beruflichen Umfeld der Fall sein, doch auch im privaten Bereich ist diese Empfindung festzustellen. Sie haben das Gefühl, nicht mehr die Leistung erbringen zu können, die eigentlich in ihnen steckt und die sie von sich gewohnt sind. Diese Wahrnehmung hat oft eine Einschränkung des Selbstvertrauens und damit eine Verringerung des Selbstwertgefühls zur Folge. Natürlich können unrealistische Erwartungen an sich selbst und an die Arbeit zu einem Zustand des »Sich-Ausgebrannt-Fühlens« führen. Diese Sicht auf die Dinge wirkt sich schlecht auf unser Selbstwertgefühl aus. Sie kann dazu führen, dass wir jeglichen Glauben an uns selbst und damit auch unsere Motivation verlieren.

Gerade in der heutigen Arbeitswelt, in der nur das Ergebnis zählt und in der das persönliche und emotionale Engagement nicht mehr genügend gewürdigt werden, kann ein Burn-out die Folge sein. Weniger gravierende Anzeichen sind eine sehr große Frustration und massive Enttäuschungen. Diese Anzeichen sollte man auf keinen Fall unterschätzen oder übersehen. Sie können einen drohenden Burn-out ankündigen, der aber in dieser Phase noch verhindert werden kann.

Professor Matthias Burisch hat aus medizinischer Sicht beschrieben, wie ein Burn-out abläuft. Er ist in sieben Phasen aufzuteilen, die von unterschiedlicher Dauer sein können:

1. Phase der ersten Warnzeichen
2. Phase des reduzierten Engagements
3. Phase der emotionalen Reaktionen
4. Phase der Abnahme von kognitiven Fähigkeiten
5. Phase des nachlassenden emotionalen und sozialen Lebens
6. Phase der psychosomatischen Reaktionen
7. Phase von Depressionen und Verzweiflung

Häufig wird der sich langsam aufbauende Prozess in einem Burn-out durch ablehnende oder gereizte Reaktionen der Mitmenschen weiter angeheizt. Der Betroffene erhält dann die Bestätigung für seine negativen Selbstwahrnehmungen und untermauert seine innere Wahrnehmung damit noch zusätzlich. So entsteht eine negative Spirale, die den Prozess weiter beschleunigt. Spätestens in der siebten und letzten Phase von Depressionen und Verzweiflung hat der Betroffene eine durch und durch negative Einstellung zu den Dingen. Er wird von Gefühlen der Sinnlosigkeit und von massiven Zukunftsängsten bis zur existenziellen Verzweiflung mit Selbstmordgedanken gequält. Im schlimmsten Fall werden aus bloßen Gedanken irgendwann handfeste Handlungen, die zu einem Suizid führen, wenn der Betroffene in dieser Situation nicht sofort Hilfe erhält.

Die Bedeutung von Persönlichkeitsmerkmalen

Jeder Mensch hat seine ganz persönlichen Stärken und Schwächen. Diese sollten wir genau kennen, denn nur dann können wir richtig damit umgehen. Für unser Wohlbefinden ist es äußerst wichtig, dass wir uns gegen unsere Schwächen schützen und unsere Stärken noch hervorheben.

Mediziner gehen davon aus, dass Menschen mit bestimmten Persönlichkeitsmerkmalen ein höheres Risiko als andere Menschen haben, an Burn-out zu erkranken. Beispielsweise gelten Menschen, die sich verstärkt dem Einfluss anderer oder dem Zufall aussetzen, eher gefährdet. Wer das Gefühl hat, den äußeren Umständen oder den Mitmenschen ausgeliefert zu sein, wird eher zu ängstlichen Reaktionen neigen. Er wird sehr sensibel sein und depressiv, ablehnend oder sogar feindselig reagieren. Solche Leute sprechen sich selbst und ihren eigenen Handlungen nur wenig Kraft und ein geringes Durchsetzungsvermögen zu.

Obwohl bestimmte Persönlichkeitsmerkmale genetisch bedingt sind und bis zu einem gewissen Grad nicht zu beeinflussen sind, ist der Mensch sein ganzes Leben lang lernfähig. Er kann hinderliche oder negative Verhaltenswiesen in seinem Leben durch positive Handlungen ersetzen, sofern diese sein Leben einfacher gestalten oder sogar seine Lebensqualität erhöhen.

Die Einstellung zu unserer Arbeit und zu unserem Berufsleben hat sehr viel mit den Persönlichkeitsmerkmalen zu tun. Dazu muss man wissen, dass ein zielorientiertes und ordentliches Verhalten, das auf 100-prozentige Leistung ausgerichtet ist, in unserer Gesellschaft sehr hoch anerkannt wird und schon in der Schule gefördert wird. Diesem Einfluss können wir uns oft nicht ganz vollständig entziehen. Versuche deshalb schon frühzeitig zu erkennen, was Dir gut tut und was in Dir Stress auslöst – und was Du deshalb unbedingt vermeiden solltest.

So beeinflusst Dich das Arbeitsumfeld
Viele Studien beweisen, dass Stress nur dann zu Burn-out führt, wenn er über einen längeren Zeitraum andauert. Selbst übermäßige Belastungen lassen sich für eine vorübergehende Zeit gut ertragen, doch wenn sich dieser Zeitraum langfristig hinzieht, steigt die Gefahr eines Burn-outs deutlich an.

Burn-out ist aber nicht nur eine »Managerkrankheit«. Sie kommt in vielen sozialen Berufen vor. Dienstleister im Gesundheitswesen sind besonders gefährdet. Ein nicht zu unterschätzender Risikofaktor ist es, wenn die Arbeitsaufgaben nicht klar und eindeutig definiert sind und wenn die Stellenbeschreibung einer Person nicht vernünftig formuliert ist.

Ein Höchstmaß an Autonomie und Selbstbestimmung sowie Selbstverantwortung gelten vielen Menschen im Beruf als absolut erstrebenswert. Trotzdem benötigen auch sehr ehrgeizige und zielorientierte Menschen Unterstützung und Zuspruch. Feedback, Aufmunterung und konstruktive Kritik bewirken Wunder, wenn sie von Herzen kommen. Im umgekehrten Fall führen sie allerdings zu Mobbing. Im Berufsleben steht oft die Frage im Mittelpunkt, wie man miteinander umgehen will und wie wir auch in Beziehungen zu nicht so nahe stehenden Personen ein Gefühl des »Wahrgenommenseins«, des »Ernstgenommenseins« und der Zugehörigkeit einbringen können. Für viele Mitarbeiter ist es deshalb wichtig, die eigenen Entscheidungskompetenzen ausfüllen zu können und sich an allen relevanten Entscheidungen beteiligen zu können. Jeder Mitarbeiter möchte sich mit seiner Tätigkeit und mit seiner Firma identifizieren. Wenn es im Berufsleben gelingt, einem Mitarbeiter dieses Gefühl zu vermitteln, ist das ein wichtiger Beitrag zur Gesundheitsförderung am Arbeitsplatz und damit gegen einen drohenden Burn-out.

Zusammengefasst sind es also bestimmte Persönlichkeitsmerkmale, die arbeitsbezogene Einstellung und das Arbeitsumfeld selbst, die eine wichtige Rolle bei der Entstehung eines Burn-outs spielen. Nicht alle Faktoren kann man selbst beeinflussen. Doch was kannst Du selbst tun, wenn Du das Gefühl hast, Du läufst direkt in einen Burn-out hinein? Wie kannst Du selbst vorbeugen und Deine Lebensqualität und Deine Leistungsfähigkeit wieder erhöhen und ins rechte Licht rücken?

Mehr Lebensqualität und Leistungsfähigkeit durch richtige Vorsorge
Lebensqualität und Leistungsfähigkeit sind zwei Begriffe, die sehr eng miteinander verbunden sind. Sie beeinflussen unser Berufsleben ebenso wie unser Privatleben. Deshalb sollten sie auch nicht getrennt voneinander betrachtet werden. Es gilt vielmehr, über alle vier Bereiche hinweg einen Ausgleich zu schaffen.

– *Leistung und Arbeit:* Arbeit, Finanzen
– *Kultur:* Musik, Lesen, Tagträumereien

- *Körper und Sinne:* Ernährung, Sexualität, Achtsamkeit, Bewegung, Schlaf
- *Soziale Aktivitäten und Beziehungen:* Beziehungen, Partnerschaft, Familie

Alle vier Bereiche sollen sich gegenseitig befruchten und erfrischen, denn nur so gewinnt unser Leben an Tiefe und Qualität. Um Gesundheit und Wohlbefinden zu erhalten, ist es wichtig, dass alle vier Bereiche ausgelebt werden und sich gegenseitig austauschen. Wer sein Leben nur über Leistung definiert und sich fortwährend stark engagiert, sich irgendwann vielleicht bis zur totalen Erschöpfung verausgabt, schafft so einen typischen Sachverhalt, den viele Menschen mit Burn-out im Nachhinein berichten.

Viel sinnvoller ist es, wenn wir unser Engagement zu gleichen Teilen auf alle vier Bereiche verteilen. Das kann anstrengend sein, es kostet Zeit, Energie und sicher auch Geld! Aber wir erhalten auch sehr viel an Kraft zurück, wenn wir uns in einem Bereich mit aller Begeisterung engagieren. Natürlich hast Du die Wahl, Dich auf einzelne Schwerpunkte zu konzentrieren, die Dir besonders viel Freude machen. Vielleicht bist Du sehr gerne sportlich aktiv, vielleicht machst Du gerne Musik, vielleicht liest Du mit viel Begeisterung. Alles ist in Ordnung, solange Du die anderen Bereiche nicht vernachlässigst und solange Du Dein Engagement als Bereicherung empfindest. Einem Burn-out vorzubeugen und sich gesund und leistungsfähig zu halten, funktioniert nur, wenn sich alle vier Bereiche ausgleichen und gegenseitig verstärken. Es gilt immer, die richtige Balance zu finden, damit wir dem stressigen Alltag auf Dauer gewachsen sind.

Ein Burn-out ist heilbar!

Allein die Idee ist erschreckend: Einmal Burn-out, immer Burn-out. Einige Betroffene berichten davon, dass sie sich nie mehr von ihrer Krankheit erholt haben. Doch diese Einschätzung ist aus medizinischer Sicht überholt. Für eine erfolgreiche Behandlung ist aber unbedingt das volle Engagement des Patienten erforderlich. Er sollte durch sein persönliches Umfeld und durch den Arbeitgeber unterstützt werden und maximales Verständnis erfahren. Anpassungen am Arbeitsplatz können notwendig sein und sollten dann auch unbedingt eingeführt werden, um einem erneuten Burn-out vorzubeugen.

Angelehnt an die vier Säulen für mehr Lebensqualität und Leistungsfähigkeit können folgende Grundsätze einem Burn-out Patienten helfen, seine Erkrankung zu heilen:

– *Bewegung:* Aktiv sein!
– *Entspannung:* Achtsam sein!
– *Selbsterkenntnis:* Sich selbst bewusst sein!
– *Zuspruch und Unterstützung:* Die Familie und nahestehende Personen einbinden!

Über diese Punkte werden wir im weiteren Verlaufe dieses Buchs noch sprechen. Du wirst lernen, wie Du sie anwendest und für Dich erfolgreich nutzt.

Auch das Thema »Medikamente« möchte ich gerne ansprechen. In einer akuten Phase können sie hilfreich sein. Wenn es darum geht, dass akute Suizidgefahr besteht und wenn sie von einem Fachmann verabreicht wurden, können Medikamente sinnvoll sein. In dieser Situation ist es wichtig, dass der Betroffene wieder zu Kräften kommt und die Motivation findet, den oben geschilderten Weg zu gehen. Dieser verlangt ihm Kraft und Energie ab, denn er muss lernen, sein Leben wieder in die eigenen Hände zu nehmen. In einer akuten Burn-out-Situation hat er diese Kraft nicht und muss deshalb vielleicht erst einmal mit Medikamenten gestützt und geschützt werden. Das sollte aber immer nur unter Aufsicht eines spezialisierten Arztes geschehen, der das passende Medikament in der richtigen Dosierung empfiehlt. Auch ein stationärer Aufenthalt kann sich in dieser Situation anbieten.

Langfristig muss der Patient aber selbst die Kraft finden, sich in eine Behandlung zu begeben. Je schneller das gelingt, desto früher findet er wieder zu seiner Leistungsfähigkeit zurück und desto geringer werden die dauerhaften Beschwerden sein. Die Behandlung wird aufgrund der Komplexität aber multimodal sein, sie sollte unbedingt die vier oben aufgeführten Eckpfeiler abdecken. Als Kurzzeitpsychotherapie mit einem anschließenden Coaching ist ein Burn-out ebenfalls erfolgreich zu kurieren.

Das vielleicht Interessanteste am dem so wichtigen Thema »Burn-out« ist, dass wir auch in einer sich immer schneller drehenden Welt in der Lage sind, uns gesund und leistungsfähig zu erhalten. Das gilt für jeden, der durch ein hektisches Leben mit hohen Belastungen befürchtet, irgendwann vollständig ausgebrannt zu sein.

Es darf allerdings nicht erstaunen, dass sich viele Menschen zunehmend in ihre Traumwelten flüchten. Sie finden in den Medien, im Fernsehen und im Internet genügend Anreize dazu, sich mit Hilfe von Drogen oder Alkohol in eine Traumwelt mit einer Fülle von Luxusgütern zu flüchten. Dort scheint es keine schwierigen sozialen Themen oder finanzielle Not zu geben. Leider gibt unser modernes Leben mit der Vielfalt an analogen und digitalen Medien dazu Tag für Tag genügend Anreiz. Wenn ein Mensch dann erst einmal körperlich, seelisch und geistig in eine Depression geraten ist, resigniert er vollständig und findet den Weg aus diesem Labyrinth heraus leider nicht mehr ohne fremde Hilfe.

Deshalb möchte ich auf diesem Weg allen Betroffenen Mut machen, ihre äußere und innere Welt zu entdecken und das, was uns Angst macht, einmal genauer anzuschauen. Erforsche das, was Dich ängstigt und stelle Dich den Herausforderungen im Leben. Mache das Beste daraus, und bedenke immer, dass Du zu keiner Zeit allein bist! Du hast jederzeit Wegbegleiter und Helfer, die an Deiner Seite sind und die Dich auf Deinem Weg unterstützen. Sie stehen Dir zu Seite, wenn Du das Beste aus Deinem Leben machst. Das wiederum ist ganz allein Deine eigene Verantwortung, der nur Du nachkommen kannst.

III
Kindheit und Jugend als erste Herausforderung

*Denn an sich ist nichts weder gut noch böse;
das Denken macht es erst dazu.*

William Shakespeare

Bedeutung der Vergangenheit

Hast Du einem Kind schon einmal tief in die Augen geschaut? Was siehst Du darin? Kinder kommen ohne Vorurteile auf die Welt. Sie sind unbelastet, unschuldig und von einer Reinheit, die wir Erwachsenen lange verloren haben. Schon die Kleinsten zeigen uns ihr Vertrauen und ihre Lebensfreude jeden Tag in jeder Minute. Sie sind das schönste Beispiel dafür, wie jeder einzelne Tag zu einem erfüllten Ereignis werden kann.

Alles, was wir als Erwachsene sind, ist der Ausdruck der Liebe, die wir als Kind bekommen haben. Leider hat auch fehlende Liebe einen unglaublichen Einfluss auf unsere Persönlichkeit, die wir als erwachsene Menschen entwickeln. Wenn wir als Kind nicht genug geliebt wurden, kann es sehr schwer werden, sich zu einem positiv denkenden Menschen zu entwickeln. Doch warum hat die Kindheit einen so großen Einfluss auf unser späteres Leben?

Denke beispielsweise an ein fünf Jahre altes Kind. In diesem Alter kann sich ein Kind schon ein eigenes Urteil bilden, doch es kann sich noch nicht vor schlechten Einflüssen von außen schützen. In der Einfachheit des kindlichen Geistes liegt also eine große Gefahr, denn es ist guten und schlechten Einflüssen nahezu schutzlos ausgeliefert. Was denkt ein fünf Jahre altes Kind, wenn Vater oder Mutter zu ihm sagen, dass der Nachbar ein Idiot ist? Wenn es die Bedeutung des Worts schon versteht, hält es den Nachbarn für einen Idioten. Weil die Eltern in diesem Alter noch die oberste Instanz sind, nimmt es die Meinung der Eltern ohne weitere Überlegung an. Doch was passiert, wenn sich solche bösen Aussagen nicht gegen eine andere Person richten, sondern gegen das Kind selbst?

Ein Kind kann noch nicht Wahrheit und Scherz unterscheiden. Erst mit zunehmendem Alter reift in ihm ein Verständnis für Übertreibung und für Ironie. Besonders schlimm sind die Auswirkungen für die kleine Kinderseele, wenn es solche Bemerkungen von Menschen hört, denen es blind vertraut. Die kindliche Naivität aus frühen Jahren verschiebt sich im Lauf der Zeit immer mehr vom Bewusstsein in das Unterbewusstsein. Trotzdem bleibt es auch im Erwachsenenalter in unterschiedlicher Form noch aktiv und kann regelrecht vergiftet werden. Auf die zarte Kinderseele sind verbale Angriffe wie Ohrfeigen, die das noch sehr zerbrechliche Selbstwertgefühl dauerhaft schädigen können.

In meinen Coaching-Sitzungen stelle ich immer wieder fest, dass unzählige unserer Probleme im Erwachsenenalter auf schlimme Kindheitserlebnisse und auf die unweigerlich daraus folgende wiederholte Bestätigung zurückzuführen sind. Diese Affirmation ist einer der Schlüssel für das menschliche Verhalten, denn sie prägt unsere positiven wie negativen Reaktionen ganz gravierend.

Ganz häufig konzentrieren sich Eltern auf die unzähligen Erziehungsratschläge, die sie aus der Familie, von Freunden und Bekannten und auch von Fachleuten und Therapeuten erhalten. Darüber vergessen sie aber ganz, ihrem Kind das zu geben, was jedes Kind besonders dringend benötigt: Liebe und Verständnis! Nichts ist so wichtig für die positive Entwicklung der Kinderseele wie die Stärkung des Glaubens und die Freiheit, sich ganz individuell entfalten zu können. Natürlich darfst und sollst Du Deinem Kind nicht alles erlauben, was es tun möchte! Grenzen müssen sein, damit Kinder Werte und ihre Bedeutung verstehen lernen. Doch es ist ein großer Unterschied, ob Du Dein Kind nach Deinen Vorstellungen von Moral mit Gewalt verbiegst oder ob Du es unter Deiner sicheren und liebevollen Führung selbst seine Erfahrungen machen und experimentieren lässt – auch, wenn es das eine oder andere Mal sicher schief geht.

Kinder, die nicht von Herzen geliebt werden, haben es als Erwachsene oft schwer, selbst aus tiefstem Herzen Liebe zu geben. Es ist erwiesen, dass in unserer Kindheit die Wurzeln im Unterbewusstsein gelegt werden, wie tief wir Liebe im späteren Leben empfinden können. Wenn Du Dir beispielsweise als Erwachsener zu wenig zutraust, dann liegt die Vermutung nahe, dass man in Deiner Kindheit/Jugend zu wenig an Dich geglaubt hat! Als Kind speichern wir jeden Eindruck und jedes Erlebnis ganz tief in unserem Unterbewusstsein ab. Ermutigender Zuspruch, Anerkennung und tiefe Liebe sind so etwas wie die Mahlzeiten, ohne die eine Kinderseele nicht wachsen kann. Genauso wie der Körper gesundes Essen benötigt, braucht das Kind seelische und moralische Unterstützung, um zu einem gesunden und selbstbewussten Erwachsenen zu werden. Jegliche Ablehnung, Kritik oder Zurechtweisung mögen Dir als Vater oder Mutter im ersten Augenblick etwas Ruhe verschaffen, doch leider zeigen sich die Auswirkungen häufig erst im Erwachsenenalter – dann allerdings leider in verschärfter Form.

Wie oft bekommen Kinder zu hören »Du bist zu dumm dafür!« oder »Räume sofort Dein Zimmer auf, sonst passiert etwas!« oder sogar »Der liebe Gott wird Dich dafür bestrafen«. Nicht selten heißt es auch »Du warst eigentlich ein Unfall! Sei froh, dass Du ein Dach über dem Kopf hast, und gib Dich mit dem zufrieden, was Du hast!« In der vertrauensvollen Seele eines Kindes wirken solche Sätze wie Brandbeschleuniger. Wenn wir solche Sätze als Kind hören, speichern wir sie in unserem Unterbewusstsein ab. Im späteren Leben steuern sie sogar unsere Körperfunktionen, ohne dass wir auch nur das Geringste dagegen unternehmen können!

Wie reagieren wir Erwachsene zum Beispiel auf ein Kind, das zum ersten Mal einen oft noch unrealistischen Berufswunsch hat? Die häufigste Antwort ist wohl: »Konzentriere Dich auf Deine Schule« oder »Lerne etwas Anständiges!«. Dadurch prägt sich im Bewusstsein unserer Kinder ein Programm ein, das ihnen sagt, es lohnt sich nicht, an seine Ziele zu glauben und dafür zu kämpfen – denn schließlich wissen wir es als Deine Eltern ja besser!

Feuerwehrmann, Pilot, Polizist oder Sportprofi sind natürlich Wünsche, die sich im Lauf der Jahre noch wandeln können. Manchmal schaffen wir es sogar, unseren Traumberuf aus der Kindheit ins Erwachsenenalter zu retten und sogar zu ergreifen. Kinder, die in ihrer Kindheit und Jugend in ihren Vorstellungen unterstützt wurden, konnten den Glauben entwickeln, dass sie den Rest ihres Lebens erfolgreich meistern und dass sie glücklich werden. Was also spricht dagegen, wenn wir unsere Kinder bei dem unterstützen, was ihnen wirklich Freude macht? In den Dingen, die die Kleinen mit ihrer ganzen Begeisterung und Leidenschaft machen, stecken oft ihre verborgenen und größten Talente, die es zu fördern gilt! Jedes Kind hat Freude daran, sich selbst zu verwirklichen. Es lernt aus seinen Erfolgen und erfährt, dass diese nicht ohne Einsatz möglich sind. Das bedeutet aber auch, dass sie erfahren, dass es ohne Fleiß leider keinen Erfolg gibt. Für Kinder ist es ganz wichtig, dass sich die Eltern für ihr Hobby interessieren, denn der kleine Hobbysportler kann keine treueren Fans haben als die eigenen Eltern! Wenn sich Kinder beim Sport oder im Musikverein betätigen, lernen sie ganz nebenbei übrigens wichtige Werte wie Teamfähigkeit, Selbstdisziplin oder den respektvollen Umgang mit anderen. Ein Kind, das zu den besten Spielern im Sportverein gehört, wird mit hoher Wahrscheinlichkeit auch zu den besten Mitarbeitern in der Firma gehören. Deshalb ist es so wichtig, dass Kinder ihr Leben nach ihren Wünschen gestalten dürfen und ihrer Sehnsucht von einem besseren Leben nachgeben und daran glauben dürfen. Dann legen wir schon in der frühen Phase der Kindheit und Jugend die Basis dafür, dass aus unseren Kindern freie und glückliche Erwachsene werden.

Zauberkraft des »richtigen« Lobs

Wenige Dinge beflügeln uns so wie eine ehrlich gemeinte Anerkennung. Unsere Kinder möchten, dass wir stolz auf sie sind!

Deshalb ist ein echtes und aufrichtiges Lob so wichtig für ihre gesunde Entwicklung. Wenn Du Lob als Erziehungsmaßnahme nutzt, erreichst Du viel mehr als mit einer Moralpredigt oder mit einer Strafe. Durch angebrachtes Lob entwickelt Dein Kind ein gesundes Maß an Selbstbewusstsein. Gleichzeitig verringerst Du die Gefahr, dass sich Minderwertigkeitskomplexe einstellen, deren negative Folgen bis ins Erwachsenenalter wirken können. Aber wie lobst Du richtig?

Stelle Dir einmal vor, Du stehst am Herd und möchtest Deine Familie mit einem raffinierten Gericht überraschen. Du hast es in einem neuen Kochbuch entdeckt und schwingst mit Feuereifer den Kochlöffel. Du gibst Dir alle Mühe und folgst den Anweisungen im Rezept genau. Schließlich kommt der spannende Augenblick, in dem Du Deinen Lieben das Ergebnis Deiner Kochkunst präsentierst. Auf Deine erwartungsvolle Frage »Na, wie schmeckt es Euch?«, hörst Du ein »Hmm, sehr lecker!«. Und doch stochern alle nur auf ihren Tellern herum, und das leckere Essen bleibt fast unberührt.

Ehrlich gemeintes Lob ist mehr als eine Floskel
Wie würdest Du Dich nach einem solchen Erlebnis fühlen? Vermutlich wärst Du frustriert. Die anerkennenden Worte Deiner Familie dürften daran nichts ändern, denn sie waren nett, aber leider nicht aufrichtig gemeint. Im besten Fall nimmst Du das Verhalten Deiner Familie mit Gelassenheit, im schlimmsten Fall bist Du wütend, verletzt – und misstrauisch! Deinem Kind ergeht es in einer solchen Situation nicht anders. Kinder können sehr wohl ein ehrliches Lob von einer leeren Floskel unterscheiden. Wenn Dir Dein Kind also ganz stolz seine neueste Malerei oder eine Bastelarbeit zeigt, kommentiere das nicht mit einem pflichtbewussten »Sehr schön!«, wenn Du gleichzeitig noch ein paar Schönheitsfehler ausbesserst. Dein Nachwuchs merkt sofort, dass Deine Anerkennung nicht von Herzen kommt und wäre enttäuscht. Viel besser ist es, wenn Du Dir das Werk genau

ansiehst und dann eine ehrliche Rückmeldung gibst, in der Du den Einsatz Deines Kindes in passender Form würdigst. Das kann sich zum Beispiel so anhören: »So viele Papierblumen hast Du ausgeschnitten. Du hast Dir wirklich viel Mühe gegeben.« Dein Kind hat dann das Gefühl, dass seine Mühe anerkannt wird – und darüber freut es sich.

Ehrlich gemeintes Lob hat eine unglaubliche Zauberkraft. Es löst in Deinem Gegenüber Freude und Stolz aus und motiviert dazu, weiterzumachen. Wenn Du Dein Kind für sein Verhalten lobst, wiederholt es dieses Verhalten bei der nächsten Gelegenheit gerne wieder. Achte deshalb darauf, dass Du nicht gezielt mit der Absicht lobst, ein bestimmtes Verhalten auszulösen. Sagst Du zum Beispiel »Schön, dass Du Dich so aufmerksam um Deine kleine Schwester kümmerst. Kannst Du bitte noch etwas länger auf sie aufpassen?«, dann freut sich Dein Kind zuerst über die Anerkennung. Aber diese Freude bekommt bestimmt schnell einen Dämpfer, wenn es feststellt, dass Du nur gelobt hast, um es zur weiteren Mitarbeit zu bewegen.

Auch solltest Du vermeiden, Lob und Kritik zu vermischen. Wenn Du zum Beispiel sagst »Schön, dass Du endlich Dein Zimmer aufgeräumt hast, das hat ja furchtbar ausgesehen!«, wird sich Dein Kind richtig schlecht fühlen. Und ganz ehrlich – wie würde es Dir gehen, wenn man Dir so etwas sagt?

Ähnlich verhält es sich in der folgenden Situation. Deine fünf Jahre alte Tochter hat aus Langeweile ein Puzzle für Dreijährige zusammengebaut. Du rufst ganz begeistert »Das hast Du toll gemacht!«. Ganz sicher fasst Deine Fünfjährige das nicht als Kompliment auf, sondern als Abwertung. Mit Deinem Lob gibst Du ihr nämlich das Gefühl, dass Du ihr nicht mehr zutraust. Achte deshalb ganz genau darauf, dass Dein Lob immer im Verhältnis zum Werk Deines Kindes steht. Die Kleinen merken normalerweise sehr genau, ob sie eine Aufgabe gut bewältigt haben oder ob sie noch Hilfe brauchen.

Schließlich soll Dein Kind auch die Erfahrung machen, dass neben seinen Erfolgen und seinen perfekten Ergebnissen auch seine Bemühungen zählen. Auch wenn es beim Sport nicht gewonnen hat, verdient es Lob für seinen Einsatz. So spornst Du Deinen Nachwuchs an, beim nächsten Mal noch besser zu werden. Gleichzeitig stärkst Du sein Selbstwertgefühl und gibst ihm das Gefühl, dass man auch als Verlierer Anerkennung verdient. Solche Erfahrungen muss Dein Kind machen, damit es stabile Beziehungen zu anderen Menschen aufbauen kann. Übrigens klingt Lob in der Ich-Form am schönsten. Wenn Du Deine Anerkennung als Ich-Botschaft formulierst, hast Du beim Loben eine ganze Menge richtig gemacht.

IV
Glücklich und erfolgreich werden

Menschen, die verrückt genug sind zu denken, sie könnten die Welt verändern, sind diejenigen, die es auch tun.

Steve Jobs

Selbstfindung – Der erfolgreiche Anfang

Menschen, die auf dem guten Weg der Selbstfindung sind (der nie abgeschlossen ist), haben kaum noch Probleme mit Drogen, falscher Ernährung, Zwangshandlungen und Beziehungen zu anderen Menschen. Sie sind nicht mehr sklavisch abhängig von Bestätigung, können kontraproduktive Gewohnheiten aufgeben und machen sich frei. Das führt sie auch zu echter Liebe und wesentlich mehr Lebensqualität. Jeder Mensch hat andere Baustellen.

Der Begriff stammt aus der Entwicklungspsychologie. Im allgemeinen Verständnis beginnt die Selbstfindung eines Menschen in der frühen Pubertät: Im Alter zwischen etwa 12 bis 14 Jahren beginnen wir zu überlegen, wo wir herkommen und wo es hingehen soll. Kinder beobachten ihre Eltern und Verwandten, ahnen erste Zusammenhänge und stoßen manchmal schon auf Familiengeheimnisse. Gleichzeitig erforschen sie die eigenen Fähigkeiten und Charaktereigenschaften, wozu die Schule und Vereine die passenden Labore bieten. Das ist ein guter und nötiger, jedoch manchmal auch umständehalber schmerzhafter Prozess, denn nicht jedes Kind findet optimale Bedingungen vor. Vielleicht würde es sich sogar gelegentlich gern der Selbstfindung entziehen, doch diese ist unumgänglich. Sie umfasst die soziale, geistige und auch materielle Ebene. Menschen ohne abgeschlossenen Selbstfindungsprozess können in materieller Hinsicht unmündig bleiben. Die modernere Psychologie unterstellt in dieser Phase, dass jeder Mensch ein

- Selbst-Selbst-Konzept (was denke ich über mich),
- ein Fremd-Selbst-Konzept (was denken andere über mich) und
- ein Selbst-Fremd-Konzept (wie sollte ich über andere denken)

entwickelt. Diese Konzepte sind sehr mächtig und können lebenslang wirken. Eine suboptimal verlaufene Selbstfindung könnte zum Selbst-Selbst-Konzept »Ich bin ein Genie!« oder »Niemand mag mich wirklich!«, zum Fremd-Selbst-Konzept »Sie unterschätzen mich alle!« und zum Selbst-Fremd-Konzept »Ich befinde mich in einer feindseligen Umgebung!« führen. Menschen mit solchen Konzepten können eine Weile ihr Leben meistern, doch in bestimmten Situationen geht es überhaupt nicht mehr weiter. Das liegt auch an verborgenen Aufträgen aus der Familie, die bis zum Tod der Vorfahren niemals in ihrer Gänze offenbart wurden.

Schwerpunkte zur Selbstfindung
Schwerpunktthemen sind die Aktivierung von Lebensenergie, damit die Erhöhung der Lebensfreude, die Förderung des inneren Wachstums und nicht zuletzt das Erlangen von Selbsterkenntnis. Das führt zu

- Selbstvertrauen, mehr Selbstwertgefühl und Selbstannahme
- Echtem Sich-seiner-selbst-bewusst-sein
  (vulgo: Selbstbewusstsein)
- Zu Selbstverantwortung und Selbstentfaltung
- Selbstbestimmung und Selbstreflexion
- Selbstmanagement und Selbstliebe

Glück entsteht im menschlichen Gehirn

Ein Gefühl, das von ganz innen kommt: Das ist Glück. Ein Gefühl, das für jeden Menschen sehr unterschiedlich ist: Das ist Glück. Und ein Gefühl, das man am liebsten für immer festhalten und nie mehr loslassen möchte: Auch das ist Glück. Schon in früheren Jahrhunderten haben sich Philosophen mit der Frage beschäftigt, was Glück eigentlich ist. Heute lassen sich die Schönen und Reichen, Prominente und Politiker gerne darüber aus, was Glück ist. Wissenschaftler haben sich der Glücksforschung verschrieben und kommen dabei zu überraschenden Ergebnissen. Sie besagen, dass man Glück durchaus lernen kann. Glück ist danach kein Zufall, sondern das Resultat von bestimmten Denkmustern.

Wohl jeder Mensch kennt sie: Es gibt Zeitgenossen, die grundsätzlich mit einer negativen Einstellung durch ihr Leben gehen. Sie fühlen sich schlecht, sie können niemals das Gute in ihren Mitmenschen sehen, und sie ziehen permanent negative Erlebnisse an. Da verwundert es dann auch nicht, dass man solche Menschen gerne als Energieräuber bezeichnet. Wer sich selbst darüber im Klaren ist, dass man sich mit diesen Menschen nicht so gerne umgeben möchte und wer die Chance hat, den Umgang zum eigenen Wohl zu minimieren, darf sich glücklich schätzen. Wer aber solchen negativ gestimmten Zeitgenossen ständig ausgesetzt ist, läuft Gefahr, sich selbst schon bald schlecht, krank und schwach zu fühlen. Die Glücksforschung bietet heute interessante Denkanstöße für alle, die ihr individuelles Glücksgefühl optimieren wollen. Dadurch kann nicht nur das persönliche Wohlbefinden verbessert werden. Selbst eine Partnerschaft kann wieder erfüllender und befriedigender verlaufen, wenn man am eigenen Glücksgefühl arbeitet.

Viele Menschen unter uns müssen leider von sich sagen: Ich bin nicht glücklich. Dabei geht es ihnen manchmal sogar in beruflicher und privater Hinsicht gut. Trotzdem fragen sie sich immer wieder: Wo ist das Glück? Wozu rackere ich mich ab? Welchen Sinn hat mein Leben? Kurz und gut: Die Betroffenen kommen nur zu einem Schluss: Ich bin nicht glücklich.

Wer von sich behauptet, »ich bin nicht glücklich«, muss sich für die Definition von Glück interessieren. Es handelt sich offenbar um ein gutes und gelungenes Leben mit vielen Glücksmomenten und wenig Leid. Doch wer glaubt, von einer Euphorie in die nächste taumeln zu können, hat das wahre Glück nicht verstanden. Im einfachsten Sinne entsteht erarbeitetes Glück –

als solches gilt ein großer Teil des Lebensglücks – durch eine Zielformulierung, die nachfolgende Anstrengung und die Entspannung, wenn das Ziel erreicht wurde. Dieser Erkenntnis des gesunden Menschenverstandes wie auch der Psychoanalyse steht der Mythos vom Schlaraffenland gegenüber, der längst als entlarvt gilt. Daher sagen oft unterforderte Menschen: Ich bin nicht glücklich. Demnach befinden sich manche Menschen gelegentlich in einem wahren Glücksrausch, doch nur wenige Stunden oder Tage später behaupten sie von sich: Ich bin nicht glücklich. Amerikanische Wissenschaftler haben dieses Phänomen untersucht und glauben den Betroffenen. Offenbar ist das Gehirn nur in begrenztem Umfang imstande, Endorphine auszuschütten. Nach der großen Euphorie sind diese Glückshormone dann verbraucht, mehr Glück geht vorläufig nicht. Diese Menschen meinen daher eigentlich nicht: Ich bin nicht glücklich. Sie meinen, dass sie nicht langfristig zufrieden sein können. Genau darauf kommt es aber an. Nachhaltiges Glück auf etwas niedrigerem Level, das wahre Alltagsglück, wird von den meisten Menschen wesentlich höher geschätzt als ein seltener euphorischer Rausch.

Der Verdacht liegt nahe, dass auch die Anderen nicht immer glücklich sind. Niemand schafft es, immer glücklich zu sein. Doch es ist üblich, den Anschein von Glück zu erwecken. Der schiere soziale Druck zwingt die Menschen dazu, als »gut aufgestellt« zu erscheinen. Würde man tiefer bohren und entsprechende Fragen stellen, gäbe wohl manch ein strahlender Zeitgenosse die ehrliche Antwort: Auch ich bin nicht glücklich! Schwer ist es, die Definition von Glück zu formulieren. Es handelt sich offenbar um ein umfassendes Lebensglück, das denjenigen fehlt, die betrübt konstatieren: Ich bin nicht glücklich. An einen Lottogewinn denken sie wohl eher selten. Es fehlt ihnen das euphorische Glücksgefühl, ihre Tage erscheinen ihnen öde und langweilig. Vielleicht aber fehlt ihnen auch der Vergleich zwischen Glück und Unglück, denn sie sind auch nicht unglücklich.

Des Weiteren könnten sie von einer depressiven Episode heimgesucht werden, möglicherweise leben sie auch in einer suboptimalen Partnerschaft oder haben den falschen Beruf ergriffen. Was soll man sonst vermuten, wenn ein gesunder Mensch mit gutem Auskommen behauptet: Ich bin nicht glücklich?

Persönliches Glück kann beeinflusst werden

Glückliche Menschen sind nicht nur für sich, sondern auch für ihre Umgebung ein Gewinn. Ihr Glücklichsein färbt auf die Personen, in deren Nähe sie sich aufhalten, ab. Auch auf die Gesundheit wirkt sich das Glück aus. Selbst wenn glückliche Menschen krank werden, wissen sie ihrer Erkrankung positive Aspekte abzugewinnen und verkraften sie psychisch besser als unglückliche Patienten – was oftmals direkt die Heilungschancen erhöht. Es ist leicht nachvollziehbar, dass jeder Mensch gerne glücklich sein möchte. Die Definition des Glücks unterscheidet sich jedoch je nach der eigenen Persönlichkeit und nach den Lebensumständen deutlich. Sogar dasselbe Ereignis kann für den einen eine glückliche oder eine bedauerliche Fügung sein. Während der Landwirt sich über einen kräftigen Regenguss freut, ärgern sich Urlauber über das ihrem Empfinden nach schlechte Wetter. Letztere könnten leicht glückliche Menschen sein, wenn sie ihre Aktivitäten an die äußeren Verhältnisse anpassen. Dass die Ansprüche an das Glück mit den Möglichkeiten wachsen, lässt sich leicht beobachten. Während Menschen in ärmeren Ländern oftmals bereits glücklich sind, wenn sie genügend zu essen haben, wünschen sich die Einwohner der reichen europäischen Staaten eine abwechslungsreiche Ernährung. Dass die Ansprüche an das eigene Glück mit den Möglichkeiten ansteigen, ist vollkommen in Ordnung.

Glück ist kein Zufall, sondern für jeden Menschen erreichbar. Zum Glücklichsein führt die Akzeptanz der nicht oder schwer beeinflussbaren Lebensumstände ebenso wie das aktive

Arbeiten an den äußeren Umständen, die jeder einzelne verändern kann. Unverzichtbar für den eigenen Beitrag zum persönlichen Glück ist das Kennenlernen der Ansprüche an das Leben, die sich bei jedem Menschen unterscheiden. Die Akzeptanz der gegenwärtigen Lebenssituation schließt das Bemühen um eine Veränderung keineswegs aus. Ein Mensch kann sich mit der momentan fehlenden Partnerschaft arrangieren und ein glücklicher Single sein, zugleich aber aktiv nach einer neuen Partnerschaft suchen. Ebenso ist es möglich, mit knappen finanziellen Mitteln glücklich zu sein, ohne das Streben nach einer Verbesserung der Vermögenssituation aus den Augen zu verlieren.

Für manche Menschen ist es das lange gehegte Streben nach finanzieller Sicherheit, das man endlich verwirklicht. Für andere ist es der Wunsch nach beruflichem Erfolg und nach materiellen Gütern. Wieder andere sehen in einer Familie mit Kindern und Enkelkindern den Traum vom Glück verwirklicht. Und viele gehen in einem Hobby voll und ganz auf, wenn sie sich stundenlang mit ihrer Leidenschaft beschäftigen. Die Vorstellungen, wie ein erfülltes Leben aussehen soll, sind wohl so unterschiedlich wie die Ideen der Menschen, was Glück eigentlich ist. Doch im besten Fall kommt man nicht erst am Lebensende zu dem Schluss, dass man ein erfülltes Leben gehabt hat. Zum persönlichen Glück dürfte es ganz sicher auch gehören, schon in jüngeren Jahren das Gefühl zu genießen, eine ganze Menge richtig gemacht zu haben und das Beste aus allen Chancen herausgeholt zu haben. Obwohl also die Vorstellungen von einem erfüllten Leben so unterschiedlich sind, können Coaches eine Menge dafür tun, dass ihre Patienten sich auf den richtigen Weg zu diesem lange gehegten Traum machen. Sie können den Weg weisen, wie das ganz persönlich erfüllte Leben aussehen soll. Und sie können das Bewusstsein schaffen, dass ein erfülltes Leben immer im Auge des Betrachters liegt und dass es sich lohnt, für die eigenen Wünsche, Ziele und Träume zu kämpfen. Wer allerdings in einer schweren Lebenskrise steckt, weil es in der

Partnerschaft oder im Beruf nicht so läuft, wie man sich das erträumt, mag kaum daran glauben, dass ein erfülltes Leben möglich ist.

Glückliche Menschen sind in der Lage, aus jeder Situation das Beste zu machen. Sie erkennen, auf welche Faktoren sie Einfluss haben und welche sie nicht verändern können. Die Unterscheidung zwischen den veränderbaren und den nicht beeinflussbaren äußeren Faktoren ist ein wesentlicher Schritt auf dem Weg, ein glücklicher Mensch zu werden. Glückliche Menschen akzeptieren, dass sie auf einige Begebenheiten keinen Einfluss haben und haben gelernt, auch in weniger positiven Empfindungen das Positive zu sehen und am stärksten zu bewerten. Diese Lebenseinstellung lässt sich trainieren. Ein weiterer Schritt auf dem Weg zu einem glücklichen Menschen stellt das Herausfinden der eigenen Bedürfnisse dar. Zum Glücklichsein gehört, dass die realisierbaren Wünsche weitgehend in Erfüllung gehen. Zugleich setzen sich glückliche Menschen immer neue Ziele, denn Träume gehören unabdingbar zu einem vollen Glücksgefühl.

Glücklich sein möchte wohl jeder Mensch. Ganz unabhängig davon, ob man jung oder alt ist, ob man gesund oder krank ist, ob man viel Geld verdient oder ein zu schmales Einkommen bezieht oder ob man eine Familie hat oder allein lebt: Ohne Glück geht es nicht, und das Streben nach mehr Glück im Leben ist uns häufig sogar in die Wiege gelegt.

Glück ist in erster Linie eine Frage der inneren Einstellung. Die Akzeptanz des aktuellen Zustandes bedeutet dabei nicht, dass dieser dauerhaft festgeschrieben sein muss. Die Idealform des positiven Denkens lautet: »Meine gegenwärtige Situation ist momentan gut für mich, ich kann und will sie aber verbessern«. Voraussetzung für das erfolgreiche Streben nach Glück ist, die eigenen Ansprüche zu kennen. Den meisten Menschen fallen auf die Frage nach der Glücksdefinition eine glückliche Beziehung und ein ausreichendes Einkommen ein. Die Erfüllung dieser Punkte reicht alleine aber selten zum vollständigen Glücksgefühl aus. Ebenso wichtig sind ein guter Freundeskreis und eine Arbeit, die Spaß macht und mit Anerkennung verbunden ist. Die vollständige Erfüllung selbst der kleinsten Wünsche ist zumeist nicht möglich. Das ist für das Glücklichsein äußerst positiv, denn ein Bestandteil des Glücks besteht darin, Ziele zu haben. Ein ebenso bekanntes wie zutreffendes Sprichwort besagt, dass niemand glücklich sein kann, der nicht auf die Erfüllung eines Teils seiner Wünsche hofft. Glücklicherweise entstehen in der Regel neue Ansprüche, sobald die früheren Ziele zur Verwirklichung gekommen sind. Glück ist kein Zufall, sondern besteht auch aus der Fähigkeit, immer wieder neue Wünsche zu entdecken und auf deren Verwirklichung hinzuwirken.

Wie hängen Erfolg und Glück zusammen

Dass Erfolg Glück bewirkt, ist eine verbreitete Annahme, die in vielen Fällen zutrifft. Eindeutig belegbar ist, dass zwischen einem erfolgreichen und einem glücklichen Leben ein Zusammenhang besteht. Aus diesem Grund erhöht der Erfolg die Wahrscheinlichkeit, Glück zu empfinden. Eine weitere Gemeinsamkeit des Erfolgs und des Glücks besteht darin, dass beide Begriffe eine Definition erfordern. Der Arbeitserfolg lässt sich je nach Persönlichkeit in erster Linie über ein hohes Einkommen oder primär über eine interessante Tätigkeit mit großer Eigenverantwortung definieren. Ihr Glück finden viele Menschen in einer guten und liebevollen Beziehung, während für andere materielle Güter eine große Bedeutung einnehmen.

Das Thema Erfolg gilt als komplex bis schwierig, daher sollte keiner versuchen, diesen in einem Satz zu definieren. Die Vorstellungen zum Erfolg hängen eng mit individuellen Lebenskonzepten zusammen. Es gibt den erfolgreichen Manager und die erfolgreiche Mutter, den erfolgreichen Sportler oder Künstler und den erfolgreichen Spekulanten. Doch auch erfolgreiche, wenngleich vollkommen ehrenamtlich tätige Vereinsleiter verdienen unsere Würdigung, wenn es darum geht: Was ist Erfolg?

Zweifellos gehört es zum Lebenserfolg, wenn jemand über sein Handeln und Tun relativ frei bestimmen kann. Das bestätigen beispielsweise selbstständige Gewerbetreibende. Sie gestalten zumindest ihr Berufsleben nach eigenem Gusto, Unabhängigkeit und Freiheit sind für sie zentrale Werte. Jede Form von Fremdsteuerung soll minimiert werden, ganz abschalten lässt sie sich nicht: Der Gewerbetreibende muss Mieten, Mitarbeiter und Lieferanten pünktlich bezahlen, am unfreiesten fühlt er sich gegenüber dem Finanzamt. Dennoch gibt es für ihn eine klare Antwort auf die Frage: Was ist Erfolg? Sein Lebenserfolg besteht darin, unternehmerische Entscheidungen treffen zu können, die seinen Verdienst und seinen Berufsalltag bestimmen. Einem Abteilungsleiter ist er nicht rechenschaftspflichtig, was ihn zutiefst befriedigt. Zu dieser Art von Selbstbestimmung gehört auch, Fehler machen zu dürfen, ohne eine allzu harte Strafe befürchten zu müssen. Natürlich gibt es auch Misserfolge bei diesem unabhängigen Leben, doch daraus lernen die Betreffenden. Rechtfertigen müssen sie sich nicht. Ist das Erfolg?

Verdächtig erscheint es, wenn Menschen auf die Frage »Was ist Erfolg?« alle materiellen Bezüge verneinen. Wir müssen nun einmal unseren Lebensunterhalt möglichst durch eigene Arbeit finanzieren, also spielt Geld eine Rolle, ist wichtig und gehört offenbar zum Erfolg dazu. Die Frage ist nur: Wie viel Geld muss es sein? Wie hoch muss ein materieller Erfolg ausfallen, damit er noch befriedigt? Ab welchem Punkt erscheint er absurd und/oder wird mit einem krassen Verlust an Lebensqualität teuer erkauft? Davon können gut verdienende Manager und auch viele Gewerbetreibende ein Lied singen. Sie erzielen sechs- und siebenstellige Einkünfte pro Jahr, aber permanent drohen Burn-out und Absturz. Die Familien leiden, für Hobbys bleibt praktisch keine Zeit. Die Kompensation besteht im Anschaffen von oft überflüssigem Luxus, darunter teuren Statussymbolen wie Oberklasse-Autos, deren Unterhalt absurd viel Geld kostet. Ist das Erfolg? Offenbar nicht. Vernünftiger wäre für solche Personen ein nur etwas bescheidenerer Lebensstil und das Anlegen von Geldreserven, falls dieser Seiltanz mit einem Absturz endet.

Es gibt abstrakte, gültige Definitionen des Erfolges. Wer ein selbst gesetztes Ziel erreicht, hat Erfolg. Doch mit dieser Definition, die dem landläufigen Sprachgebrauch entspricht, ist vorsichtig umzugehen: Sie impliziert nämlich, dass man nur das Ziel nicht zu hoch anbinden müsse, um erfolgreich zu sein. Daher lassen sich einige Kriterien dafür ausmachen, was objektiver Erfolg ist:

- Ein Unternehmer hat mit Gewinnen und einer nachhaltigen Marktposition in einem seriösen Geschäft Erfolg.
- Sein Manager hat Erfolg, wenn er dieses Geschäft stabil und auf Wachstumskurs halten kann.
- Der Tüftler hat mit einer Erfindung Erfolg.
- Künstler haben Erfolg mit anerkannten Werken.
- Spekulanten haben nur bei einem reinen Geldgewinn per Saldo Erfolg.
- Der Erfolg von Sportlern ist in Platzierungen, Millimetern und Hundertstelsekunden messbar.
- Eltern haben Erfolg, wenn ihre Kinder ein glückliches und so erfolgreiches Leben führen, dass sie ihre Eltern wenigstens leicht überrunden.

Manager, Unternehmer, Freiberufler, Sportler und viele Kreative fragen sich: Wie wird man erfolgreich? Die Methoden kennst Du im Allgemeinen, dennoch warst Du bislang nicht imstande, Chancen genügend zu ergreifen. Erfolg beginnt nicht nur im Kopf, sondern auch im Bauch und im Herzen.

Viele Facetten gehören zum Erfolg. Wer ein Team, eine Familie oder gar ein Unternehmen effizient führen möchte, muss hierfür einiges leisten. Verantwortung, Fachkompetenz, Fitness und Überblick gehören dazu, um das eigene Umfeld kompetent durch den Alltag zu navigieren, es zu motivieren, ihm den nötigen Freiraum zu verschaffen und dabei doch das gemeinsame Ziel nicht aus den Augen zu verlieren. Diese Herausforderungen möchten die meisten Klienten mit einer gewissen Leichtigkeit und Sicherheit bewältigen. Hierzu müsstest Du Dir – wenn Du Dich fragst, wie man erfolgreich wird – Deiner eigenen Ressourcen sehr bewusst sein.

Damit sich Erfolg und Glück einstellen und gegenseitig befruchten können, ist es erforderlich, sich Gedanken über die eigenen Ansprüche an ein erfolgreiches sowie glückliches Leben zu machen. Zum nachhaltigen Glücklichsein tragen schnelle Erfolge weniger intensiv bei als positive Erfahrungen, die hart erarbeitet wurden. Zudem sind die wenigsten Menschen glücklich, wenn sich alle ihre Ziele erfüllt haben. Wünsche, auf deren Erfüllung eine Person hinarbeitet, gehören zu den Grundlagen eines glücklichen Lebens. Beim Glück existiert ein Unterschied zwischen dem wohligen Gefühl, das beim Ausschütten von Glückshormonen entsteht, und einem anhaltenden inneren Glücksgefühl. Die Glückshormone tragen zum Wohlbefinden bei, sodass sportliche Höchstleistungen und das Essen von Schokolade tatsächlich ein erwünschtes momentanes Glücksempfinden auslösen. Zu einem lange Zeit anhaltenden glücklichen Gefühl führen hingegen Erfolge und die Akzeptanz nicht veränderbarer Gegebenheiten. Zwischen dem Erfolg und dem Glück besteht ebenfalls der Zusammenhang, dass glückliche Menschen erfolgreicher als unglückliche Personen sind. Ihnen fällt die Erfüllung ihrer Aufgaben leichter, zugleich fördert das von ihnen ausgestrahlte Glücksgefühl die Anerkennung anderer Personen und damit den persönlichen Erfolg.

Du hast Dein Schicksal in der Hand

Wer erfolgreich werden will, muss hart an sich arbeiten. Doch wie sieht diese harte Arbeit eigentlich aus? Gehören eine Ausbildung und ein Studium mit Bestnoten und mit Praktika im Ausland unbedingt dazu? Oder gibt es vielleicht ganz andere Muster, die man auf dem Weg zum Erfolg gerne außer Betracht lässt? Heute geht die moderne Psychologie davon aus, dass man mit einer fundierten Aus- und Weiterbildung zwar einen soliden Grundstock für den beruflichen Erfolg legen kann und dass man auch am privaten Erfolg arbeiten kann. Doch weitaus wichtiger ist es beispielsweise, sich durch positive Gedankenmuster auf den richtigen Weg zu bringen.

Wer gerade erst viel Zeit und Energie in eine Aus- oder Weiterbildung gesteckt hat, mag die Aussage kaum hören: Der berufliche Erfolg hängt nicht unbedingt von der Bildung ab. Natürlich schadet es nicht, eine gute Schulbildung mit guten Noten vorzuweisen. Doch um erfolgreich zu sein, bedarf es häufig ganz anderer Kriterien. Einerseits ist eine fundierte Ausbildung nicht das alleinige Kriterium, das man erfüllen muss, um erfolgreich zu sein. Andererseits sind es oft ganz andere Faktoren, die bei dem Streben nach Erfolg so wichtig sind. So können positive Gedankenmuster dazu verhelfen, viele kleine Erfolgserlebnisse ins Leben zu ziehen und sich damit insgesamt erfolgreicher zu fühlen. Wer sich selbst als glücklich und erfolgreich betrachtet, zieht viele kleine Erlebnisse an, die dieses Gefühl noch verstärken. So kann man durch die richtige Denkweise sogar selbst dazu beitragen, erfolgreicher zu werden und sich besser zu fühlen. Eine Ausbildung auf hohem Niveau oder eine akademische Weiterbildung ist dann nicht mehr zwingend erforderlich, um sich nach diesen Gedankenmustern erfolgreich zu fühlen.

Ganz konkret können positive Denkmuster zu mehr Erfolg im Leben und explizit im Beruf verhelfen. Wer sich erfolgreich fühlt und wer sich richtig über dieses positive Gefühl des Erfolgs freut, zieht auch weitere Glücksgefühle an, die den Erfolg dann wiederum verstärken. So intensivieren sich positive Empfindungen nach einem großen Erfolg sogar noch. Vereinfacht gesagt, sollte man sich erst einmal erfolgreich fühlen, um den tatsächlichen Erfolg dann auch anzuziehen. Es ist das Glücks- und Erfolgsgefühl aus positiven Denkmustern, das noch mehr gute Gefühle und noch mehr Erfolg in das eigene Leben zieht. Hat man diesen Zusammenhang zwischen positiver Denkweise und dem tatsächlichen Erfolgs- und Glücksempfinden erst einmal verstanden, stehen die Chancen gut, auch ohne Bestnoten auf Dauer erfolgreich zu sein und sich an der Spitze zu behaupten. Damit sind positive Gedankenmuster als Grundlage für den persönlichen Erfolg mindestens ebenso wichtig wie eine fundierte Bildung.

Viele Menschen fragen sich, warum sie unzufrieden und unglücklich sind, wo sie doch eigentlich alles haben und glücklich sein könnten. Oft wollen diese Menschen etwas in ihrem Leben verändern, doch sind sie zu bequem oder wissen nicht, wie sie das angehen sollen – sie stehen sich auf ihrem Weg zu einem erfüllten und glücklichen Leben selbst im Weg. Häufig machen sich diese Menschen mehr Gedanken darüber, wie sie bei anderen Leuten ankommen und wie sie anderen Menschen gefallen als dass sie etwas für sich selbst tun, um zufriedener mit sich und der Welt zu sein. Es fällt oft schwer, sich selbst einzugestehen, dass man unzufrieden ist. Du hast Dein Schicksal selbst in der Hand – möchtest Du etwas in Deinem Leben ändern, um glücklicher und zufriedener zu sein, dann solltest Du nicht mehr lange warten und am besten jetzt gleich damit beginnen. Dieses Buch soll Dir dabei zur Seite stehen, es soll Dir zeigen, was Du künftig besser machen kannst. Halte Dir immer vor Augen, dass Du das Wichtigste in Deinem Leben bist, und glaube an Dich selbst.

Du solltest Dir, wenn Du dieses Buch liest, die Frage stellen, ob Du Dich weiterhin kampflos Deinem Schicksal ergeben willst oder ob Du bereit bist, etwas zu ändern. Wenn Du etwas ändern willst, kannst Du das – wichtig ist dafür der feste Wille, gepaart mit positiven Gedanken.

Es gibt zwei Gruppen von Menschen: Erfolglose und erfolgreiche Menschen.

Erfolglose Menschen sind unzufrieden und sind der Meinung, dass sie sich ihr Schicksal nicht verdient haben. Sie suchen die Gründe für ihre Unzufriedenheit in ihrem Umfeld und geben nicht selten ihren Mitmenschen – Familie, Freunden, Kollegen oder Nachbarn – die Schuld daran, dass ihr Leben so ist wie es ist. Sie machen andere für ihre Misserfolge verantwortlich, doch denken sie nicht daran, die Ursachen für ihre Erfolglosigkeit und ihre Unzufriedenheit bei sich selbst zu suchen. Als Gründe für ihre unglückliche Situation suchen die Erfolglosen vielfältige Umstände, aber sie kommen nicht auf die Idee, dass sie sich selbst im Weg stehen und selbst etwas tun können, um aus ihrer Misere herauszukommen. Die Situation ist immer und überall gleich – die Unglücklichen haben sich selbst in ihre Lage hineingedrängt und sind nicht dazu bereit, Verantwortung für ihre missliche Lage zu übernehmen. Genau hier unterscheiden sich die erfolgreichen von den erfolglosen Menschen – die Erfolgreichen beginnen dort, wo die Erfolglosen schon längst aufgehört haben.

Erfolgreiche Menschen wissen, dass nicht andere zu ihrem Erfolg beitragen können, sondern dass sie ihren Erfolg selbst in der Hand haben und etwas tun müssen, um glücklich und zufrieden zu sein. Die Erfolglosen glauben hingegen, dass den Erfolgreichen das Glück in den Schoß fällt und dass irgendwelche Kräfte des Schicksals die Schuld daran tragen, dass sie selbst keinen Erfolg haben. Eine solche Einstellung kann schnell zu eingefahrenen Verhaltensmustern führen; solche Menschen glauben, dass es ausreicht, mit dem, was man hat, durchzukommen, und dass man sich in sein Schicksal fügen müsse. Eine solche Einstellung kann nicht funktionieren, sie führt unweigerlich zu Unzufriedenheit und Trägheit.

Zu welcher Gruppe von Menschen gehörst Du? Gehörst Du bereits zu den Erfolgreichen oder bist Du noch Teil der großen

Gruppe der Erfolglosen? Bist Du bereits erfolgreich und bist Du Dir dessen bewusst, dann ist Dir klar, dass Du nichts dem Zufall überlassen kannst, wenn Du glücklich und erfolgreich sein möchtest. Das Eintreten von Glück und Unglück ist beeinflussbar. In Dir steckt eine große schöpferische Kraft – Du kannst sie brach liegen lassen oder nutzen.

Sei Du selbst

Möchtest Du glücklich und zufrieden sein und ein erfülltes Leben genießen, kommt es zuerst darauf an, zu entdecken, was in Dir steckt. In jedem von uns steckt ein ganz großer Schatz. Nimm Dir Zeit und denke darüber nach, worin Deine Stärken liegen, was Du kannst, wer Du bist und wer Du sein willst. Sei Dir immer dessen bewusst, dass nichts und niemand Dich daran hindern kann, der zu sein, der Du sein willst!

Nichts hält Dich auf dem Weg zu Dir selbst auf. Diejenigen, die unzufrieden und erfolglos sind, fühlen sich durch äußere Umstände benachteiligt, dabei ist die Welt für sie nur eine riesige Projektionsfläche, auf die sie ihre eigenen Schwächen und Widerstände projizieren. Die Erfolglosen geben anderen Menschen die Schuld für ihre missliche Lage und glauben, dass ihnen andere im Weg stehen und dass es für sie keinen Ausweg gibt. Sie stehen sich selbst im Weg, ohne es zu wissen. Die Folge ist häufig Neid auf andere, verbunden mit dem fehlenden Willen zu Veränderungen und mit Bequemlichkeit. Diese Menschen wissen nicht, dass sie selbst damit anfangen müssen, Hindernisse zu überwinden. Frage Dich, was Dich an anderen Menschen am meisten stört und was Dich vielleicht an ihnen wütend macht. Ist vielleicht der Neid auf diese Menschen und auf das, was sie haben und was Du nicht hast, der Grund dafür, dass Du sie nicht magst? Das kannst Du schnell ändern – Du musst nur wollen.

Steh Dir nicht selbst im Weg!
Das größte Hindernis auf dem Weg zu Glück und Erfolg bist Du selbst. Sei Dir dessen immer bewusst und denke daran, dass nur Du selbst etwas an Deiner Lage ändern kannst – wenn Du es willst. Auf der einen Seite steht das Heute mit dem, was Du jetzt bist, was Du hast und was Du bist. Das Morgen steht auf der anderen Seite – es ist das Ziel mit dem, was Du sein und haben kannst. Du kannst Deine Ziele verwirklichen, indem Du nicht nur vor Dich hin lebst, sondern etwas bewegst. Viele Menschen rechtfertigen ihre Lage und ihre Unzufriedenheit einfach damit, nicht der Typ zu sein, der etwas bewegt. Sie bezeichnen sich nicht als Erfolgsmenschen oder sie sagen von sich, dass sie nicht dazu in der Lage sind, in der Öffentlichkeit zu sprechen oder dass sie nicht beziehungsfähig sind. Das alles sind Stereotypen – der Grund dafür ist eine innere Blockade. Möchtest Du künftig erfolgreich sein, gilt es, diese Blockade zu überwinden. Denke immer daran, dass Du etwas wert bist – Du hast einen Selbstwert, den Du auf keinen Fall schwächen solltest. Sagst Du von Dir, dass Du halt so bist wie Du bist, dann schlägst Du Dir bereits eine Tür zu – die Tür zum Erfolg. Jeder Mensch hat Mängel; einerseits geht es darum, sie zu erkennen, doch andererseits ist es wichtig, sie nicht einfach auf sich beruhen zu lassen, sondern sie abzustellen. Du kannst etwas ändern und etwas bewegen – jetzt kommt es auf Deinen eigenen Willen an. Hast Du Dich erst einmal in eine Sackgasse katapultiert, da Du glaubst, dass Du nichts ändern kannst, dann kommst Du da so einfach nicht mehr raus. Niemand ist perfekt, doch gerade das ist das Gute, denn wir streben nach Höherem, nach Perfektion. Wäre das nicht so, dann hätten wir keine Ziele mehr, das wäre doch traurig.

Besonders die älteren Menschen sind es, die häufig in ihrem Denken festgefahren sind und glauben, kein Neuland betreten zu müssen und das bleiben zu müssen, was sie sind. Nicht selten führt eine solche Sichtweise in die Frustration, die Menschen leben in einer Routine, dabei steht heute schon fest, was morgen, übermorgen oder im nächsten Jahr sein wird. Mit einer solchen Ansicht lassen die Menschen das Leben einfach ziemlich ungenutzt an sich vorbeiziehen und leben im Gestern, ohne es zu wissen.

Möchtest Du erfolgreich sein, gilt es, positiv in die Zukunft zu schauen. Die Menschen, die unglücklich und erfolglos sind, schleppen viele negative Erfahrungen aus der Vergangenheit mit sich herum, sie lassen sich davon beeinflussen und fürchten, künftig wieder derartige Erfahrungen zu machen. Du solltest Dir daher etwas Zeit nehmen und auch, wenn es unangenehm ist, über Deine negativen Erfahrungen nachdenken, die Dich auf dem Weg nach oben behindern. Weder negative Erfahrungen in der Kindheit noch eine Berufsausbildung, die nicht Deinen Vorstellungen entspricht, sind schuld an dem, was Du bist. Möchtest Du Dich selbst verwirklichen, kommt es vielmehr darauf an, aus dem, was Du mit auf den Weg bekommen hast, das Beste zu machen. Nimm Dir Zeit und werde Dir Deiner Stärken und Fähigkeiten bewusst – Du kannst etwas, Du musst es nur nutzen. Es wird jetzt Zeit, dass Du Dein Schicksal in die Hand nimmst. Lass alles, was Dir im Weg ist, hinter Dir und sei stolz auf jeden Schritt nach vorn, den Du machst.

Möchtest Du künftig glücklich, zufrieden und erfolgreich sein, solltest Du Dir ein Ziel setzen. Überlege daher, was Du künftig möchtest: deutlich mehr Geld verdienen, eine Arbeit haben, die Spaß macht, eine glückliche und erfüllte Partnerschaft haben. Wie soll Dein Leben künftig aussehen? Um das zu erreichen, solltest Du jetzt anfangen, etwas zu ändern. Gelingt Dir das, kannst Du am Ende Deines Lebens sagen, dass Du ein glückliches Leben gelebt und selbst etwas dafür getan hast.

Auf dem Weg zu mehr Erfolg solltest Du Dir einige Fragen stellen und beantworten:

Glaubst Du manchmal, dass Du vielleicht mehr bist als das, was Du bewusst von Dir wahrnimmst? Bist Du der Meinung, dass in Dir besondere Fähigkeiten schlummern, aber dass Du sie nicht nutzen kannst, da sie einfach als Spinnerei gelten? Entdecke diese Fähigkeiten in Dir und nutze sie – ansonsten würdest Du Dich selbst ausbremsen. Ganz sicher bist Du Dir dessen bewusst, dass nicht jeder zum Top-Manager werden oder einen Nobelpreis erhalten kann. Wichtig ist, dass Du realistisch über Deine Fähigkeiten und deren Umsetzung nachdenkst. Jeder Mensch hat ganz bestimmte Stärken und Fähigkeiten, auch Du. Die glücklichen und erfolgreichen Menschen wissen schon lange, wie sie diese Fähigkeiten erfolgreich anwenden können. Das Buch soll Dir helfen, mehr aus Deinem Leben zu machen, die negativen Erfahrungen, die Dir bislang noch im Wege stehen, auszublenden und künftig an Dich selbst und an Deine Stärken zu glauben. Ein großes Hindernis ist die Ungeduld; viele Menschen, die nicht erfolgreich sind, setzen sich Fristen und glauben, alles Hals über Kopf bewältigen zu müssen. Das geht nicht gut und führt unweigerlich zur Enttäuschung. Du hast Zeit, Dein Leben zu ändern und besser zu machen, doch hast Du keine Zeit, es zu vergeuden, indem Du darauf wartest, dass andere etwas für Dich verändern. Verstand ist eine schöne Sache, ohne ihn geht nichts, doch kann der Verstand auch ein schwerer Brocken sein, der Dich bei Deinem Weg zu mehr Erfolg behindert. Der Verstand will Dir hin und wieder einreden, dass ja so manche Ideen einfach spleenig und versponnen sind. Manche Dinge können einfach nicht mit dem Verstand erklärt werden. **Höre auf Dein Herz und sei Dir Deiner Kraft bewusst, die in Dir steckt.** Diese Kraft kann Berge versetzen, ohne dass Du es Dir erklären kannst. Hier greift die Macht des Unterbewusstseins.

Unser Unterbewusstsein

Die Macht der Vorstellung und die positive Wertung
Eine wichtige Rolle spielt das Unterbewusstsein, seine Macht ist nicht zu unterschätzen, wenn Du zu mehr Glück und Erfolg gelangen willst. Es kann sowohl positive als auch negative Wirkungen haben, denn es erfasst unsere Gedanken und projiziert sie auf das, was wir wollen. Nun kommt es darauf an, herauszufinden, wie das Unterbewusstsein funktioniert, wenn Du positiv denken und nach vorn kommen möchtest. Dein Unterbewusstsein ist der Mittelpunkt unserer Gedanken, es funktioniert wie ein Server, auf dem die verschiedensten Daten hinterlegt sind. Diese Daten sind Deine Gedanken, sie werden auf dem Server Unterbewusstsein automatisch gespeichert und verarbeitet. Das Unterbewusstsein hat nur ein sehr geringes eigenes Urteilsvermögen – es nimmt die Gedanken nur auf, doch bildet es kein Urteil. Das Unterbewusstsein kannst Du Dir auch als fruchtbaren Boden vorstellen, bei dem die Gedanken die Samen sind, die in diesen Boden eingebracht werden. Nach Dr. Joseph Murphy manifestiert sich alles in der Wirklichkeit, was in das Unterbewusstsein eingebracht wird und von dem das Unterbewusstsein überzeugt ist.

Voraussetzung, um künftig positiv zu denken und zu Glück und Erfolg zu gelangen, ist, das Unterbewusstsein mit seiner besonderen Kraft zu verstehen. Nur so kannst Du daraus die Konsequenzen ziehen, um Deine Gedanken in neue, positive Bahnen zu lenken. Das, was Du in Deinem Inneren glaubst und worüber Du mit niemandem sprichst, wird von Deinem Unterbewusstsein aufgenommen und verwirklicht – dazu gehören auch Deine Ängste. Hast Du Angst, dass Du scheiterst, da Du vor einer großen Gruppe sprechen sollst, dann wirst Du unweigerlich scheitern. Stehst Du hingegen vor einer großen Aufgabe und bist Du überzeugt, sie erfolgreich zu bewältigen – dann herzlichen Glückwunsch! Du wirst diese Aufgabe bewältigen, dabei hilft Dir Dein Unterbewusstsein. Es geht bei diesen Eingaben ins Unterbewusstsein kaum um Deine Wünsche oder um das, was Du auf keinen Fall willst, sondern um Ängste, Glaubenssätze und Hoffnungen, die sich gegenseitig widersprechen und eine wilde Mischung bilden.

Willst Du nun erfolgreich und glücklich werden, ist es wichtig, die Gedanken und Vorstellungen zu ordnen, also einen Konstruktionsplan für Deine Ideen zu erstellen. Mit diesem Konstruktionsplan selbst ist noch nicht viel erreicht, er ist nur die Grundlage dafür, wie das künftige Gebäude – Dein neues, anderes Leben – einmal aussehen soll. Du musst diesen Konstruktionsplan umsetzen. Dieser Konstruktionsplan muss jetzt in Dein Unterbewusstsein eingegeben und dort abgespeichert werden; dafür ist es wichtig, dass Du fest an diesen Konstruktionsplan glaubst. Auch der Architekt glaubt an den Konstruktionsplan, sonst würde er ihn nicht auf der Baustelle in die Tat umsetzen. Eine solche Baustelle ist Dein künftiges Leben, das glücklicher und erfolgreicher als das bisherige verlaufen soll. Nur mit zielgerichteten Aktivitäten kannst Du diesen Bauplan umsetzen – Du bist am Zug und musst etwas tun. Das Unterbewusstsein beurteilt die aufgenommenen Informationen nicht; urteilen musst Du schon selbst. Jetzt ist es wichtig, dass Du nicht in den Fehler verfällst, nur zu träumen, aber nichts zu tun, um die Träume Wirklichkeit werden zu lassen.

Um künftig glücklich, zufrieden und erfolgreich zu sein, musst Du Deine geistigen Vorstellungen und Deine eigene positive Wertung richtig einsetzen. Die geistigen Vorstellungen werden vom Unterbewusstsein geformt und von der geistigen Ebene in die Realität der Welt umgesetzt. Vielleicht hast Du Dir schon einmal die Frage gestellt, warum sich so viele negative Gedanken tatsächlich bewahrheiten, während es doch eher selten ist, dass die positiven Gedanken Wirklichkeit werden. Diese Frage lässt sich schnell beantworten – viel häufiger glauben wir an das Negative, während wir an das Positive deutlich seltener glauben.

Es kommt auf die richtige Anwendung der positiven Wertung an, die auch als Suggestion bezeichnet wird. Mit einer starken positiven Wertung gelingt es, negative Glaubenssätze gezielt zu bekämpfen. Lass künftig die positiven Gedanken und die positive Wertung überwiegen, um negative Glaubenssätze mehr und mehr zu löschen.

Grundsätzlich ist jeder Mensch zu positiven Wertungen in der Lage; jeder Mensch hat auch schon mehr als einmal positive Wertungen vorgenommen – selbst der eingefleischte Pessimist. Jeder Mensch hat es auch schon mindestens einmal geschafft, seine positive Wertung an andere Menschen weiterzugeben. Mit den positiven Wertungen kannst Du Dein Inneres stärken, Du kannst Dein Unterbewusstsein als Server für Deine Gedanken neu ordnen. Die positiven Wertungen sind dazu in der Lage, positives Feedback für das Unterbewusstsein zu geben und das Unterbewusstsein in neue Bahnen zu lenken. Eine große Bedeutung für Dein Unterbewusstsein haben Bilder, die umso besser sind, je lebendiger und realer sie erscheinen. Eine wichtige Rolle spielt die Vorstellung, die Imagination, die von Albert Einstein als zukünftige Attraktion des Lebens bezeichnet wurde. Deine bildliche Vorstellungskraft und deren Stärke tragen entscheidend dazu bei, ob Du Deine Lebensziele erreichen kannst und wie schnell Dir das gelingt. Das Unterbewusstsein versteht Bilder wesentlich besser als Wörter, daher werden Bilder langfristig abgespeichert und immer wieder abgerufen. Emotionale Bilder, egal, ob positiv oder negativ, treten in Dein Leben und bestimmen darüber, ob Du künftig erfolgreich sein kannst. Destruktive Gedanken und Bilder wirken sich negativ auf Deine künftige Entwicklung aus, da Dein Unterbewusstsein sie aufnimmt und Dir einredet, dass Du destruktiv sein und negativ denken willst. Misserfolge und Unzufriedenheit sind damit vorprogrammiert. Denkst Du ständig an das, was eintreten kann, aber was Du überhaupt nicht willst, dann wird das künftig unweigerlich Dein Leben bestimmen. Um künftig glücklich und erfolgreich zu sein, ist es nun wichtig, Deine Gedanken umzuprogrammieren, negative Bilder auszublenden und das vor Deinem geistigen Auge zu sehen, was Du wirklich willst und was Du Dir wünschst.

Du bist das, was Du denkst, da Deine bildlichen Vorstellungen dein Leben nach dem formen, wonach Du Sehnsucht hast und was Deinen Wünschen entspricht. Es reicht dafür jedoch nicht aus, nur hin und wieder an etwas Schönes zu denken und Dir einen Wunsch auszumalen. Für den Weg in ein neues, glückliches Leben kommt es darauf an, dass Du aktiv wirst und jeden Tag an Deine Wünsche denkst – daran, dass sie in Erfüllung gehen. Dein Verstand wird Dir nun vielleicht einreden, dass Du ein Tagträumer bist – doch das ist nicht grundsätzlich negativ, wenn Du Deine Träume in positive Bahnen lenkst und Dir täglich vorstellst, wie Dein Leben künftig aussehen soll. Diese Bilder solltest Du täglich als kleinen Film vor Deinem geistigen Auge abspielen, damit sie Dein Unterbewusstsein aufnehmen kann. Du schulst auf diese Weise Dein Unterbewusstsein, sodass es immer weniger negative und immer mehr positive Bilder aufnimmt. Die positiven Bilder beschleunigen Dein Unterbewusstsein zu mehr positiven Wahrnehmungen. Führe Dir Deine Träume und Visionen täglich bildlich vor Augen, um Dein Unterbewusstsein damit zu füttern. So kann es Dir gelingen, Deine Wünsche umzusetzen und auch große Aufgaben mühelos zu bewältigen. Ganz wichtig sind positive Erfahrungen. Hast Du bereits ein Erfolgserlebnis gehabt, ist es einfacher für Dich, daran zu glauben, dass Du Deine Aufgaben mit Leichtigkeit bewältigen kannst und dass Deine Wünsche tatsächlich wahr werden. Verinnerlichst Du täglich Deine positiven Bilder und Deine Wünsche, dann werden sie sich schließlich auch in der Wirklichkeit verankern. Deiner Glaubenskraft wird es gelingen, die positiven Wertungen zu verstärken und Deine Wünsche zu verwirklichen. Dein Unterbewusstsein hilft Dir dabei, denn es lebt von bildlichen Vorstellungen.

Führst Du Dir Deine Vorstellung, Erfolg zu haben und auch große Aufgaben problemlos zu meistern, immer vor Augen, ist das eine positive Wertung, die Dir helfen wird, künftig glücklich und zufrieden zu sein. Du solltest dabei nicht vergessen, in Bildern zu denken, da sie vom Unterbewusstsein besser abgespeichert werden können. Deinen Erfolg solltest Du Dir möglichst exakt vorstellen, indem Du Dir Bilder ausmalst, wie Du schwierige Aufgaben bewältigst und danach zufrieden bist. Denke beispielsweise daran, wie Du Dich nach einer besonderen Leistung belohnst, indem Du Dir etwas Schönes kaufst oder in den Urlaub fährst. Genauso wie Deinen Erfolg solltest Du Dir Deine Gesundheit vor Augen führen und Bilder malen, wie Du Sport treibst oder Deinem Hobby nachgehst, da Du Dich einfach wohlfühlst. Stelle Dir vor, Du bist gesund und vital und machst das, was Dir Freude bereitet. Alles, was Du Dir wünschst, solltest Du Dir so vorstellen, als ob Du es bereits real erlebst. Schon bald wird es Dir gelingen, Deine Ziele zu erreichen – die Erfüllung Deiner Wünsche.

Auf dem Weg zu mehr Zufriedenheit solltest Du Dir selbst und Deinen eigenen Kräften vertrauen. Fehlendes Vertrauen in Deine Kräfte bremst Dich auf Dauer aus. Lass Dich nicht entmutigen, wenn Du Rückschläge erlebst – sieh trotzdem positiv in die Zukunft und führe Dir vor Augen, dass es beim nächsten Mal klappt. Setze Dir zuerst kleine, realistische Ziele, um nicht enttäuscht zu werden.

Deinen Wünschen solltest Du genügend Emotionen verleihen. Frage Dich, wie sehr Du Dir etwas wünschst und wie wichtig es Dir ist, dass sich Dein Wunsch erfüllt. Ist es vielleicht einfach nur schön, etwas Bestimmtes zu bekommen oder ist es Dein Herzenswunsch?

Sicher hast Du es mindestens schon einmal erlebt, dass Du etwas unbedingt haben wolltest, aber dass es Dir einfach zu lange gedauert hat. Du wurdest ungeduldig – das führte unweigerlich zu Unzufriedenheit. Ungeduld löst Zweifel aus, die das Unterbewusstsein blockieren und Dich auf dem Weg nach vorn ausbremsen. Du kannst nichts erzwingen. Sei geduldig und glaube daran, dass sich Dein Wunsch erfüllt.

Um glücklich und erfolgreich zu werden, solltest Du Dir immer ein zielorientiertes und positives Bild vor Augen halten. Möchtest Du abnehmen, dann wünsche Dir nicht, dass Du nicht mehr dick bist – sondern assoziiere Deinen Wunsch positiv: Du möchtest schlank sein. Sehnst Du Dich nach mehr Erfolg im Beruf, dann wünsche Dir nicht »Ich will nicht mehr auf der Stelle treten«, sondern wünsche Dir »Ich will befördert werden und mehr Geld verdienen.«

Du bist König über Deine Gedanken – das, was Du in Deinem Unterbewusstsein abspeicherst, wird sich ereignen. Nun bist Du dran – Du musst positiv denken und Deinen Gedanken neue Bahnen verleihen:

Nimm Dir Zeit, um zu überlegen, was Du jetzt bist und was Du wirklich willst. Fange damit an, alles positiv zu bewerten, und male positive, ausdrucksstarke Bilder. Nimm nur die Wünsche in Dein Unterbewusstsein auf, deren Erfüllung Dir wirklich wichtig ist. Grundsätzlich solltest Du konsequent sein. Denke daran, dass Ungeduld ein Hindernis ist. Vertraue Dir selbst und glaube an Deinen Erfolg. Sorgen und Ängste gehören nicht in Dein Unterbewusstsein – verbanne sie.

Du bist wertvoll

Jeder von uns hat bereits negatives Feedback in seinem Leben erhalten, sei es in der Kindheit von den Eltern, in der Schule von den Lehrern oder aber im sozialen Umfeld von Geschwistern, Freunden oder Kollegen. Dieses negative Feedback kann sich stark auf den Erfolg und auf das Selbstbewusstsein auswirken. Menschen, die häufig negatives Feedback erhalten, zweifeln an sich selbst, sie sind unzufrieden mit sich und dem Umfeld. Schließlich geraten sie in einen Teufelskreis, da sie stark unter

Druck stehen. Der Druck wird immer größer, die Menschen wollen es besser machen, doch wissen sie nicht, wie. Aus diesem Grunde machen sie schon zwangsläufig alles falsch. Diesen Teufelskreis gilt es zu durchbrechen. Lass Dich nicht von negativem Feedback hinunterziehen – denke daran, Du bist Du selbst und hast Deine Qualitäten. Das Leben ist viel zu kurz und viel zu schade dazu, dass wir uns immer mit negativen Gedanken herumplagen und glauben, dass Misserfolge einfach dazugehören. Das Ziel im Leben ist nicht, ständig unglücklich zu sein, sondern glücklich und erfolgreich zu werden. Wurdest Du bisher häufig mit negativem Feedback konfrontiert, solltest Du alles, was Dich hinunterzieht und Deine Stimmung auf den Nullpunkt sinken lässt, von der Festplatte löschen. Jetzt kommt es auf den Wendepunkt an – besinne Dich auf Deine Qualitäten. Du bist etwas Wertvolles und kannst irgendetwas besonders gut – besser, als dies andere können. Überlege, was Dir Spaß macht und was Du gut kannst. Führe Dir das vor Augen, dann wird es von Deinem Unterbewusstsein aufgenommen. Du darfst Dich nicht von etwas abhängig machen lassen, was Du noch nicht erreicht hast, sondern solltest Dich auf das besinnen, was Du erreicht hast, und stolz darauf sein.

Gerade dann, wenn Du in Deinem bisherigen Leben viel destruktive Kritik hinnehmen musstest, ist es schwer, Dich selbst zu lieben. Kritik in allen Ehren, doch kommt es darauf an, wie sie vorgebracht wird. Am Beispiel vom Kochen lässt sich das gut erläutern. Stelle Dir vor, Du bewirtest Gäste und hast gekocht. Dabei hast Du Dir viel Mühe gegeben. Konstruktive Kritik ist durchaus gut, sie beinhaltet Lob, aber auch einen Hinweis, es noch besser zu machen. Im Fall der Gästebewirtung könnte das folgendermaßen aussehen: »Du hast gut gekocht, es hat wunderbar geschmeckt. Wenn Du aber beim nächsten Mal noch ein paar Kräuter mehr nimmst, dann ist das spitzenmäßig.« Du freust Dich, dass es Dir gelungen ist, und weißt gleichzeitig, was Deine Gäste besonders gern mögen. Nur dann, wenn Du

Dich selbst liebst, so wie Du bist, hast Du das entsprechende Selbstbewusstsein. Du wirst sehen, dass die anderen Dir dann so begegnen, wie Du es Dir wünschst. Diejenigen, die Dich mögen, achten nicht auf Deine Figur, sondern sie mögen Dich, so wie Du bist – Dich mit Deinem Humor, Deiner Hilfsbereitschaft, Deiner Offenheit... Hier könnten noch viele Eigenschaften aufgezählt werden – doch jetzt bist Du dran. Überlege, was Dich auszeichnet. Was magst Du an anderen Menschen? Hast Du vielleicht auch etwas davon? Du bist einzigartig – gerade das ist der Grund, Dich selbst zu mögen. Nimm Dir etwas Zeit und setze Dich damit auseinander, was Du besonders gut kannst, was Du an Dir ganz besonders magst und was Dich auszeichnet. Jeder hat seine Schwächen, doch gerade sie sind es doch häufig, die einen Menschen so liebenswert machen, denn nobody is perfect. Du bist großartig – das solltest Du Dir ständig vor Augen führen. Dein Unterbewusstsein wird das registrieren, Dein Selbstbewusstsein wird gestärkt. Sage Dir: Ich bin etwas Besonderes, ich bin liebenswert – genau deshalb mögen mich andere, das finde ich einfach wunderbar und wiederhole es immer und immer wieder.

Schwierigkeiten sind normal

Die Hausfrau und Mutter muss ebenso das Leben meistern wie der stark beschäftigte Manager mit hoher Verantwortung. Dabei gibt es jeden Tag neue Probleme. Zu den größten Illusionen aller Menschen gehört, dass man ohne Widrigkeiten das Leben meistern könne.

Die tagtäglichen Schwierigkeiten sind ein normaler Teil des Lebens. Wir müssen daran wachsen, statt aufzugeben, sonst haben wir verloren. Zum regulären Leben gehören auch Fehler. In der täglichen Betriebsamkeit dürfen wir sie aber begehen, wenn sie zu korrigieren sind. Leben meistern heißt auch, mit eigenen Fehlern umgehen zu können. Neben den üblichen Schwierigkeiten hält das Leben für uns Herausforderungen und zeitweilige Rückschläge bereit. Die Schwierigkeiten sind die wahren Lektionen des Lebens. Wenn wir mit ihnen richtig umgehen, erzielen wir die meisten Fortschritte. Das Leben meistern bedeutet in diesem Kontext, sich zu hinterfragen: Wie gehe ich mit Misserfolgen und verfehlten Zielen um? Müssen sich immer alle Träume und Hoffnungen erfüllen? Wie verkraften wir Enttäuschungen? Wir stehen ständig vor der Wahl, welchen Weg wir als nächstes einschlagen werden. Aufgegebene Träume sind geplatzte Träume. Das entstehende Loch füllen Menschen wahlweise mit neuen Träumen oder mit Frustration. Die dritte Möglichkeit wäre, an einem Traum festzuhalten, wie unerfüllbar er auch sein mag. Es fragt sich, ob man auf diese Weise auch sein Leben meistern kann.

Erfolgreiche Menschen denken niemals ans Aufgeben, wohl aber an eine neue Definition von Zielen – von Zeit zu Zeit – und stets an alternative Wege, um ein für richtig befundenes Ziel zu erreichen. Wir bewundern diese Menschen, die scheinbar mühelos ihr Leben meistern, aber diese Leichtigkeit täuscht. In Wahrheit bohren solche Zeitgenossen wahrhaft dicke Bretter, sie gehen Problemen und Schwierigkeiten niemals aus dem Weg. Dabei lernen sie so viel, dass sie auch neuen Anforderungen gewachsen sind. Außerdem darf niemand vergessen, dass auch sehr erfolgreiche Menschen schon Rückschläge einstecken mussten und praktisch täglich mit Missmut über den Berg von Problemen kämpfen, der sich vor ihnen auftürmt. Sie haben Strategien entwickelt, mit denen sie ihr Leben meistern. Dazu gehört unter anderem:

- Ziele müssen logisch und begründbar sein. Es ist zum Beispiel kein Ziel, Lottogewinner zu werden. Die statistische Chance ist zu gering. Auch ist es kein Ziel für einen 50-Jährigen, Fußballprofi zu werden – wohl aber, einen Fußballverein erfolgreich zu managen.

- Für das Erreichen eines Ziels bedarf es eines Plans. Dieser muss sich in Arbeits- und Zeitabschnitte aufteilen lassen. Alternativen sind ebenso wichtig. Wenn Sie Ihr Leben klug meistern wollen, entwerfen Sie zum Plan A gleich die Pläne B und C.
- Scheinbar gegensätzlich zur vorigen Aufgabe, in Wahrheit nur zwingend dialektisch ist, Unvorhersehbares stets einzukalkulieren. Die Welt hat ihren eigenen Weg und Rhythmus. Wer sein Leben meistern will, baut für die Bewältigung unerwarteter Schwierigkeiten Reserven auf.

Tipps zum Glücklichwerden

Glücklich sein assoziieren wir gemeinhin mit Geld, Gesundheit und Liebe, vielleicht auch noch Karriere und Einfluss. Doch es muss nicht das neue Auto oder die teure Designerjacke sein, die uns glücklich macht. Wer sein Leben mit offenen Augen wahrnimmt, findet viele unverhoffte Glücksmomente, die oft gar nichts kosten – und unbezahlbar sind.

Woher kommen die unten genannten 20 Glücksmomente, woher ihre Reihenfolge? Das wurde handfest erforscht. Britische Wissenschaftler des Gesundheitsdienstleisters Bupa befragten über 2.000 Personen nach ihren jüngsten Momenten, in denen sie wirklich glücklich waren. Die Umfrage hatte zwei Teile:

- Frage 1: Bist Du glücklich?
- Frage 2: In welchen Momenten warst Du zuletzt am glücklichsten?

Die Frage 1 war wichtig, um prinzipiell zufriedene, nicht-depressive und auch nicht aktuell überforderte Personen nach natürlichen Glücksmomenten zu befragen. Hier sind ihre Antworten auf die Frage 2:

- Platz 20: Ausflug in die Natur
- Platz 19: Schokolade auf der Zunge
- Platz 18: Frisches Gras gerochen
- Platz 17: Erster Schnee
- Platz 16: Heißes Bad
- Platz 15: Persönliche Leistung (Sport)
- Platz 14: Frischer Kaffee
- Platz 13: Regentropfen am Fenster
- Platz 12: Schnäppchen (Einkauf)
- Platz 11: Lieblingssong im Radio
- Platz 10: Frischegefühl nach dem Duschen
- Platz 9: Jemandem helfen
- Platz 8: Frisches Brot
- Platz 7: Kuscheln auf dem Sofa
- Platz 6: Lachen
- Platz 5: Persönliche Auszeit
- Platz 4: Geld finden
- Platz 3: Ein Dankeschön erhalten
- Platz 2: Sonne im Gesicht
- Platz 1: Frisch gemachtes Bett

Tipp: Motivation
Zu den 10 Tipps zum Glück gehört an erster Stelle die Motivation, denn glückliche Menschen motivieren sich grundsätzlich selbst. Natürlich nehmen sie auch Anregungen auf, aber ihre Selbst- und Zielkonzepte sind unglaublich stark entwickelt. Motivieren Sie sich und nehmen Sie auch Rückschläge hin!

Tipp: Dankbarkeit
Glückliche Menschen sind dankbare Menschen. Wer ständig mit seinem Schicksal hadert, fokussiert sich geradezu auf das Unglück, nicht auf das Glück. Zu den Tipps für das Glück gehört es daher, einen geübten Blick dafür zu entwickeln, was uns alles

erfreuen kann. Eine tägliche Aufzählung dieser Dinge erhöht die Dankbarkeit.

Tipp: Risiken eingehen
Menschen, die sich zu lange und zu stark in einer Komfortzone einrichten, sind dabei nicht glücklicher als Risikofreudige. Letztere scheitern gelegentlich, doch in der Regel gewinnen sie häufiger und erleben dabei die eigene Stärke und Überwindungskraft. Aus ihrem Scheitern lernen sie ebenfalls.

Tipp: der Akku-Trick
Die meisten Menschen sacken ab, wenn die Erschöpfung zu groß wird. Glückliche wissen, wie der Energiespeicher wieder aufzufüllen ist: Glücksforscher nennen das eine »Akku-Liste«. Es sind die individuellen Entspannungs- und Motivationsfaktoren wie die Badewanne, schöne Musik, eine Massage, Meditation, gutes Essen oder ein Spaziergang.

Tipp: Zeitlosigkeits-Effekt
Sehr wichtig für alle aktiven, daher vermeintlich glücklichen Menschen: Im wahren Glück verrinnt die Zeit nicht gnadenlos. Glückliche leben im Augenblick, das geht bei ihnen mit der Fähigkeit zur Konzentration einher. Es entsteht eine Sphäre der Zeitlosigkeit, die sogar die feinere Körperwahrnehmung begünstigt. Alle 90 Minuten solltest Du innehalten und Deinem Atem nachspüren.

Tipp: Ziele formulieren
Glückliche Menschen leben für Ziele, die sie von Zeit zu Zeit neu formulieren. Darunter sind übergeordnete, sehr langfristige Ziele, zu denen viele kleine Schritte gehören, aber auch mittel- und kurzfristige Ziele. Wer auf seinen nächsten Urlaub spart, ist sehr glücklich, wenn er das Ziel erreicht hat. Ziele müssen erreichbar sein, sonst geraten sie zu Luftschlössern.

Tipp: Häufigkeit statt Intensität
Intensives Glück ist wunderbar und sollte genossen werden, es darf nur nicht zu selten vorkommen. Erwiesenermaßen sind die Glücklichen auch die Zufriedenen, die sehr oft kleinere Momente des Glücks erleben. Die Praxis lehrt es uns: Glückliche Familien und glückliche Teams essen täglich gemeinsam.

Tipp: Freude
Friedrich Schiller und Ludwig van Beethoven schufen nicht umsonst die »Ode an die Freude«, die heute unsere Europahymne ist. Glückliche und erfolgreiche Menschen raten dazu, sich über schöne Momente und Geleistetes intensiv zu freuen. Darüber hinaus findet der frohe und freundliche Mensch viel schneller neue Freunde.

Tipp: Medienverzicht
Keine Angst: Sie müssen nicht grundsätzlich auf Medien verzichten. Aber lassen Sie doch regelmäßig vielleicht einmal pro Woche den Fernseher ausgeschaltet. Der Hintergrund: Die bedauernswerten Journalisten und Redaktionen verdienen ihr Geld fast nur noch mit Katastrophenmeldungen. Es entsteht ein verzerrtes Bild der Wirklichkeit, das uns nicht glücklich macht. In unserer Mediengesellschaft gehört daher zwingend, die reine Medienwahrnehmung gelegentlich auszublenden.

Zusammenfassung – Wege zum Glück

Wege zum Glück gibt es viele, doch sie sind für uns nicht leicht aufzuspüren. Menschen müssen sich mit ihrem Glück, ihren Gaben und Erfolgsmöglichkeiten beschäftigen, um Wege zum Glück zu finden.

Die innere Ruhe bei gleichzeitiger Erfüllung aller Pflichten eröffnet Wege zum Glück. Diese Kombination gelingt glücklichen Menschen. Nur auf diese Weise kannst Du Deinen Anteil in die Welt bringen, der gleichzeitig Deine Wege zum Glück aufschließt. Glückliche Menschen pflegen ihre eigenen Gaben dankbar, bewusst, liebevoll und geduldig. Wege zum Glück beinhalten, dass Du

- herausfindest, welchen Auftrag Du annehmen solltest,
- erkennen, was Du bereits umgesetzt hast,
- Verhaltensweisen und Einstellungen aufspüren, die Dich glücklicher machen,
- alte kontraproduktiven Gewohnheiten ablegen, dafür neue, glücklich machende Rituale in Dein Leben holen,
- Dein Selbstbild erkennen und verbessern,
- Stärken und Möglichkeiten identifizieren,
- Techniken gegen schädlichen Stress erlernen,
- den Wert von Vorfreude und Dankbarkeit schätzen lernen sowie
- noch achtsamer mit Deinen Lieben umgehen.

Wege zum Glück dienen nicht zuletzt dazu, alle Facetten eines glücklichen Lebens aufzuspüren.

V
Die Bedeutung des Glaubens

Die reinste Form des Wahnsinns ist es, alles beim Alten zu belassen und zu hoffen, dass sich etwas ändert.

Albert Einstein

Glaube an Dich selbst

Der Glaube, ist die sichere Zuversicht, dass etwas, was Du Dir erhoffst, dass es existiert, tatsächlich vorhanden ist. Du kannst das, an das Du glaubst, nicht sehen, aber Du bist zuversichtlich, dass es da ist. Denke nur einmal an den elektrischen Strom – Du siehst ihn nicht, doch wir alle wissen, dass es ihn gibt, sonst würde kein Licht brennen, der Kühlschrank nicht funktionieren, der Bildschirm vom PC schwarz bleiben. Wenn ich in vom Glauben spreche, meine ich nicht den Glauben an eine religiöse Institution oder an eine vorgegebene Glaubensrichtung, sondern ich spreche vom Glauben an dich selbst, deine inneren Kräfte und an dein (verborgenes) Unterbewusstsein.

Leider prägen zu viele fremde Eingebungen von Kindheit an unser Leben – andere reden uns etwas ein, wir glauben daran und können uns oft selbst gar keine Meinung darüber bilden oder an etwas anderes glauben. Grundsätzlich ist jedes Weltbild ein Glaube, ganz egal, ob jemand an einen Gott glaubt oder daran glaubt, dass Gott nicht existiert, dass jegliches Leben wissenschaftlich begründet ist und auf der Darwin'schen Lehre aufbaut. Woran glaubst Du eigentlich? Waren es die Glaubenssätze in Deiner Kindheit, die Dir von Deinen Eltern eingeredet wurden und die sich fest in Deinem Unterbewusstsein verankert haben, die Deinen jetzigen Glauben geprägt haben? Für mehr Glück und Erfolg im Leben musst Du an Dich selbst und an die Kräfte glauben, die in Deinem Inneren schlummern. Jetzt musst Du ganz bewusst denken und glauben – schließlich können Deine inneren Kräfte Enormes bewirken. Stelle Dir vor, Du musst eine Präsentation vorbereiten und dann vor einem großen Publikum vortragen. Es ist schließlich viel einfacher, zu glauben, dass Dir das nicht gelingen wird und dass es bestimmt zu irgendwelchen Zwischenfällen kommt, als zu glauben, dass Dir alles gut gelingen wird, Du der Star bist und dazu beiträgst, dass Dein Unternehmen den Auftrag bekommt. Hier kommt es auf das Umdenken an, dann wird Dir auch die Präsentation gelingen. Die große Aufgabe, vor der Du stehst, muss natürlich keine Präsentation sein, sondern es kann auch der perfekte Urlaub mit Deinem Partner und Deinen Kindern sein, den Du organisierst. Glaube an Deine Kraft und an Deine Möglichkeiten und entdecke sie. Hast Du bereits Erfolg gehabt, wird Dir das künftig umso besser gelingen.

➤ Geschichte – Kleine Geschichte zum Traum als Profisportler

Unsere Gedanken und das, was wir glauben, spielen eine nicht unerhebliche Rolle für unsere Zukunft. Aus diesem Grunde sollten wir unsere Träume, Wünsche und Gedanken sehr ernst nehmen. In diesem Zusammenhang möchte ich eine kleine Geschichte erzählen. Sie handelt von Marco S., einem jungen, ehrgeizigen Mann, der seinen Traum, Eishockeyprofi zu werden, mithilfe von positiven Gedanken tatsächlich in die Tat umsetzen konnte. Bereits als kleiner Junge träumte Marco S. davon, in ausverkauften Stadien über die Eisfläche zu flitzen, angefeuert von Tausenden begeisterten Zuschauern. Dieses Bild beherrschte nicht nur seine Tagträume, sondern auch seine Träume bei Nacht. Nach seinem Berufswunsch gefragt, antwortete er ohne zu zögern: »Eishockeyprofi«. Statt ihn zu ermutigen und in seinem Traum zu bestärken, erhielt er von Erwachsenen jedoch lediglich den Rat, sich besser realistische Ziele zu stecken – mit der Folge, dass Marco S. den Glauben an sich selbst verlor und begann, sich zunehmend anderen Dingen zuzuwenden. Hier kommt Marcos Mutter ins Spiel: Sie unterstützte ihren Sohn bedingungslos und machte ihm klar:»Wenn du es wirklich willst, schaffst du es!« Marco begann, hart für seinen Traum zu arbeiten und sich von Rückschlägen nicht länger entmutigen zu lassen. Auch die negativen, oft belustigten Kommentare seiner Freunde und Familienmitglieder konnten ihn nicht mehr von seinem Weg abbringen – im Gegenteil: Sie motivierten ihn nur noch mehr. Die harte Arbeit und die Entbehrungen während des Trainings waren nicht umsonst: Marco S. schaffte den Aufstieg in die höchste deutsche Liga und anschließend sogar in die National Hockey League (NHL) der USA. Er hat an sich selbst geglaubt und seine

Träume letztlich in die Tat umgesetzt – mit Unterstützung seiner Mutter, die immer fest an ihren Sohn geglaubt hatte. Was können wir aus dieser Geschichte lernen? Vor allem eines: Auch wenn ein Ziel scheinbar unerreichbar ist, dürfen wir nicht aufgeben. Es kommt darauf an, unserem Unterbewusstsein zu vermitteln, was wir konkret wollen und dass wir bereit sind, alles Notwendige dafür zu tun. Ein starker Glaube und ein unerschütterlicher Wille sind also die wichtigsten Voraussetzungen dafür, dass wir unsere Ziele erreichen – so unrealistisch sie anfangs auch erscheinen mögen.

Das, was Du glaubst, wird von Deinem Unterbewusstsein verwirklicht – und nicht das, was Du denkst. Um künftig glücklich und zufrieden zu sein, kommt es auf realistische Ziele an, die Du erreichen kannst. Jeder hat einmal klein angefangen, auch Leistungssportler haben mit kleinen Zielen begonnen und ihre Leistung dann langsam gesteigert. Wichtig ist daher, dass Du mit kleinen Wünschen beginnst, um nicht enttäuscht zu sein. Oftmals sind es die Menschen, die wir lieben und die uns besonders nahe stehen, die uns einreden, dass wir etwas nicht schaffen. Es ist einfacher, diesen Menschen zu glauben, da wir ihnen vertrauen, als an uns selbst zu glauben. Es ist ungeheuer wichtig, diese Hürde zu überwinden. So sehr Du diesen Menschen, der Dir einredet, dass etwas nicht klappt, auch liebst und respektierst: Denke: »Dir werde ich's zeigen, Du wirst Dich wundern.« Schließlich ist es auch ein schönes Ziel, jemanden vom Gegenteil zu überzeugen. Gelingt Dir das, kannst Du ganz stolz auf Dich sein. Auch derjenige, der nicht daran geglaubt hat, dass Du das in seinen Augen Unmögliche schaffst, wird sich wundern, ein anderes Bild von Dir bekommen und stolz auf Dich sein. Der Grund dafür, warum Du Dich und Deine Stärken allzu oft in Zweifel stellst, liegt zum grössten Teil in der Kindheit und Jugend. Vielleicht waren es Deine Eltern, die Dir nichts zugetraut haben und davon überzeugt waren, dass eine Sache für Dich einfach zu schwierig war. Du bist schließlich selbst überzeugt davon, dass Du eine schwere Aufgabe nicht bewältigen kannst. Von diesen Gedanken musst Du Dich befreien, um aus dem Teufelskreis auszubrechen.

Sei für Dich selbst glaubwürdig, dann bist Du es auch für andere. Lass Dich nicht manipulieren und hinterfrage die Dinge. Redet Dir jemand ein, dass Du etwas nicht schaffst, dann frage ihn: »Was sollte mich daran hindern, das nicht zu schaffen? Glaubst Du vielleicht, ich sei minderwertig?« Vielleicht bringt derjenige gar keine Antwort hervor, da er erstaunt ist, dass Du ihm mit Selbstbewusstsein begegnest. Um zu mehr Selbstbewusstsein, Erfolg und Zufriedenheit zu gelangen, gilt es, eingefahrene Gedankengänge auszumerzen. Sage Dir, dass Du Dich nicht mehr selbst belügen willst, dass Du ehrlich zu Dir selbst sein willst und dass Du in der Lage bist, schwierige Dinge zu meistern. Lass Deine Unsicherheit hinter Dir und sage Dir, dass Du dazu fähig bist, etwas zu verändern. Ausreden waren gestern. Willst Du erfolgreich sein, musst Du heute etwas anpacken und Dir selbst vertrauen.

Dein Umfeld, die Anforderungen, die an Dich gestellt werden, aber auch die Eingebungen von außen sind die Brandung – Du bist der Fels darin. Du packst das, wenn Du nur an Dich selbst glaubst. Natürlich musst Du auch mit Niederlagen fertig werden, wichtig ist nur, dass Du Dich nicht entmutigen lässt. Hast Du eine Niederlage erlitten, gilt es, daraus zu lernen und es beim nächsten Mal besser zu machen. Ein gutes Beispiel dafür ist Thomas Alva Edison, der Erfinder der Glühlampe. Ist ein Versuch gescheitert, dann sagte er sich, dass er jetzt eine weitere Möglichkeit kennen würde, wie es nicht funktioniert. Hätte er nicht an sich selbst geglaubt, dann würde es seine Erfindungen heute nicht geben. Du solltest jetzt Deinen Glauben einmal näher unter die Lupe nehmen. Glaubst Du felsenfest daran, in zwei Jahren Deinen Traumjob zu haben und ein höheres Gehalt zu beziehen? Wirst Du Dir vielleicht in drei Jahren Deinen Traum vom Eigenheim verwirklichen? Glaubst Du wirklich daran, dann kann Dein Glaube Berge versetzen, doch von allein fällt Dir nichts in den Schoß. Wenn Du von ganzem Herzen daran glaubst, dass sich Deine Wünsche erfüllen, dann wird Dein Glaube Wirklichkeit. Würdest Du aber glauben, dass Du nie einen Traumjob haben wirst und mit Deinem schmalen Gehalt immer auf der Stelle trittst, dann könntest Du Deine Wünsche und Ziele gleich vergessen. Sei felsenfest davon überzeugt, dass Dir etwas gelingt, und vertraue auf die ungeheure Kraft, die in Dir steckt. Verbanne künftig negative Gedanken, führe Dir immer Dein Ziel vor Augen und glaube, dass Du es erreichst und tue alles dafür, gib niemals auf. Fange jetzt damit an und schau nach vorn, nicht mehr zurück.

Dein größter Feind – und wie Du ihn besiegen kannst

Zweifel führen zu negativen Gedanken

Am Anfang ist es nur ein diffuses Gefühl, das sich in Dir bemerkbar macht: Du möchtest Dich auf eine neue Arbeitsstelle bewerben. Sie verspricht Dir mehr Geld, mehr Verantwortung, ein tolles Team und einen netten Vorgesetzten. Du kannst die lange ersehnte nächste Stufe auf der Karriereleiter erklimmen. Du unterhältst Dich mit einigen guten Kollegen über Deinen Wunsch, Dich zu bewerben. Sie raten Dir davon ab und begründen ihren Rat scheinbar sehr logisch. Du musst für die neue Stelle mehr arbeiten. Du hast weniger Zeit für Deine Familie und Deine Hobbys. Du musst Deinen geliebten Sport vernachlässigen. Überhaupt wird die Arbeit in Deinem Leben zukünftig einen viel größeren Stellenwert einnehmen, denn Du musst ständig erreichbar sein. Außerdem entspricht Deine Vorbildung gar nicht den Anforderungen für die neue Stelle. Du hast nicht studiert, und in Personalführung hast Du auch noch keine Erfahrung. Spätestens in diesem Moment haben es Deine Kollegen geschafft: In Dir macht sich ein merkwürdiges Gefühl breit. Zuerst kannst Du es nicht einordnen. Bald merkst Du, dass Du an Deiner Eignung zweifelst. Sicher wirst Du nicht genommen, denn Du bist nicht qualifiziert genug. Eigentlich bist Du in Deiner jetzigen Position ganz zufrieden. Du verdienst genügend Geld, Du kannst pünktlich Feierabend machen und Deinen Interessen nachgehen. Also bewirbst Du Dich erst gar nicht – und doch bleibt ein Gefühl von Unzufriedenheit in Dir. Dieses Gefühl verstärkt sich noch, weil Du später erfährst, dass der Job an jemanden vergeben wurde, der weniger qualifiziert ist als Du. Diese Situation kommt Dir bekannt vor? Du hast sie vielleicht selbst schon einmal erlebt? Dann überlege einmal genauer, was hier passiert ist.

Der Mensch hat die Fähigkeit bekommen, zu denken. Mehr noch – wir haben die große Gnade geschenkt bekommen, das zu denken, was wir wollen. Spinnen wir diesen Gedanken weiter, steht am Ende die unglaubliche Tatsache, dass der Mensch ist, was er denkt! Doch was heißt das?

Die große Mehrzahl der Menschen hat diesen Umstand noch lange nicht verinnerlicht und ist deshalb eher mäßig erfolgreich. Für ihren Misserfolg machen sie dann andere verantwortlich und schieben die Schuld gerne von sich. Dann hört man Sätze wie »Das funktioniert doch alles nicht!« oder »Das ist doch alles Unsinn!«. Diese negativen Gedanken sind wie ein Gefängnis, aus dem es schwer ist, auszubrechen. Die Gefängnismauern bestehen aus vielen einschränkenden Sichtweisen und aus Verletzungen, die wir im Lauf der Zeit davongetragen haben und die uns etwas Fatales tun lassen: Wir glauben nicht mehr an das, was wir erreichen können. Spätestens dann, wenn unsere Gedanken auf diesem negativen Weg sind, folgt auch unser Unterbewusstsein – mit dem Ergebnis, dass unsere negativen Gedanken wahr werden. So etwas nennt man eine »sich selbst erfüllende Prophezeiung«. Wir glauben, dass alles schlecht ist und schlecht läuft – und tatsächlich stellen sich diese schlechten Vorhersagen in unserem Leben ein.

Nun muss man wissen, dass unser Unterbewusstsein äußerst schlau ist. Gleichzeitig lässt es sich beeinflussen. Es benötigt ganz glasklare und eindeutige Anweisungen mit einer starken Energie, die nur aus einem felsenfesten Glauben gespeist werden kann. Ein paar halbherzige Versuche im Sinne von »Ich probiere es einfach aus!« genügen leider nicht, um unser Unterbewusstsein auf Erfolg zu trimmen. Wenn Du nur halbherzig an Deinen Erfolg glaubst, bleiben die unbewussten Zweifel in Dir erhalten. Sie halten Deine negativen Gedanken am Leben und führen so unweigerlich dazu, dass Du erneut scheiterst und versagst. Beim nächsten Versuch glaubst Du selbstverständlich wieder, dass Du nicht erfolgreich bist – und schon stellt sich der erwartete Misserfolg ein. Diese Spirale ist deshalb so schwer zu durchbrechen, weil wir durch unsere Erziehung eher darauf geeicht sind, zu zweifeln und an das Schlechte zu glauben. Doch das menschliche Gehirn hat noch eine weitere, unfassbar positive Eigenschaft: Es kann lernen, wirklich an unseren Erfolg zu glauben.

Am besten ziehst Du jetzt erst einmal Bilanz für Dich selbst. Frage Dich, ob Du einen unumstößlichen Glauben an Deine Fähigkeiten und Potenziale hast oder ob Du zu viel an Dir selbst zweifelst. Natürlich fordert diese Bilanz ein hohes Maß an Ehrlichkeit und Selbstreflexion. Vielleicht entdeckst Du bei den Gedanken an Deine Vergangenheit das eine oder andere, was Dir im Nachhinein weh tut. Du stellst Dir vielleicht die Frage, ob Deine Zweifel an Deiner unglücklichen Kindheit, an der falschen Erziehung oder gar an der strengen Ausbildung liegen. Diese Gedanken sind bei einer Selbstreflexion erst einmal in Ordnung, denn sie helfen Dir, Klarheit über Deine Denkmuster zu gewinnen. Sobald Du diese Klarheit gewonnen hast, ist es an Dir zu entscheiden, ob Du Deine Zweifel weiter fleißig hegen und pflegen willst und ob Du sie vielleicht sogar als wertvolle Tugend ansiehst – oder ob Du bereit bist, ehrlich zu Dir selbst zu sein und Bilanz zu ziehen und zu erkennen, wie sehr Du auf diese Art und Weise fremdgesteuert und beeinflussbar bist und wie sehr Du Dein Leben und Deine Zukunft selbst zerstörst. Werde Dir darüber bewusst, was Du von Deinem Leben erwartest und was Glück und Wohlstand für Dich bedeuten! Danach ist es an der Zeit, Dich von einigen liebgewonnenen Gewohnheiten zu verabschieden.

Nur der Versuch, positiv zu denken, verändert nicht die Welt – so einfach ist es nicht. Allein der Gedanke »Dann denke ich halt positiv!« führt leider nicht dazu, dass der Glaube Berge versetzt. Die Welt ist vielmehr voll von Menschen, die es einmal versucht haben und die lobenswerte Absichten hatten, die aber am Ende krachend gescheitert sind. Aus diesen Menschen werden mit Sicherheit die größten Zyniker und Gegner dieser Philosophie des positiven Denkens. Folge dieser Philosophie oder folge ihr nicht, aber höre auf, es nur zu versuchen! Damit hast Du den Grundstein für Dein Scheitern nämlich leider schon gelegt.

Für Dein Wohlergehen ist es weniger wichtig, was Du denkst oder was Du für richtig hältst. Viel wichtiger ist es, wie tief Du in Deinem Herzen fühlst, was Du glaubst. Dein Glaube und Deine Zweifel entscheiden am Ende darüber, ob Du Erfolg hast – oder ob Du scheiterst. Der Gedanke an Mangel und Angst beeinflusst Dein Bewusstsein und zieht das nach sich, was Du so vehement verhindern möchtest. Denkst Du zum Beispiel ständig an Arbeitslosigkeit, erhalten diese Gedanken immer mehr Kraft, bis Dein Unterbewusstsein sich schließlich in der Realität durchsetzt.

Wenn Du Deine Zweifel wirklich besiegen willst, verbanne alle negativen Glaubenssätze aus Deinem Leben – für immer! Der eine oder andere wird jetzt einwenden, dass das unmöglich sei, denn wenn sich zu Hause die unbezahlten Rechnungen stapeln, wenn die Kredite nicht mehr gezahlt werden können und wenn der Urlaub gestrichen werden muss, ist es kaum noch möglich, nicht in eine negative Stimmung zu verfallen. Natürlich ist diese Situation richtig hart, denn sie erfordert einen sehr starken Willen, positiv zu denken – und trotzdem kann man es mit der erforderlichen Konsequenz erlernen. Bisher konnte mir noch niemand die Frage beantworten, was der Jammer und die Angst wirklich an positiven Auswirkungen für die Zukunft bringen und welche Vorteile daraus entstehen. Ich garantiere Dir, dass Du Jahrzehnte lang positiv denken kannst, ohne auch nur einen einzigen Tag lang erfolgreich zu sein, wenn es Dir nicht gelingt, Dich von den negativen Gedanken tief in Dir zu verabschieden!

Nimm einmal das folgende Beispiel: Du planst etwas und versetzt Dich jetzt schon in den Moment, in dem Du Deinen Plan verwirklicht hast. Spüre einmal das befreiende Gefühl in diesem Augenblick und fühle es in jeder Faser Deines Körpers. Versetze Dich in diese Situation und drehe Deinen eigenen Erfolgsfilm vor Deinem geistigen Auge, und sei dankbar dafür, dass es so sein wird. Jetzt merke Dir dieses positive Bild! Jedes Mal, wenn Dich nun Zweifel und Bedenken erfassen, ersetze die negativen Gedanken in Deinem Kopf durch das positive Bild. Triff Dich mit Menschen, die Dir gut tun und die ähnlich denken, wie Du selbst. So erzeugst Du die gewollte Affirmation von Freude und Harmonie in Dir, die Du tief in Dir fühlen musst, wenn Du Deine Zweifel besiegen willst und durch positive Gedanken etwas verwirklichen willst. Wenn Du wirklich erfolgreich sein willst, darf es ein »Bei mir klappt das nicht!« für Dich nicht mehr geben. Du darfst an der Erreichbarkeit Deiner Wünsche nicht zweifeln, denn Du musst Deine Zweifel erkennen und darauf vertrauen, dass Du das Gewünschte erreichst und dankbar dafür sein. Dann hast Du einen großen Schritt auf dem Weg zum Erfolg schon getan!

Fassen wir noch einmal zusammen: Zweifel sind Deine größten Feinde auf dem Weg zu mehr Erfolg. Du musst sie erkennen und durch ein Gefühl des tiefen Glaubens ersetzen.

Spüre dann die Freude in Dir, dass Du das Ersehnte schon erreicht hast, damit es sich in Deinem Leben manifestieren kann.

Wie gesagt, es geht nicht nur darum, positiv zu denken. Du sollst negative Emotionen nachhaltig und konsequent durch positive ersetzen. Fange gerne in kleinen Schritten an und verlange nicht gleich zu viel von Dir, denn damit überforderst Du Dich. Vertraue Dir selbst, vertraue in Deine Fähigkeiten, und gib Dir Zeit. Lass Dich nicht von kurzfristigen Rückschlägen ermutigen, denn hier geht es um großartige Veränderungen in Deinem Leben mit langfristiger Perspektive, und alles das braucht seine Zeit.

Religion und Deine wirkliche Sünde, den Mut zu verlieren

Egal, ob Du an Gott glaubst oder nicht – auf dem Weg zu Glück und Erfolg geht es nicht um eine religiöse Auslegung, sondern wichtig ist, dass Du an Dich selbst glaubst. Genau das macht den Kern des Glaubens aus.

Ich möchte Dir eine Textstelle aus dem Buch von meinem Mentor C. Huber nicht vorenthalten, die mich sehr beeindruckt hat. Sie handelt von der Sünde. Viele Theologen sind der Meinung, dass die Sünde erst von uns Menschen begangen wurde. Diese Theologen verbreiten ihre Auffassung wie einen geistigen Virus. Im griechischen Text des neuen Testaments wird für den Begriff der Sünde oft das Wort »Hamartia« benutzt. Im ursprünglichen Sinn bedeutet das so viel wie »das Ziel verfehlen«. Wenn wir die Sünde aus diesem Blickwinkel betrachten und sie als Verfehlung des Ziels annehmen, könnten Millionen von komplexen Schuldgefühlen abgebaut werden, die unzählige Menschen auf der ganzen Welt unnötig quälen! Die klassische theologische Auslegung des Begriffs der Sünde hatte am Ende nur die Folge, Ängste zu schüren und sie krank zu machen.

Es liegt mir sehr fern, Menschen von ihrem Glauben abzubringen. Aber Du hast Dich für den Weg des wirklichen und wahren positiven Denkens entschieden. Deshalb möchte ich Dich für Themen sensibilisieren, die Dir auf Deinem Weg begegnen könnten und die Dich behindern könnten. Sie verursachen Ängste und manipulieren Dein Unterbewusstsein. Ich wiederhole an dieser Stelle gerne noch einmal, dass Du kein Opfer von irgendetwas oder von irgendjemandem bist! Du bist auch nicht das Opfer eines bösen Schicksals, sondern allenfalls das Opfer Deiner verkehrten bekannten Denkstrukturen! Dieser Zusammenhang ist auch der Grund, warum ich der Astrologie keine Bedeutung für unser Schicksal beimesse. Wir sind unserem Schicksal nicht schutzlos ausgeliefert, und in unserem Leben geschehen auch nicht wundersame Dinge, ohne dass wir nur einen Finger dazu tun müssen.

Ich möchte, dass Du Dir über dieses Thema intensiv Gedanken machst, denn auch durch Astrologie und Hellseherei wird ein Großteil unserer Bevölkerung in ihrem Bewusstsein gesteuert. Das Lesen von Tageshoroskopen ist bei vielen Menschen Normalität. Deshalb hat sich so etwas wie eine geistige Datei herausgebildet, die uns glauben lässt, dass wir von diesen Vorhersagen beeinflusst werden. Tatsächlich sind es aber nicht die Prophezeiungen oder bestimmte Sternenkonstellationen, die für unser Leben und die Geschehnisse um uns herum verantwortlich sind, sondern wir selbst messen ihnen diese Bedeutung bei. Sobald Du verstanden hast, dass nur Du allein über Dein Lebensglück entscheidest, misst Du auch den Vorhersagen keine Bedeutung mehr bei. Natürlich kann die eine oder andere Vorhersage in Erfüllung gehen, doch das geschieht nur deshalb, weil wir daran glauben.

Wenn wir Behauptungen in unserem Bewusstsein wahrnehmen und sie mit Emotionen unterstützen, wirken sie wie eine gewaltige Autosuggestion, die tatsächlich in Erfüllung gehen kann. Doch die Ereignisse geschehen dann nicht, weil uns das Schicksal etwas Böses will, sondern weil wir uns durch die Autosuggestion selbst unser Schicksal geschaffen haben. Das funktioniert mit positiven wie mit negativen Vorhersagen gleichermaßen, deshalb hast Du Dein Leben ganz allein durch Deinen Glauben in der Hand, und nur Du selbst entscheidest über Dein Schicksal!

➤ *Geschichte – Was Sünden sind*

Von einer ähnlichen Situation berichtete mir schon mein Lehrtrainier (C. Huber) und so gibt es sie zu Tausenden. In einem meiner Coachings erzählte mir eine Frau ihre ganz besondere Geschichte. Sie wuchs in einem streng katholischen Elternhaus auf, in dem sehr rigide Ansichten und Sitten herrschten. Geschlechtsverkehr vor der Ehe war verpönt und wurde als Sünde angesehen. Dennoch unterlag die junge Frau im Alter von gerade einmal 16 Jahren der Versuchung und hatte Sex mit einem gleichaltrigen Jungen. Die Familie erfuhr davon und machte dem Mädchen fortan das Leben schwer. Sie wurde beschimpft und ihr wurde gedroht, dass Gott sie für ihre Sünde übel bestrafen wird. Kurz nach ihrem 18. Geburtstag musste sie das Elternhaus verlassen und hielt sich seither mit Gelegenheitsjobs mehr schlecht als recht über Wasser. Du wirst dich jetzt fragen, warum sie ihr Leben nicht in die Hand nahm, sich um eine Ausbildung bemühte und ein selbstbestimmtes, glückliches Leben führte, ganz ohne die Drangsal ihrer Eltern. Leider ist es nicht so einfach, denn: Die junge Frau sah sich selbst als Sünderin und als Versagerin. Sie war fest davon überzeugt, dass ihr Schicksal die gerechte Strafe für ihren Fehltritt ist. Sie lernte ihren heutigen Ehemann kennen, doch auch dieser schaffte es nicht, positiv auf sie einzuwirken und sie von dem Irrglauben, kein besseres Leben zu verdienen, abzubringen. Da sie zudem keine Nähe – geschweige denn Sex – zulassen konnte, stand ihre Beziehung kurz vor dem Aus, als sie mich aufsuchte und um Hilfe bat. Es war ein langer Weg, bis die inzwischen 40-Jährige erkannte, dass es die negativen Suggestionen in ihrem Unterbewusstsein waren, die ihr das Leben so schwer machten. Ich erklärte ihr, wie wichtig es ist, nicht nach den

Glaubenssätzen und Meinungen anderer Menschen zu leben, sondern stattdessen die eigenen Wünsche und Ansichten in den Fokus zu nehmen. Im Laufe der Zeit erlangte sie eine völlig neue Sichtweise und lernte zugleich, Vertrauen zu ihrem Partner zu fassen und die Beziehung somit auf eine ganz neue Ebene zu heben. Heute ist sie glücklich verheiratet. Sie hat eine Ausbildung gemacht und arbeitet inzwischen in einer führenden Position, die sie auslastet und rundherum glücklich macht. Ich wiederhole noch einmal: Der wichtigste Wendepunkt in ihrem Leben war die Erkenntnis, dass die Meinungen und der Glauben anderer nicht wichtig sind. Was zählt, ist einzig und allein das, was wir selbst von uns und unserem Leben erwarten.

Verwirf den Gedanken an einen strafenden Gott mit dem erhobenen Zeigefinger, der nur darauf aus ist, nach Deinen Fehlern zu schauen und Dich bei jedem Fehltritt zu bestrafen. Die Vorstellung von einem strafenden Gott schürt Ängste und drängt Dich in die sprichwörtliche Ecke, aus der es schwer ist, aus eigener Kraft herauszukommen. Leider ist diese Vorstellung seit Jahrtausenden in der Menschheit verbreitet und übt eine große Macht aus. Vielmehr solltest Du Gott mit Liebe verbinden und daran denken, dass der Schöpfer die Liebe ist und dass er will, dass alle Menschen glücklich und erfolgreich sind. Doch bist Du selbst für Deinen Erfolg verantwortlich. Der Sinn des Lebens liegt nicht im Leiden, sondern in Liebe, Freude, Glück und Erfolg. Jeder Mensch ist einzigartig, er ist ein Phänomen – auch Du bist es. In Dir steckt eine große Kraft, nur musst Du sie entdecken. Aus dieser Kraft heraus kannst Du Deine Ziele erreichen. Diese Kraft verlässt Dich nicht, sie ist die oberste Instanz. Vertraue ihr und baue auf ihre Unterstützung auf dem Weg zu einem erfüllten Leben. Immer wieder haben wissenschaftliche Außenseiter bewiesen, dass es möglich ist, gegen die Meinung der breiten Masse anzukämpfen und damit der Wissenschaft zum Durchbruch zu verhelfen. Der geniale Gelehrte Galileo Galilei ist nur ein Beispiel dafür, ein weiteres Beispiel ist Leonardo da

Vinci. Nichts im Leben ist Zufall – auch der Aufbau des Universums und seine perfekte Feinabstimmung auf die Existenz der Menschheit nicht. Eines greift ins andere – würde hier etwas aus dem Ruder laufen, wäre unsere Existenz gar nicht möglich.

In ihrer Unwissenheit schieben viele Menschen alles Leid und allen Schmerz auf den Willen Gottes. Sie sagen, dass ihre Zeit auf Erden abgelaufen ist und dass ihre Aufgabe erfüllt ist. Doch dieser Ansatz widerspricht der theologischen Auslegung der Heiligen Schrift! Nach unserem Glauben ist Gott der Ausdruck ewiger Liebe. Wie kann er daran interessiert sein, einem Kind den Vater und einer Frau den Ehemann zu nehmen? Wie kann ein Mensch ernsthaft an die Liebe Gottes glauben und gleichzeitig glauben, dass er dieses Leid zulässt und uns damit sogar noch bestrafen will? Am Ende ist es der Mensch selbst, der durch einen Mangel an Glauben Selbstzerstörung nach sich zieht und tiefes Leid verursacht!

Was Angst in dir auslöst

Sage in Zukunft lieber »Ich kann das!«
Angst blockiert Dich und Dein Leben. Sie verursacht Zweifel in Dir und lässt in unserem seelischen Garten Unkraut in Hülle und Fülle wachsen. Um welche Angst es sich handelt, ist dabei ganz unwichtig. Bedenke immer, dass Angst einzig und allein auf einem falschen Glauben beruht! Ängste sind nur aktiv, solange Du sie immer wieder mit negativen Gedanken fütterst. Wenn Dir der Arzt sagt, er gibt Dir keine Hoffnung mehr auf eine baldige Genesung und Du legst Dein Leben in Gottes Hände, dann kapitulierst Du nur und gibst Dich selbst auf – so hart sich das auch anhören mag!

Eine ganz tief in uns verwurzelte Angst ist die Sorge, nicht gut genug für eine Aufgabe zu sein. »Ich kann das nicht!« ist eine der häufigsten Aussagen, die man im Leben hört. Auch hier wurde wieder ein Programm in uns installiert, das wir so schnell wie möglich löschen müssen!

Versuche es einmal mit folgender Aufgabe: Wenn es eine Situation gibt, in der Du sagst, »Ich kann das nicht!«, dann verinnerliche diese Situation einmal ganz genau. Versetze Dich in die jeweilige Lage und schreibe auf ein Blatt Papier, warum diese Situation so sehr Panik in Dir verursacht. Dann schaust Du Dir Deine Gründe genau an – und wirfst sie in hohem Bogen in den Mülleimer oder verbrennst sie. Wie fühlt sich das an?

Nehmen wir zum Beispiel die chronische Angst von vielen Menschen, vor großen Gruppen zu sprechen. Sie ist besonders im Berufsleben sehr hinderlich. Viele Leute behaupten, sie könnten das einfach nicht, weil hinter ihrer Angst Versagensängste stecken. Die Ursache für viele unserer Ängste steckt in der Vergangenheit oder sogar in der menschlichen Entwicklung. Auch der moderne Mensch wird von seinen Urängsten gesteuert. Teure Autos zu fahren, eine gehobene berufliche Position zu besetzen und viel Geld zu verdienen ist am Ende nur dazu gut, unser Ego zu befriedigen. Es dient dem Überleben und dem Konkurrenzkampf, den man gewinnen will, um die eigene Art zu erhalten. Lass es auf keinen Fall zu, dass Deine Urängste Dein Leben bestimmen und dass sie Dich vor sich hertreiben wie ein Bauer seinen Ackergaul!

Um dauerhaft erfolgreich zu sein, müssen wir unsere Ängste entmachten. Wir dürfen ihnen nicht den Raum geben, unser Leben zu bestimmen. Wir müssen den festen Glauben aufbringen, dass wir unsere Ziele erreichen, doch dazu müssen wir diese Ängste wie einen Virus unschädlich machen.

Der erste Schritt ist es, Dich von allen Gedanken zu befreien. Dabei darfst Du Dich nicht krampfhaft und um jeden Preis befreien wollen, sondern Du musst das tiefe Vertrauen in die unendliche Kraft Deines Unterbewusstseins in Dir entfesseln.

Übe in den nächsten Tagen Folgendes: Nimm Dir mehrmals täglich die Zeit, Dich hinzulegen und voll und ganz zu entspannen. Lass alle negativen Gedanken los und erwecke in Dir die inneren Bilder, bei denen Du Dich voll und ganz wohlfühlst. Erlebe in Deinen geistigen Bildern Deine Stärke und Dein Selbstbewusstsein und fühle Dich so, wie Du sein möchtest. Fühle das jeden Tag und immer wieder! Du musst nicht mehr tun als Dein Unterbewusstsein von der Idee Deiner geistigen Bilder zu überzeugen. Wenn Du das ohne Wenn und Aber willst, lässt Dein Unterbewusstsein diese Bilder Wirklichkeit werden. Drehe Deinen ganz persönlichen Erfolgsfilm und fühle Dich so, als wärst Du schon jetzt so!

Du steckst in einer schwierigen Situation und versuchst krampfhaft, Deinem Leben wieder eine geordnete Richtung zu geben. Du denkst und grübelst, bis Du am Ende krank wirst. Hör auf, Dich mit Deinen Fehlern aus der Vergangenheit zu beschäftigen und setze Dich lieber mit Deiner einzigen wirklichen Sünde auseinander: Aufzugeben und den Mut zu verlieren!

Ganz egal, worum es geht und was es ist: Kapituliere niemals vor einer schweren Krankheit, gib Dich niemals geschlagen! Vergleiche Dich niemals mit anderen, denn Du bist einzigartig und schon deshalb zum Dasein berechtigt. Lass den ganzen negativen Glauben hinter Dir und lösche diesen Ballast von Deiner Festplatte. Wenn Du Dich an die Gesetzmäßigkeiten hältst, die in diesem Buch beschrieben sind und wenn Du sie konsequent anwendest, wird Dein Leben ganz anders verlaufen.

Ursache und Wirkung hängen immer zusammen

Oft fragen wir uns, warum wir auch bei positivem Denken nicht verhindern können, dass bestimmte Dinge geschehen, die wir unserer Meinung nach nicht verdient haben. Das liegt zum Beispiel an dem untrennbaren Zusammenhang von Ursache und Wirkung.

Alles, was wir aufgrund unserer Gedanken erlebt haben, hat nichts mit Sünde oder Bestrafung zu tun. Es unterliegt vielmehr dem Gesetz von Ursache und Wirkung, dem sogenannten Kausalprinzip. Danach gibt es kein Ereignis, das irgendwie als Bestrafung oder als Belohnung oder durch Zufall geschieht. Diese Gesetzmäßigkeit musst Du zuerst verstehen und akzeptieren!

Allerdings setzt alles, was Du glaubst und denkst als Ursache eine spätere Wirkung frei. Es gibt für alles, was geschieht, einen Grund, denn nichts geschieht durch einen Zufall. Eine Aktion löst immer eine Gegenaktion aus, die als Wirkung zu Dir zurückkehrt. Deshalb sollst Du auch aufhören, von Glück oder Zufall zu sprechen, denn diese Begriffe stehen nur für den nicht erkannten Zusammenhang der Dinge. Nichts geschieht zufällig!

Dein ganzes Leben ist eine Auswirkung Deiner Gedanken, Aussagen und Taten, die Du in der Vergangenheit bewusst oder unbewusst als Ursache gesetzt hast. Schon Buddha wusste: »Alles, was wir sind, ist das Resultat dessen, was wir gedacht haben...« Bereue deshalb niemals Deine Vergangenheit, denn ohne sie hättest Du diese Lernprozesse niemals durchlaufen. Sie haben Dir einen unschätzbaren Gewinn an Weisheit gebracht, selbst wenn sie negativ für Dich belegt waren. Das Schöne an dem Kausalprinzip ist natürlich, dass wir unsere Gedanken jederzeit ändern können und damit unsere Zukunft nach unseren Wünschen gestalten können. Am besten beginnst Du noch heute damit, das Kausalprinzip für Dich zu nutzen und Deine Zukunft selbst aktiv zu gestalten!

Aufgrund des Gesetzes von Ursache und Wirkung kommt alles Destruktive wie ein Bumerang zu Dir zurück. Alles, was Du denkst und tust, löst in Deinem Umfeld Schwingungen aus. Durch die Anziehung gleicher Gedanken und Taten kommen Reaktionen auf die gleiche Art und Weise zu Dir zurück. Man sagt, Gleich und Gleich gesellt sich gern. Das gilt auch für Deine Gedanken! Negatives Denken, Fühlen und Handeln zieht durch den Bumerangeffekt Negatives in Dein Leben. Das gilt so zuverlässig wie das Wissen, dass jeden Morgen die Sonne aufgeht! Ich selbst habe lange Zeit nach dem Motto gelebt »Auge um Auge, Zahn um Zahn«. Damit habe ich es genauso gemacht wie alle anderen! Wenn wir nach diesem Motto leben, geraten wir in einen Strudel aus Missgunst. Weil es dem Gesetz von Ursache und Wirkung ganz egal ist, welche Gründe unser Handeln auslösen, ziehen wir durch jede negative Tat negative Reaktionen an.

Werde Dir dieses Kreislaufs bewusst und entscheide Dich für die Sonnenseite des Lebens! Auch die meisten beruflichen Fehlschläge funktionieren übrigens nach diesem einfachen Prinzip. Wer nicht auf sich selbst hören will, wird leider nach einiger Zeit fühlen. Ganz sicher fragst Du Dich jetzt, was diese Gesetze mit Deiner augenblicklichen Situation zu tun haben. Du denkst Dir, wenn andere nur wüssten, welche Steine Dir schon in den Weg gelegt wurden und womit Du Dich jeden Tag erneut herumschlagen musst. Diese Gedanken sind nur das Zeichen dafür, dass Du nicht konsequent daran glaubst, dass Du erfolgreich wirst. Damit allerdings setzt Du schon den ersten Schritt für weitere Fehlschläge. Vielleicht denkst Du auch, dass Dir der Glaube zunehmend schwer fällt und dass Du gar keinen Reichtum willst, weil Du nur Deine Schulden bezahlen willst. Doch genau diese Gedanken sind der Auslöser dafür, dass Du weitere Schulden anhäufst, denn was Du denkst und was Du fühlst, manifestiert sich in Deinem Leben. Der Gedanke an Mangel kann niemals Glück, Harmonie und Wohlstand nach sich ziehen, deshalb streiche diesen geistigen Müll aus Deinem Kopf!

Wenn Du Deine Gedanken und Deine Gefühle darauf ausrichtest, anderen Menschen eine Freude zu bereiten und sie glücklich zu machen, dann kommt diese Freude automatisch zu Dir zurück. Genauso verhält es sich auch mit Deiner Zufriedenheit. Probiere es einmal aus und versuche, die Menschen in Deinem Umfeld einige Tage lang zufrieden zu machen! Du wirst spüren, wie auch Du zufriedener wirst. Dein Kunde spürt, dass Du in seinem Interesse handelst und wird Dir für Deine Arbeit ein Dankeschön durch Empfehlungen für Neugeschäft aussprechen. Natürlich kannst Du niemals ganz verhindern, dass Dir andere Menschen etwas Böses tun. Aber wenn Du konsequent positiv ausgerichtet bist, wirst Du spüren, wie häufig Dir etwas Positives begegnet. In unserer egozentrisch geprägten Zeit stellen wir das eigene Interesse oft über das Wohlergehen der Gemeinschaft. Versuche einmal, dagegen anzugehen – und Du wirst überrascht sein, wie erfreulich sich das Verursacherprinzip für Dich auswirkt.

Glück, Gesundheit und Zufriedenheit sind also das Ergebnis von Gedanken, Gefühlen und Glaubenssätzen, die wir selbst aussenden und die zu uns zurückkehren. Entscheide ganz einfach selbst, was Du sehen und fühlen willst – die Ernte wird nach Deiner Entscheidung und nach Deinen Taten ausfallen.

Der menschliche Geist ist darauf ausgerichtet, nach dem Prinzip »entweder – oder« zu denken. Viel sinnvoller ist es, diese Gedanken durch ein »sowohl als auch« zu ersetzen. Jeder Kontrast wie »hell oder dunkel«, »warm oder kalt«, »gut oder schlecht« steht für die Betrachtung eines Sachverhalts aus einem bestimmten Blickwinkel und unter dem Einfluss einer vorgefertigten Meinung oder Glaubensrichtung. Wenn wir aber etwas als schlecht empfinden, muss das nicht zwangsläufig wirklich schlecht sein. Eine schlechte Erfahrung ist beispielsweise oft nur eine Notwendigkeit, die wir erleben, damit wir wieder zur Vernunft kommen und auf den richtigen Weg zurückkehren.

Bedenke immer, dass alles irgendwie relativ ist. Wenn wir die Dinge nur als gut oder schlecht bewerten, weil sie unser Leben vereinfachen oder schwerer machen, glauben wir, dass eine andere Sicht der Dinge unser Leben nur unnötig verkomplizieren würde. Doch alles, was passiert, kann man unter verschiedensten Gesichtspunkten bewerten. Dabei hilft uns das Sowohl-als-auch-Prinzip. Überlege einmal, woran Du festmachst, dass eine Sache, die Dir im Leben passiert, gut oder schlecht ist für

Dich! Welche Maßstäbe setzt Du an, um das zu bewerten? Es lohnt sich, einmal eingehend über diese Frage nachzudenken!

In unserer westlichen Welt empfinden wir es als Glück, wenn wir bekommen, was wir uns wünschen. Doch ist das wirklich richtig? Sicher warst Du schon einmal unglaublich frustriert, weil Du etwas Bestimmtes nicht bekommen hast und weil Du ein einmal gestecktes Ziel nicht erreicht hast. Vielleicht warst Du im Nachhinein aber auch sehr glücklich darüber, weil Du erkannt hast, dass Dir die Erfüllung Deiner Wünsche nur geschadet hätte. Auch wenn es auf den ersten Blick nicht danach aussieht, steckt hinter jedem subjektiv gefühlten Leid eine unglaubliche Chance, die es zu nutzen gilt. Sicher hast Du schon einmal eine Situation erlebt, in der etwas wirklich Schlimmes passiert ist.

Denke zum Beispiel an die letzte Trennung von einem geliebten Menschen. Im Nachhinein hat sich dann herausgestellt, dass diese Trennung das Beste war, was beiden passierten konnte. Vielleicht hast Du auch schon einmal Deinen Arbeitsplatz verloren. Normalerweise ist diese Situation für jeden Arbeitnehmer ein Horrorszenario, das wir nicht erleben wollen. Doch so schwierig diese Lage im ersten Augenblick auch sein mag, so sehr hat sie sich später vielleicht als Glücksfall herausgestellt, weil Du durch eine Fortbildung jetzt einen viel besseren Job hast. Immer, wenn sich eine Tür schließt, öffnet sich eine andere, nach der wir einfach nur Ausschau halten müssen – auch, wenn wir im ersten Augenblick glauben, dass es keine Hoffnung mehr gibt. Wenn Du von ganzem Herzen daran glaubst, dass sich die Dinge positiv für Dich entwickeln, wird genau das geschehen.

Schlimme Erlebnisse in der Kindheit können unser Selbstbewusstsein und unser ganzes Leben so nachhaltig schädigen, dass wir für den Rest unseres Lebens darunter leiden. Oft sind die Auswirkungen nicht nur psychischer Natur, denn wir spüren sie auch körperlich. Aber nicht nur unsere Kindheitserfahrungen sind für unser Erleben verantwortlich. Tag für Tag sind wir der äußeren Realität mit unzähligen Reizen ausgesetzt. Unser Bewusstsein und unser Unterbewusstsein werden ständig neuen Erlebnissen und Sinneseindrücken ausgesetzt.

Jeder menschliche Kontakt und jeder mediale Einfluss hinterlässt Spuren in unserem Unterbewusstsein. Denke nur einmal an die Schlagzeilen und die Texte, die Du beim Überfliegen der Zeitung oder beim Surfen im Internet wahrnimmst! Es ist ganz wichtig, dass Du Deinen Alltag bewusst erlebst und selbst entscheidest, was Dir nahe geht und womit Du Deine Gefühle konfrontieren willst. Nur wenn das innere und äußere Erleben in einer ausgewogenen Balance ist, bleibt unser Unterbewusstsein von schädlichen Einflüssen unberührt, und nur dann können wir uns auf Erfolg und Wohlstand ausrichten.

Für Dich bedeutet das, dass Du Dir des Wechselspiels bewusst sein musst, das ununterbrochen zwischen unserem Inneren und unserer Außenwelt abläuft. Es sollte Dein Ziel sein, die beiden Ströme miteinander in Einklang zu bringen und zu harmonisieren, so dass keiner der beiden negative Auswirkungen auf Dein Unterbewusstsein hat. Nimm Deinen Alltag bewusst wahr und stell Dir für Dich die Frage, welche Einflüsse sich förderlich auf Dich auswirken und welche Dir eher schaden. Überlege Dir, wo Du zukünftig bewusst und steuernd eingreifen musst, um die Balance in Dir zu halten.

Wie die Liebe Dich von Deinem Hass befreit

Auf der Suche nach dem Sinn des Lebens ist sie der Dreh- und Angelpunkt. Zu einem erfüllten Leben voller Harmonie, Leidenschaft und Glückseligkeit gehört die Liebe untrennbar dazu. Sie ist die universelle Kraft, die Du nicht in Worten beschreiben kannst. Sie versetzt Dich in einen Zustand der Schwerelosigkeit. Krieg, Armut und Elend sind immer Zustände, in denen die Liebe mit Gewalt verdrängt wurde. Nur wer wirklich liebt, will aus ganzem Herzen geben, anstatt zu nehmen.

»Die beste Beziehung ist die, in der die Liebe für den anderen größer ist als das Verlangen nach dem anderen.« (Dalai Lama)

Der bekannte Psychologe und Philosoph Dr. Joseph Murphy sprach in seinen Büchern immer wieder von einem Bewusstsein der Liebe, ohne dass unsere Leistungen und unsere zwischenmenschlichen Beziehungen niemals ihr volles Potenzial ausschöpfen und beschränkt bleiben. Doch warum spreche ich in meinem Buch von der Liebe? Wie steht sie im Zusammenhang mit dem, was ich Dir bisher zur Kraft der positiven Gedanken erläutert habe?

Ein menschliches Wesen, das nicht liebt, gleicht einer verwelkten Blume. Wer wahre Erfüllung sucht, wird sie niemals finden, wenn er sich hinter seinem Stolz und seiner Unantastbarkeit vor seinen eigenen Gefühlen versteckt. Oft sehnen sich Menschen nur nach einer Beziehung, weil sie nicht in der Lage sind, sich selbst zu lieben. In einer Beziehung suchen sie dann eine Bestätigung. Solche Menschen geben sich für den Partner auf, um von ihm begehrt zu werden. Gibt uns ein anderer Mensch dieses erstrebte Gefühl, sind wir stark und unantastbar. Mit dieser vermeintlichen Stärke überdecken wir nur, dass unser eigenes Selbstwertgefühl nicht groß genug ist, um auch ohne die Bestätigung durch einen anderen Menschen stark und bedeutend zu sein.

Wahre Liebe bedeutet, nicht darauf zu warten, eine Gegenleistung von einem anderen zu erhalten. Sie bedeutet, zu geben, ohne dafür eine Leistung zu erhalten. Lerne zu lieben und verlerne, zu hassen – Du kannst mit dem Verstand beginnen und Dein Herz folgen lassen.

Unfassbar zu lieben bringt uns in einen Zustand, in dem wir einfach nur spüren, was Glück ist, ohne immer weiter nach Perfektion zu streben. Bedenke, dass das Streben nach Perfektion wie eine Sucht ist, denn dieses Spiel wird kein Ende haben. Zu lieben bedeutet immer, mit dem Geben zu beginnen, um danach auch zu nehmen. In einer vollkommenen Liebe haben Eifersucht und Selbstsucht keinen Platz, denn sie sind der Ausdruck von Unverständnis und von einem zu geringen Selbstwertgefühl. Je mehr Du bereit bist, in der Liebe zu geben, desto mehr Liebe wirst Du in Deinem Leben empfangen.

Um überhaupt ein liebevoller Mensch zu werden, musst Du mit Dir selbst anfangen. Es ist vielleicht die schwierigste Übung, sich selbst zu lieben und zu achten, doch genau hier liegen die entscheidenden Faktoren. Ersetze Eifersucht und Neid durch Liebe und stelle alle negativen Gedankenmuster ab. Je mehr Du der Welt ohne Erwartung einer Gegenleistung von Deiner liebevollen Art abgibst, desto stärker ist der Mehrwert, den Du selbst erfährst. Natürlich heißt das nicht, dass Du alles mit Dir machen lässt, denn auch Du wirst im Alltag angegriffen und angefeindet. Aber wenn Du Dich wehrst, tue dies mit dem richtigen Bewusstsein. Verzehre Dich nicht im Hass gegen die Menschen, die Dir Böses wollen, denn damit schadest Du Dir am Ende nur selbst. Aber erwarte nicht, dass sich dieser Prozess von heute auf morgen in Dir einstellt. Es ist an Dir, konsequent an Dir zu arbeiten und Dich nicht von anderen beirren zu lassen. Verwechsle diese Liebe den Menschen gegenüber auch nicht damit, immer lieb zu sein. Immer lieb zu sein, ist am Ende nur eine Strategie, um Dir alle Menschen wohlgesonnen zu machen und um ein bestimmtes Ziel zu erreichen. Das heißt, Du erwartest eine Gegenleistung, wenn Du lieb bist. Wahre Liebe erwartet niemals eine Gegenleistung.

Du bist ein Mensch, der alles, was um ihn herum passiert, als selbstverständlich betrachtet? Dann solltest Du jetzt besonders aufmerksam weiterlesen, denn nichts, was in Deinem Leben geschieht, ist selbstverständlich.

Wann hast Du Deinen Liebsten zum letzten Mal aus vollem Herzen »Danke« gesagt? Etwas für selbstverständlich zu betrachten, wofür sich andere Menschen sehr viel Mühe gegeben haben, kann für Deine Umwelt sehr schmerzlich sein. Dankbarkeit ist eigentlich keine Eigenschaft im engeren Sinne. Sie ist neben der Liebe eine der mächtigsten Emotionen, die wir kennen. Ihr enormer Stellenwert ist kaum zu schätzen, deshalb sei schon heute dankbar für das Wundervolle, das Dir morgen begegnet – und sei sicher, dass es Dir begegnet!

Ein von Herzen kommendes »Danke« erzeugt keinen Schmerz. Es stellt Dich nicht schlechter. Was aber durch eine dankbare Haltung geschieht, ist: Dein Stellenwert bei Deinen Mitmenschen steigt enorm an und wirkt auf wunderbare Weise auf Dich zurück. Sei auch dankbar für negative Erfahrungen! Übrigens ist es nie zu spät, »Danke« zu sagen, solange der Mensch, dem Dein Dank gilt, noch lebt. Liebe und Dankbarkeit sind eng miteinander verbunden, und Du solltest diese beiden Emotionen in Deinem Unterbewusstsein in der Kategorie »Selbstverständlichkeit« abspeichern.

Der stärkste Bremsklotz, dem wir Menschen ausgesetzt sind und den wir selbst schaffen, ist Hass. Gepaart mit Neid und Missgunst entsteht eine Mischung, die unser Unterbewusstsein und unser ganzes Leben vergiftet. Während einer Phase des Hasses musst Du damit rechnen, weiteren Hass anzuziehen, denn es ist schlicht unmöglich, Hass zu empfinden und Liebe zu erhalten. Wie Du ja schon weißt, ziehen negative Gefühle Negatives an – während positive Emotionen viel Schönes nach sich ziehen. Du hast also Hass und Wut um Dich herum selbst zu verantworten. Natürlich heißt das nicht, dass Du Menschen, die Dich enttäuscht haben, lieben musst. Aber lass die negativen Erinnerungen in Liebe los und höre auf, den anderen zu hassen. Unzählige Scheidungsfälle werden vor den Familiengerichten in Deutschland verhandelt, weil eine einvernehmliche Trennung zwischen zwei Menschen, die sich einmal geliebt haben, nicht möglich ist. Was auch immer in der Beziehung vorgefallen ist, denke immer in Dankbarkeit an die Erfahrungen, die Du in dieser Zeit machen konntest, und trenne Dich im Guten. Jede Trennung bedeutet nur, dass etwas Besseres auf Dich wartet.

Dein Unterbewusstsein kann übrigens nicht unterscheiden, ob Du eine andere Person hasst oder Dich selbst. Liebe, Harmonie und Glück kann man auf der Welt durch nichts ersetzen, und auch Ruhm und alle denkbaren materiellen Güter in Hülle und Fülle sind nicht als Ersatz und Ausgleich geeignet.

Fast täglich liest man in der Presse von Prominenten, die in irgendwelche Skandale verwickelt sind. Anstatt den Menschen die Hand zu reichen, werden sie von der Presse nach allen Regeln der Kunst auseinandergenommen. Man zerpflückt sie und zieht sie mit der Berichterstattung und den Reportagen in den Dreck. Natürlich genießt die Öffentlichkeit die Geschichten und Skandale, weil sie einen zentralen menschlichen Nerv treffen. Man sieht, dass es auch anderen Menschen schlecht geht. Ganz besonders, wenn andere Menschen schöner oder reicher sind als man selbst, gönnt man ihnen den Misserfolg und das Unglück. Neid und Schadenfreude sind typische menschliche Eigenschaften. Bedenke aber, dass diese Emotionen pures Gift für unser Unterbewusstsein sind. Menschen verfallen nicht in Depressionen, weil ihnen der Erfolg zu Kopf steigt, sondern weil sie nicht mehr in der Lage sind, ein normales und erfülltes Leben zu führen. Deshalb betone ich immer wieder, dass wir materiellem Reichtum nicht blind folgen sollen, sondern dass wir vorrangig an unserem Lebensglück arbeiten sollen.

Orientiere Dich also an den Reichen und Schönen mit ihrem Glanz und ihrem Wohlstand. Erkläre auch Deinen Kindern, dass Prominente kein Vorbild sind, sondern dass sie im Grunde nur Marketingfiguren sind, die mit ihrem Aussehen Geld verdienen. Sicher hattest Du als Kind Idole, denen Du nachgeeifert hast, und vielleicht hast Du sie auch noch heute. Mach Dir klar, dass Du Dich nicht in eine künstliche Parallelwelt aus Geld und Konsum flüchten sollst, wie es die Schönen und Reichen so häufig tun. Wach endlich auf und nimm Dein einzigartiges Leben selbst in die Hand! Das wiederum kannst Du von vielen erfolgreichen Künstlern lernen: Jeder kann erfolgreich sein, wenn er seiner inneren Stimme folgt und das tut, was seine Berufung ist.

VI
Beginne immer »JETZT«

*Wer nach vorne blickt, weiß nie, was wirklich Sinn ergibt.
Nur im Rückblick erscheint etwas logisch.*

Steve Jobs

Bleib hilfsbereit, aber mach die Probleme anderer nicht zu Deinen

Frag Dich täglich, bevor Du aus dem Haus gehst, was Du Dir heute selbst Gutes tun kannst! Was möchtest Du heute noch unbedingt tun? Deinen Traumwagen auf Probe fahren? Dein Lieblingsrestaurant besuchen? Stundenlang durch die Geschäfte bummeln und Geld beim Shoppen ausgeben? Auf der Couch liegen und gar nichts tun? Deinen Chef bitten, Dich bei der Vergabe von Aufstiegsmöglichkeiten zu berücksichtigen? Dann beginne noch heute damit, genau das zu tun, was Du tun möchtest! Wenn Du jeden Tag mindestens einmal etwas nur für Dich tust, dann hat das gar nichts damit zu tun, dass Du ein egozentrischer und materialistischer Egoist bist! Das Gegenteil ist der Fall, denn je mehr Freude und Liebe Du Dir selbst schenkst, desto mehr möchtest Du davon an andere abgeben und desto mehr machst Du Dich selbst zum Glücksmagneten. Wenn Du aber für Dich selbst mehr Glück in Dein Leben ziehst, gelingt Dir das auch automatisch für Deine Mitmenschen. Mach Dir Gedanken darüber, was Dir wirklich Vergnügen bereitet und gönne es Dir! Am besten notierst Du Dir einmal für die kommenden Tage, was Du Dir Gutes tun möchtest und was Dir Vergnügen bereitet. Ideal dafür ist übrigens der Sonntag! Setze Dich einmal für ein paar Minuten hin und schreibe für jeden Wochentag auf, was Du Dir gönnen möchtest. Vielleicht gewöhnst Du Dir an, einfach ab und zu nur in den Tag hinein zu leben. Plane außerdem für jeden Tag eine gute Tat ein. Wenn Du das nicht einplanst, besteht im hektischen Alltag leider die Gefahr, dass Du die Dinge schlicht vergisst. Du wirst bald feststellen, wie Du Dich immer mehr in einem Zustand von ständiger Harmonie fühlst. Das Schöne ist, dass dieser Zustand sich nicht nur am Abend und am Wochenende oder während einer Meditation einstellt, sondern dass er den ganzen Tag anhält und Deinen Alltag in einem ganz anderen Licht erscheinen lässt. Es ist fast so etwas wie Magie, die Dich den ganzen Tag umgibt, wenn Du jeden Tag etwas Gutes für Dich einplanst und das dann auch tust.

Im Alltag werden wir nicht nur mit unseren eigenen Problemen konfrontiert. Auch andere Menschen kommen ständig mit ihren kleinen und großen Herausforderungen auf uns zu. Natürlich sollst Du Ihnen Fürsorge und Verständnis entgegen bringen. Trotzdem musst Du darauf achten, nicht als ihr seelischer Mülleimer zu fungieren. Damit meine ich, dass Du Dir die Probleme Deiner Mitmenschen nicht so sehr zu Herzen nehmen darfst, dass Du selbst davon erdrückt wirst. Wenn der fremde Müll in Deinen Gedanken übermächtig wird, wenn Du mit allen Menschen Mitleid hast und Dich ihrer Probleme annimmst, kommst Du nicht mehr aus dem Leiden heraus. Bedenke immer, dass Du nicht für andere da sein kannst und ihnen helfen kannst, wenn Du Dich selbst so sehr durch Mitleid verausgabst und dadurch nicht im Vollbesitz Deiner Kräfte bist. Wie willst Du anderen helfen, wenn Du selbst nicht glücklich und zufrieden bist? Oft äußert sich unser Mitgefühl für andere Menschen sogar in körperlichen Beschwerden, doch damit hilfst Du Deiner Umwelt nicht weiter. Du wirst Deine Mitmenschen durch Deinen Zuspruch und Deine Zustimmung zu ihrer Haltung sogar noch bestärken und schadest Dir parallel dazu außerdem noch selbst. Es ist also wichtig, dass Du Dich selbst beobachtest und die Probleme von anderen Menschen nicht zu Deinen erklärst. Ganz egal, mit welchen Schwierigkeiten ein Freund oder eine Freundin in Zukunft zu Dir kommt, sollst Du ihm gerne zur Seite stehen und einen wirklich klugen und durchdachten Rat geben. Verbreite Mut und Hoffnung und sei ein positives Vorbild für Menschen, die leiden, aber sieh Dich nicht als seelischer Mülleimer für alle Probleme dieser Welt. Motiviere die Menschen in Deinem Umfeld, damit sie ihr Leben selbst in die Hand nehmen, aber stärke niemanden in seiner negativen Denkweise. Erkläre ihnen, dass ihre Probleme aus ihnen selbst kommen, und lass Dich nicht durch Unkenrufe entmutigen. Wenn nötig, entlasse sie in ihren Zweifeln und konzentriere Dich auf Deine eigene Entwicklung und Deinen Glauben. Wenn Du einem Menschen wirklich wichtig bist, wird er sich Mühe geben, Dich zu verstehen und Deinem guten Vorbild zu folgen.

Wenn Du Dir die Sorgen der anderen zu Herzen nimmst und emotional mitfühlst, reagiert das Gesetz der Anziehung auf Deine negativen Schwingungen und zieht negative Gefühle an! Im Extremfall verstärkst Du damit alles Destruktive um Dich herum, nur weil Du einem lieben Menschen eigentlich helfen möchtest. Trotzdem verstärkst Du die negativen Gefühle und Ereignisse um ihn herum allein durch Dein Mitgefühl. Deshalb achte darauf, immer nur den schönen und guten Dingen Deine Aufmerksamkeit zu schenken. Vergiss niemals, dass Dein Schicksal in Deinen eigenen Händen liegt und dass Du alles erreichen kannst, was Du möchtest, wenn Du nur weißt, wie Du es anstellen musst.

Du musst nichts

»Ich muss noch dieses oder jenes erledigen!« – Hast Du einmal beobachtet, wie oft Dir dieser Satz am Tag über die Lippen kommt? Formulierungen wie »Warte, ich muss...« oder »Ich darf nicht...« solltest Du ab sofort ganz aus Deinem Wortschatz streichen, denn sie sind die Ursachen für die größten Belastungen und Einschränkungen, die wir uns selbst auferlegen. Dieser selbst geschaffene Entzug von Freiheit und das dauernde Gefühl des Müssens solltest Du unbedingt abstellen. Warum haben wir immer ein schlechtes Gewissen, wenn wir Dinge tun wollen, die uns erfüllen könnten und an denen wir Freude hätten? Von Kindheit an wurden wir mit dem liebevollen »müssen« und »nicht können« konfrontiert. Alle Muster, die wir von Kindesbeinen an übernommen haben, sitzen sehr tief in unserem Inneren und beeinflussen unsere Lebensqualität.

Überlege nur einmal, wie oft man Dir am Tag vorschreiben will, was Du zu tun hast. Die Massenmedien bestimmen, welche Kleidung wir tragen dürfen. Die Kirche schreibt uns vor, was wir tun und lassen sollen. Gesellschaftliche Normen werden uns schon von frühester Kindheit an in die Wiege gelegt, sie regulieren unseren Tagesablauf. Mach Dir klar, dass Du alles, was man Dir vorschreibt, eigentlich nicht für Dich selbst tust, sondern für die anderen.

Mit Sicherheit hat der eine oder andere negative Fremdeinfluss in der Vergangenheit Deine Lebensqualität negativ beeinflusst. Mit Deinem jetzigen Wissen wirst Du viele Dinge anders machen. Wenn Du noch nicht ganz davon überzeugt bist, solltest Du jetzt schnellstens damit beginnen, alle Entscheidungen für Dein Leben aus Deinem Gefühl und aus Deiner Überzeugung heraus zu treffen. Lass alle vermeintlichen Verpflichtungen los und versuche nicht, Dich der Meinung von anderen zu unterwerfen, um ihnen zu gefallen und um selbst zu leiden. Du kannst Dein Leben nur zum Positiven beeinflussen, wenn Du als eigenständiger Mensch auftrittst und Deine Entscheidungen aus ganzem Herzen selbst triffst. Mache Dich dabei niemals von anderen abhängig, und auch wenn Du einmal Fehler gemacht hast oder wenn einzelne Lernschritte nicht optimal gelaufen sind, dann verzeihe Dir selbst und lass den heutigen Tag der Beginn Deines neuen Lebens sein. Schließlich kannst Du jeden Fehler, den Du gemacht hast, immer noch korrigieren, wenn Du zielsicher Deinen Weg gehst.

Sicher hast Du in der Vergangenheit die eine oder andere »falsche« Entscheidung getroffen oder Dich falsch verhalten. Begreife solche Dinge nicht als etwas, das Du bereuen musst, wenn Du in diesem Augenblick damit glücklich warst. Jeder Mensch folgt seinem Weg, und wenn er nach einer Enttäuschung nicht in die richtige Spur findet oder einen Umweg fährt, liegt es einzig und allein in seiner Verantwortung. Wenn wir unter den Ereignissen der Vergangenheit, unter unseren Fehlern und falschen Entscheidungen leiden, installieren wir so etwas wie ein Programm in uns, mit dem wir noch mehr Leid an uns ziehen! Deshalb sei immer dankbar für alle Erfahrungen, die Du in der Vergangenheit machen durftest und verzeihe Dir selbst. Auch, wenn Du Dir tatsächlich etwas vorzuwerfen hast, bedenke immer, dass Du in der Situation vielleicht Glück, Harmonie und Befreiung empfunden hast. Wenn Du wirklich einen schwerwiegenden Fehler gemacht hast, dann steh mutig zu Deinen Taten. Erkenne Deinen Fehler an, entschuldige Dich und bemühe Dich um Buße, Schadensbegrenzung und Wiedergutmachung. Wichtig ist aber, dass Du Dich gut dabei fühlst, denn nur wenn Du Dich gut fühlst, ziehst Du nach einem schlimmen Fehler wieder Gutes in Dein Leben.

Unsere Wünsche und Ziele gehen nur in Erfüllung, wenn sie mit Emotionen besetzt sind. Ein Mann weint nicht – diesen Satz haben wir schon in unserer Kindheit gehört. Das heißt aber, dass wir unsere Wünsche nicht mit Emotionen verbinden dürfen. Das haben wir nicht gelernt! Deshalb musst Du jeden Tag wieder versuchen, gegen dieses tief verankerte Programm in Dir anzugehen. Du musst wieder lernen, Dich zu freuen und glücklich zu sein und Spaß zu haben. Oft handeln wir gerne, um anderen Menschen eine Freude zu machen. Dabei vergessen wir uns selbst. Eigentlich müsste es aber genau anders herum sein! Wir sollen die Eigenliebe für uns selbst nicht vergessen, obwohl uns das oft sehr schwer fällt. In vielen Menschen ist die Liebe zu sich selbst gar nicht entwickelt.

Wer sich zum Beispiel über den eigenen Erfolg freut, darf das gar nicht in vollem Umfang zeigen. Ein kleines Kind freut sich, es tobt und schreit wild herum, und was tun die Eltern? Sie sind nicht etwa stolz auf ihren lebendigen Nachwuchs! Vielmehr ermahnen sie ihn, dass er aufhören soll, so zu schreien und nicht so wild herumtoben soll. Das Kind aber lernt daraus, dass es etwas Verbotenes getan hat und wird in Zukunft annehmen, dass es sich nicht freuen darf.

Frauen sind im Umgang mit ihren Emotionen oft weniger vorbelastet. Sie dürfen ihren Gefühlen eher Raum geben. Dadurch haben sie eine unglaubliche Kraft in sich, die ein Mann erst einmal lernen muss. Wenn sie aber schon einmal negative Erfahrungen mit ihren starken Gefühlen machen mussten, kann sich dieses wertvolle Gut ins Negative umkehren.

Dann glauben sie, aus der früheren Stärke heraus unterwürfig handeln zu müssen. Durch ihre starke Emotionalität müssen viele Frauen oft mehr ertragen, als gut für sie ist. Sie leiden stärker als Männer, die ihre Probleme schlicht ignorieren. Frauen haben so etwas wie ein Langzeitgedächtnis, sie vergessen es nie, wenn sie einmal sehr verletzt wurden. Sie fühlen sich dann ständig traurig, und sie sind glücklich damit, dass ihr Leben aus Trauer und Kummer besteht. In dieser Situation sind sie gefordert, diesen Kreislauf aus Schmerz und Hilflosigkeit zu überwinden und zu durchbrechen.

Wenn Dir also etwas Tolles gelungen ist, wenn Du eine Beförderung erhalten hast oder wenn Du endlich Dein Traumhaus gefunden hast, dann zeig Dein Glück und Deine Dankbarkeit in der ganzen Welt! Teile Deine positiven Gefühle und lass Deinen Emotionen freien Lauf. Auf diese Art und Weise wirst Du Dein Leben um ein Vielfaches bereichern und Glück in Hülle und Fülle in Dein Herz lassen – um wiederum noch mehr Glück anzuziehen.

Von einer ganz bestimmten Sehnsucht haben wir bisher noch nicht gesprochen. Kann es sein, dass die größten Sorgen in Deinem Leben etwas mit unerfüllten Sehnsüchten zu tun haben?

Das ist natürlich ein sehr heikles Thema, das wir Menschen nur zu gerne unterdrücken.

Gefühle sind mit Sehnsüchten verbunden, und diese verstecken wir nur zu gerne vor anderen Menschen und vor uns selbst. Kennst Du die Sehnsüchte, die Dich quälen? Hast Du Dich schon einmal damit auseinander gesetzt? Kommt Dir einer der folgenden Sätze bekannt vor?

- Wie schön wäre es, wenn ich einmal spüren könnte, wie es ist, von ganzem Herzen geliebt zu werden.
- Wie schön wäre es, wenn ich einmal erleben würde, wie ich aus ganzem Herzen begehrt werde.
- Wie toll wäre es, genügend Selbstbewusstsein zu besitzen, um die eigenen Fähigkeiten zum Ausdruck zu bringen.

Nutze diese Gelegenheit und setz Dich einmal aktiv mit Deinen verborgenen Sehnsüchten auseinander! Schreibe sie einfach auf eine Liste. Vielleicht bist Du erstaunt, was am Ende zusammenkommt, weil Du Dich noch nie getraut hast, darüber nachzudenken.

Unsere unerfüllten Sehnsüchte sind oft genug der Grund dafür, warum wir die Hölle auf Erden erleben. Frauen befriedigen sich lieber mit weltlichen Genüssen wie Shoppen oder Wellness. Wenn Frauen einen Blick in die Klatsch- und Tratschzeitungen werfen oder wenn sie in einem Liebesfilm besonders intensiv mitfühlen, schaffen sie sich eine fantasievolle Parallelwelt. Oft sucht man auch in einer Affäre nach dem vergangenen Glücksgefühl und nach längst vergessenen Sehnsüchten. Doch schon kurze Zeit später stellt sich die verhängnisvolle Leere wieder ein und muss erneut gefüllt werden, damit der bekannte und verhasste Schmerz nicht wieder zurückkehrt. Bei Männern verhält es sich ähnlich. Sie suchen ihre Ersatzbefriedigung an einem Ort, an dem sie gerne Zeit verbringen und an dem sie endlich einmal tun und lassen können, was sie wollen. Das kann der regelmäßige Stammtisch sein, aber auch das Fußballspiel am Samstag ist eine willkommene Ersatzbefriedigung. Hier geht es darum, dass ein »Recht haben« so etwas wie ein Ersatz für eine längst vergessene Sehnsucht ist. Ob es nun um Sport oder Politik geht, ist dabei ganz egal, denn manche Männer versuchen dabei, sich regelrecht in den Vordergrund zu stellen, und sie fühlen sich erst dann wohl, wenn ihnen jeder im Umfeld nach dem Mund redet. Wieder andere betäuben sich durch den regelmäßigen Genuss von Alkohol, sie arbeiten zu viel, oder sie suchen Befriedigung in einem gefährlichen Sport. Nicht ausgelebte sexuelle Sehnsüchte wollen häufig in einer Affäre ausgelebt werden. Doch am Ende spüren Männer und Frauen nach einem Ausflug in die unerfüllte Sehnsucht wieder die Leere in sich, bis sich diese Spirale beim nächsten Mal fortsetzt. Diese Flucht in die Ersatzbefriedigung bringt uns nur keine Erlösung, denn sie fördert das Geschwür in uns im Lauf unseres Lebens sogar noch, bis es immer größer wird. Das wahre Glück ist nur darin zu finden, diese Ersatzbefriedigung loszulassen und den Weg zur wirklichen Selbstfindung zu gehen.

Wieder einmal sind wir also auf der Suche nach unserem wahren Ich. Wie aber findest Du dieses Gefühl in Dir, in dem Du Dich selbst ganz und gar fühlst? Derjenige, der in einem Gefühl der absoluten Zufriedenheit mit sich selbst und der Welt lebt, ist von sich selbst erfüllt und hat in seinem Leben keinen Platz für Leere. Um einmal einen Vergleich zu ziehen, denke einfach an eine leere Flasche. Sie ist offen für alles, was Du in sie hineingießt. Mit Deinem Unterbewusstsein ist es ähnlich! Wenn Du es als leer empfindest, denke daran, dass Du alles hineingießen kannst, was Dich erfüllt. Fülle es mit dem Gefühl von einem erfüllten Leben – und die Reaktionen Deiner Umwelt werden nicht lange auf sich warten lassen. Deine Mitmenschen werden es honorieren und sich zu Dir hingezogen fühlen, auch ohne dass Du dafür etwas Besonderes tust. Wenn Du Dich selbst als etwas wertvolles Ganzes empfindest, bist Du für andere Menschen ganz automatisch attraktiv und wirst viele positive Ereignisse in Dein Leben ziehen.

Vor der scheinbaren Zufriedenheit steckt die Kapitulation

Hör Dich einmal in Deinem Freundes- und Bekanntenkreis um und frage Deine Mitmenschen, ob sie ein glückliches und zufriedenes Leben führen. Welche Antworten bekommst Du? Von den meisten Menschen wirst Du sicher hören, dass sie angeblich alles haben, was sie brauchen. Vor dieser scheinbaren Zufriedenheit steckt die Kapitulation vor dem eigenen Leben – nicht mehr, aber auch nicht weniger!

»Schlank zu sein, ist nicht für mich, denn ich fühle mich mit meinem Übergewicht viel wohler!« oder »Warum soll ich reich sein, ich bin ja gesund, und das ist mir viel wichtiger!«. Solche Sätze kommen Dir bekannt vor? Vergiss nicht: Es gibt keinen Menschen, der nicht im Geheimen von seiner Umwelt geachtet, bewundert und geschätzt werden will. Doch die meisten von uns geben das nicht gerne zu, sie gestehen es sich selbst nicht ein, wenn wir etwas nicht erreicht haben, wenn wir uns etwas nicht zutrauen oder, wenn wir einfach zu faul sind, um uns zu ändern. Dann laufen wir lieber feige davon und suchen die Rechtfertigung in unserem Unvermögen. Durch diese Verdrängung stürzen wir uns aber in einen Leidensprozess, der sich immer weiter verschlimmert.

Betrachten wir zum Beispiel das Thema »Übergewicht«. Viele Betroffene sind nach mehreren Diäten und einem langen Leidensweg resigniert. Sie geben ihrem Unterbewusstsein ihr ganz persönliches Motto ein, das etwa »Dick ist schick« lautet. Für diesen Selbstbetrug sammeln sie viele gute Gründe an. Doch in ihrem tiefsten Inneren wissen sie natürlich, dass ihre Überzeugung nur ein Schutzprogramm ist, mit dem man sich immer wieder einredet, dass doch alles gar nicht so schlimm sei, weil man sich ja gut fühlt. So wird das Unterbewusstsein darauf konditioniert, dass eigentlich alles in Ordnung geht. Es bleibt dann kaum noch Raum dazu, sich ehrlich mit sich selbst auseinanderzusetzen. Die schlimmen Erfahrungen und Verletzungen nehmen ebenso wie die verdrängten Ängste einen ganz großen Platz im Unterbewusstsein ein, so dass man sich nicht mehr ehrlich selbst hinterfragen kann.

Überlege Dir einmal, ob Du Dich nicht auch durch falsche Zufriedenheit blockierst! Setze Dich am besten sofort hin und mache Dir diese falsche Zufriedenheit in Dir ganz bewusst. Denke immer daran, dass Dir in Deinem Leben Fülle und Glück zustehen und dass Du keinen Grund hast, Dich mit Pseudozufriedenheit abzugeben! Bevor Du aber an dem Programm in Dir etwas ändern kannst, musst Du es Dir erst einmal bewusst machen.

Nimmst Du Dein Leben wirklich im Hier und Jetzt wahr? Die meisten Menschen haben verlernt, ihr augenblickliches Leben bewusst wahrzunehmen und aus vollem Herzen zu genießen. Wann hast Du zum Beispiel das letzte Mal etwas unternommen, ohne dabei sofort wieder an den nächsten Morgen oder an die Aufgaben zu denken, die Du noch erledigen musst?

Tag für Tag werden unsere Sinne mit Reizen überflutet. Wir erleben Stress, Hektik und Zeitdruck und haben das Gefühl, alles für andere Menschen tun zu müssen. So entsteht das Gefühl, nichts richtig erledigen zu können, und am liebsten möchte man sich in vier Hälften teilen, damit jeder zufrieden ist. Dabei vergessen wir viel zu oft, den Moment wahrzunehmen und bewusst zu erleben. Die Taktik des Menschen liegt darin, dass er den Augenblick kaum genießen kann. Ich kenne viele erfolgreiche Menschen, denen es an nichts mangelt. Trotzdem sind sie nicht in der Lage, ihren Reichtum und den Augenblick auch nur eine Sekunde lang zu genießen. Diese innere Unruhe und die Unfähigkeit, die eigenen Gedanken zu kontrollieren und zur Ruhe zu bringen, ist eine der Ursachen dafür, warum wir die Dinge im Jetzt nur so schwer genießen können. Dabei ist diese Hektik und Unruhe Gift für unser Unterbewusstsein, weil wir kaum einen klaren Gedanken fassen können und uns einfach nicht auf das Wichtige fokussieren können. Doch wie schaffen wir es, ganz und gar in der Gegenwart zu leben?

Zuerst ist es wichtig, dass wir wieder lernen, uns zu konzentrieren und bewusst zu fühlen und zu handeln. Das Zauberwort dafür heißt »Ruhe«. Das bedeutet, wir müssen einmal unser Handy aus der Hand legen. »Ruhe« steht nämlich für eine bewusste Ruhe, wie wir sie in der Meditation finden. Schon fünf bis zehn Minuten bewusstes Dasein im Hier und Jetzt helfen uns, neue Kraft zu tanken und uns auf das Wesentliche zu konzentrieren. Überlege einmal, wie angenehm es ist, wenn wir uns jeden Morgen fünf Minuten vor dem Aufstehen für den Tag vorbereiten. Versuche es einmal und entwickle ein Gefühl der Liebe und der Freude für den kommenden Tag. Dann schicke diese Gedanken hinaus in den Tag. Sei bewusst streng zu Dir und zwinge Dich, Dein Bewusstsein bei allem, was Du machst, auf das Jetzt zu konzentrieren. Wenn wir die Dinge ganz bewusst Schritt für Schritt abarbeiten, wird sich unser Leben in vielerlei Hinsicht vollständig ändern.

Versuche es einmal mit folgender Aufgabe: Falls Du es noch nie mit Meditation versucht hast, setze Dich einmal fünf Minuten lang hin oder lege Dich hin und denke dabei an gar nichts. Lasse keinen einzigen Gedanken in Deinem Kopf zu, wie klein oder kurz und unwichtig er auch sein mag. Wie geht es Dir dabei?

Versuche es auch einmal mit folgenden Anregungen:

- Erledige eines nach dem anderen. Nehme bewusst wahr, was Du gerade tust, und konzentriere Dich darauf, nur eine Sache zu tun.
- Wenn Du Fernsehen schaust, schreibe nicht noch nebenbei in Facebook oder im Chat.
- Wenn Du am Abend isst, genieße Dein Essen und schau nicht gleichzeitig Fernsehen oder arbeite am Computer.

- Schaff Dir am Tag immer wieder kleine Auszeiten, in denen Du nicht denken oder irgendetwas tun musst.
- Bewege Dich regelmäßig, zum Beispiel draußen an der frischen Luft. Fühle Dich einfach wohl und versuche, die belastenden Alltagsgedanken in Deinem Kopf zu bändigen. Konzentriere Dich auf Deine Schritte und auf Deinen Atem. Genieße die Stille der Bäume und die Gerüche der Natur. Wenn Du völlig zur Ruhe gekommen bist, denke an Deine Affirmation.

Gewöhne es Dir am besten an, entweder zu essen und zu genießen oder zu reden und zu verhandeln. Du kannst Dein leckeres Essen nicht genießen, wenn Du ständig redest, denn in dieser Zeit bauen sich Zeitdruck und eine ständige Ablenkung in Dir auf. Im Lauf der Zeit gewinnst Du ein viel ruhigeres Gefühl nach dem Essen und fühlst Dich einfach wohler.

Jetzt bist Du an der Reihe: Versuche einmal, die ganze Woche bewusst zu leben. Fange mit einer Meditation von fünf Minuten vor dem Aufstehen an und gehe Deinen Tagesplan durch. Plane Auszeiten ein und halte diese auch ein. Du wirst staunen, wie sich Dein Leben zum Positiven verändert.

Suche Dein Ziel, aber niemals den Weg dorthin

Erfolg kennt keine Grenzen, deshalb setze ihm auch keine Grenzen! Wenn Du Dich entschieden hast, erfolgreich zu sein, bist Du sicher auch versucht, Dich auf einen genau festgelegten Weg zu konzentrieren. Du willst mit ganz bestimmten Leuten und dem einen Partner zur vorher vereinbarten Zeit ein vorgegebenes Ziel erreichen. Dann bist Du auf dem besten Weg, niemals an genau diesem Ziel anzukommen.

Wenn sich Menschen fremde Ziele vorgeben lassen und in den Glauben verfallen, dass sie diese Ziele ihrer Firma, ihres

Gurus oder von beliebigen anderen Personen unbedingt erreichen müssen, weil sie nur dann ihr wahres Glück im Leben finden, muss die Enttäuschung auf dem Fuß folgen. Du kannst so natürlich das eine oder andere Ziel erreichen, aber es wird nie zu Deinem wahren Lebensglück werden. Bedenke, wie hoch der Preis für Dich wäre! Du sollst Dir Deiner ureigensten Sehnsüchte und Ziele natürlich unbedingt bewusst werden. Doch es wäre falsch, wenn Du krampfhaft an Details festhältst, denn Du kannst nie wissen, ob Du Dir damit nicht selbst den Weg zum Glück verstellst oder ob Du nicht in die falsche Richtung läufst.

➤ *Geschichte – Halte Ausschau nach dem Positiven*

Folgende Geschichte handelt von einem sehr zielstrebigen, hoch motivierten Mann, den ich in einem meiner Seminare kennenlernen durfte. Trotz seines jungen Alters hatte er in seinem Leben bereits viel erreicht. Dennoch war er unzufrieden – vor allem, weil er sich erst kürzlich um eine Stelle als Geschäftsführer eines großen Unternehmens beworben und eine Absage erhalten hatte. Er berichtete, dass er sich eingehend mit den Themen »Positives Denken« und »Affirmationen« befasst hatte. Obwohl er immer wieder genau für diesen speziellen Job affirmiert hatte, machte ihm das Schicksal einen Strich durch die Rechnung. Er war bitter enttäuscht und bezweifelte sogar, ob positives Denken überhaupt etwas bewirken kann. Natürlich konnte ich die Gefühle des jungen Mannes nachvollziehen und verstand seine Enttäuschung. Dennoch erklärte ich ihm, dass es nicht darauf ankam, dem Schicksal den Weg zum Ziel vorzuschreiben. Wichtig war nur, das Ziel nicht aus den Augen zu verlieren. In seinem speziellen Fall bestand das Ziel in einer höheren Position und somit in mehr Erfolg und Wohlstand. Nicht zuletzt versuchte ich, ihm zu verdeutlichen, dass negative Erlebnisse auch immer etwas Positives in sich bergen – selbst dann, wenn es auf den ersten Blick nicht erkennbar ist.

Einige Zeit später suchte mich der junge Mann erneut auf und berichtete mir von den Veränderungen in seinem Leben. Er hatte sein Ziel nicht aus den Augen verloren und kürzlich ein tolles Jobangebot erhalten. Es handelte sich um eine hohe Position in einem sehr inter-

essanten Unternehmen. Dem Unternehmen, in dem er sich zuerst beworben und von dem er die Absage erhalten hatte, trauerte er inzwischen in keinster Weise mehr nach. Im Gegenteil: Er hatte viel Negatives über besagte Firma gehört und war nun sogar froh und dankbar, den Job nicht bekommen zu haben. Stattdessen nahm er das aktuelle Angebot an und ging in seinem neuen Job voll und ganz auf.

Und was sagt uns diese bemerkenswerte Geschichte? Wir können darauf vertrauen, dass uns unsere innere Stimme den richtigen Weg weisen wird – selbst dann, wenn dieser Weg hin und wieder eine Sackgasse oder einen Stolperstein für uns bereithält. Es ist das Ziel, das wir im Auge behalten müssen. Darüber hinaus ist es von großer Bedeutung, die Polarität in unserem Leben zu verstehen. Jede Wirkung hat eine Ursache. Wer diese Regel verinnerlicht, sieht schon bald das Positive im scheinbar Negativen und erkennt, dass in der Zukunft etwas Größeres, Besseres auf uns wartet.

Überlasse den richtigen und besten Weg zu Deinen Wünschen Deinem Unterbewusstsein. Es wirkt wie die Route in einem Navigationsgerät, wenn Du sie automatisch finden lässt! Natürlich muss Dein Unterbewusstsein nicht immer den schnellsten Weg finden, aber es wählt ganz zuverlässig den sichersten und den komfortabelsten Weg für Dich und Dein Umfeld, der Dich genau zu Deinem Traum führt.

Stell Dir einmal vor, Du möchtest einen bestimmten Betrag Geld auf Deinem Konto haben. Dann überlässt Du den Weg zu diesem Betrag Deinem Unterbewusstsein. Sagt es Dir, dass Du in Deiner jetzigen Position nicht zum gewünschten Geld kommen kannst, beginnt es zu arbeiten und nach Lösungen zu suchen. Für Dich kann das bedeuten, dass Deine momentane Tätigkeit nicht Deiner Berufung entspricht und dass Du Dich nach einem anderen Job umsehen musst. Vielleicht wartet irgendwo schon eine ganz andere Aufgabe auf Dich, in der Du

Deine Talente viel besser einsetzen kannst und bei der Du viel mehr Geld verdienst. In dieser Situation musst Du aufmerksam durch Dein Leben gehen, denn Du wirst Botschaften empfangen, die Dir den Weg weisen und die Dir zeigen, wenn Du in die falsche Richtung läufst. Überlasse es Deinem Unterbewusstsein und Deiner inneren Stimme, den Weg zu dem gewünschten Einkommen zu finden. Vielleicht entdeckst Du eine neue Firma, vielleicht findest Du auch eine neue Tätigkeit, die Dich bereichert. Folge einfach dieser inneren Stimme, sie wird Dich zuverlässig zum Erfolg leiten.

Natürlich darf es auf diesem Weg keine Ausrede für Faulheit oder für Ziellosigkeit geben. Du entscheidest Dich ganz bewusst dafür, Deinem Bauchgefühl und Deinem Unterbewusstsein zu folgen. Beide bringen Dich sicher zu Deinem Ziel, wenn Du ihnen konstant folgst und Dich von Ihnen leiten lässt.

Du hast auf den letzten Seiten vieles gelernt über Deine Ziele, Dein Unterbewusstsein und über das Geheimnis, wie Du Deine Ziele sicher erreichst. Bedenke, welchen reichen Schatz Du jetzt in Deinen Händen hältst! Du hast alle Chancen, Dein Leben so zu gestalten, wie Du es möchtest. Vielleicht folgst Du der westlichen Weltanschauung und suchst beruflichen Erfolg, materiellen Wohlstand, ein schönes Haus, teure Kleidung und luxuriöse Urlaube. Vielleicht wählst Du auch eher das große Geschenk der inneren Befriedigung durch einen geliebten Partner und ein liebevolles Familienleben.

Wie auch immer Deine persönlichen Ziele aussehen mögen: Mit diesem Buch hältst Du den Schlüssel zum Erreichen Deiner Ziele in der Hand. Überlege einmal, was Du mit dem unglaublichen Wissen um Erfolg, Reichtum, Liebe, Gesundheit und Glück alles anstellen kannst. Entscheide Dich jetzt und hier, was Du aus Deinem Leben machen möchtest und folge dann Deinem Unterbewusstsein und Deiner inneren Stimme. Glaube daran, dass Du das Glück und den Erfolg verdient hast, den Du Dir so sehr wünschst und lasse Dich dann von Deinen Gefühlen leiten. Du kannst sicher sein, dass sie Dir den Weg zum Erreichen Deiner Ziele weisen. Lass Dich nicht entmutigen, wenn es einmal nicht so läuft, wie Du es Dir vorgestellt hast. Das Universum kennt immer den schnellsten und sichersten Weg zu Deinen Träumen, wenn Du ihm nur vertraust. Zweifle nicht und lass Dich nicht beirren, während Du Schritt für Schritt auf Deinem Weg vorangehst, bis Du plötzlich Deinen Traum verwirklicht und Dein Ziel erreicht hast.

Werde Dir Deiner Ziele und Wünsche bewusst

Möchtest Du künftig auf Dauer glücklich und erfolgreich sein, dann solltest Du Dir Deine Ziele und Wünsche ganz klar vor Augen halten und Dir darüber bewusst werden, was tatsächlich Deine Herzenswünsche sind. Auf dem Weg nach vorn bist Du das größte Hindernis für Dich selbst – hier kommt es darauf an, dieses Hindernis zu überwinden, indem Du Deine Einstellungen änderst und Dich vielleicht von alten Denkweisen verabschiedest.

Gründe, um auf dem Weg zu mehr Zufriedenheit zu scheitern, gibt es viele. Einerseits kann das die Bequemlichkeit sein, in der bisherigen Denkweise zu verweilen und es zu machen wie bisher, andererseits kann es Dein Intellekt sein, der Dir immer wieder einflüstert, dass es ja doch nicht funktioniert, doch kann auch ein mangelndes Selbstbewusstsein der Grund für ein Scheitern sein. Hier ist es wichtig, die Macht des Unterbewusstseins nicht zu unterschätzen. Das Unterbewusstsein arbeitet mit Bildern, daher kommt es darauf an, dass Du Bilder von Deinen Herzenswünschen malst, Dir also ganz konkret vorstellst, wie Deine Herzenswünsche aussehen und wie Du darin integriert bist. Ist Dein Traum beispielsweise eine Weltreise, dann solltest Du Dir vielleicht vorstellen, wie Du auf Island vor dem

Geysir stehst oder wie Du in Indien das Taj Mahal bestaunst. Du bist Teil Deiner bildhaften Vorstellungen, das solltest Du nicht vergessen. Damit sich Deine Herzenswünsche tatsächlich erfüllen, kommt es auf die Kraft Deiner Gedanken und auf den felsenfesten Glauben an. Zweifel haben hier nichts zu suchen – Du musst sie ausmerzen. Es reicht nicht aus, zu verstehen, wie Dein Unterbewusstsein arbeitet, sondern wichtig ist, dass Du es mit den entsprechenden Bildern fütterst. Nicht von der Hand zu weisen ist, dass Du zu Anfang auch Rückschläge hinnehmen musst, doch darfst Du Dich davon nicht entmutigen lassen. Nutze diese Rückschläge viel mehr für eine Analyse, indem Du überlegst, warum es zu diesem Rückschlag kam, und sieh mutig nach vorn, indem Du es beim nächsten Mal besser machst. Was Du brauchst, sind Erfolge. Mit jedem Erfolg gehst Du gestärkt in die Zukunft, Du wirst mutiger und gewinnst an Selbstbewusstsein. Das verschafft Dir künftig immer mehr Erfolge. Willst Du es immer allen recht machen, so wie es wahrscheinlich schon in Deiner Kindheit oder Jugend von Dir verlangt wurde, und wie Du es bisher versucht hast, um geliebt zu werden und Anerkennung zu erhalten, dann wirst Du selbst unzufrieden sein. Denke vielmehr daran, Dich selbst zu lieben und Prioritäten zu setzen. Sei der, der Du wirklich sein willst, und lebe Deine Wünsche aus. Das hat nichts mit Egoismus zu tun, denn wenn Du mit Dir selbst zufrieden und Deinem Herzenswunsch ganz nahe bist, dann bist Du ein positiver Mensch und wirkst auch so auf andere.

Um künftig mit Dir selbst und Deinem Leben zufrieden zu sein, musst Du Deine Träume und Visionen immer vor Deinem inneren Auge darstellen und die Kraft Deiner Gedanken nutzen, um die Träume wahr werden zu lassen. Stelle Dir immer vor, was Du künftig willst, und graviere diese Bilder in Dein Unterbewusstsein ein. Das, was Du säst, wirst Du ernten – so ist das auch mit Deinen Träumen. Du säst Bilder von Deinen Träumen und wirst die Früchte davon, die Erfüllung Deiner Herzenswünsche, ernten. Vertraue Deinen Gedanken und glaube an Dich und Dein Ziel, dann wirst Du es erreichen.

Für die Erfüllung Deiner Herzenswünsche kommt es auf ganz konkrete Vorstellungen an. Du solltest Dir dafür verschiedene Fragen stellen und sie ehrlich beantworten:

- Wie bin ich und wie möchte ich sein?
- Was ist für mich Lebensglück?
- Wonach sehne ich mich in meinem Inneren?
- Was macht mich richtig glücklich?

Hast Du diese Fragen beantwortet, kannst Du daran gehen, an Dir selbst zu arbeiten, Dir Deine Herzenswünsche vorzustellen und Deine Ziele zu erreichen. In Deinem Unterbewusstsein musst Du Deine Wünsche bildhaft abspeichern. Mache dabei Deinem Unterbewusstsein klar, dass Du das, was Du vor Deinem inneren Auge siehst, wirklich willst und auch erreichen kannst. Nur dann, wenn Du Dir Deine Herzenswünsche immer wieder verdeutlichst und Dir genügend Zeit nimmst, um Dich damit zu beschäftigen, wird es Dir wirklich gelingen, sie zu erfüllen. Verliere Dein Ziel nie aus den Augen und stelle Dir dieses Ziel so konkret wie möglich vor. Vergiss bei Deinen Vorstellungen auch nicht die Gefühle, die Du dabei erlebst, wenn sich Dein Wunsch erfüllt.

Stelle Dir Deinen Wunsch als detailreiche Vision vor, von der Du selbst ein Teil bist, und vergiss nie den felsenfesten Glauben an die Erfüllung dieses Wunsches.

Es reicht nicht aus, die Wünsche im Unterbewusstsein zu hinterlegen, denn um sie zu erreichen, musst Du aktiv werden.

Stelle Dir Deine Wünsche als Film vor, dessen Regisseur Du selbst bist. Hast Du einen Film von deinem Herzenswunsch und von Dir selbst gedreht, dann lass diesen Film jedes Mal, wenn Du zu Bett gehst, vor Dir ablaufen. Dieser Film sollte ca. 20 Sekunden dauern. Vielleicht hast Du Dir schon einmal ausgemalt, wie es wäre, mit einer bestimmten Person etwas Gemeinsames zu machen, Sex zu erleben oder sogar auf Dauer zusammenzuleben. Ganz ähnlich funktioniert der Film von Deinem Herzenswunsch. Vergiss bei Deinem Film niemals Deine Emotionen und spare nicht mit Eindrücken, wenn Du beispielsweise beim Wunsch von einer Weltreise den Geruch von Meer in Deiner Nase verspürst oder beim Wunsch von einem Haus mit Garten vom Duft von Rosen umgeben bist. Wachst Du am Morgen auf, solltest Du Deinen Film wieder abspielen und spüren, dass Du Deinem Wunsch schon wieder ein ganzes Stück näher kommst. So startest Du mit viel mehr Motivation in den Tag und bist Dir dessen bewusst, dass Du in der Lage bist, Deine Aufgaben zu erfüllen. Warum sind manche Menschen so erfolgreich? Der Grund liegt darin, dass sie Visionen haben, an die sie ganz fest glauben. Weiche nicht vom Wesentlichen ab und lass Dich nicht durch andere Dinge von Deinem Weg abbringen. Alles lässt sich noch besser verwirklichen, wenn Du Dich mit anderen Menschen, die Dir vertraut sind, über Deine Ziele und Wünsche austauschen kannst. Bist Du voller Euphorie, kannst Du diese Menschen dazu gewinnen, dass sie Dich unterstützen und hinter Dir stehen. Die Gespräche mit diesen Menschen sind eine Bereicherung, Du tauschst Dich mit Gleichgesinnten aus, kannst ihnen neue Anregungen geben, doch bekommst Du auch von ihnen Anregungen und Ideen.

Auf dem Weg zum Herzenswunsch kommt es auf lebens- und erfolgsbejahende Ansichten an. Misserfolge bleiben nicht aus, doch sie vermitteln Dir Botschaften darüber, dass Du es beim nächsten Mal besser machen musst. Ganz wichtig ist, das Unterbewusstsein auf Erfolg zu programmieren, indem Du das Bild von Dir und Deinen Erfolgen abspeicherst. Du erlebst heute das, was Du Dir gestern vorgestellt hast. Willst Du morgen etwas Gutes erleben, dann musst Du es Dir heute vorstellen. Vergiss dabei niemals, dass Du selbst den wichtigsten Beitrag dazu leistest.

Die Arbeit an Dir selbst

Viele Menschen meinen, die Arbeit an sich selbst konsequent durchzuhalten, doch nur wenige schaffen es wirklich, ihre guten Vorsätze in die Tat umzusetzen. Ausgereifte Persönlichkeiten, die wissen, was sie wollen, und ihr Ziel klar vor Augen sehen, haben die Arbeit an sich selbst durchgehalten. Es ist vergleichbar mit dem Termin für die Müllabfuhr, bei dem sich große Mengen an Müll angesammelt haben, die es zu entsorgen gilt. Dieser Müll wird aus dem Unterbewusstsein geworfen, das Unterbewusstsein wird aufgeräumt, damit Du Deine Herzenswünsche dort platzieren kannst. Sieh Dein Ziel immer klar vor Augen und packe es an. Wenn Du nicht an Dir arbeitest und bereit bist, es anzupacken, kann Dir kein anderer helfen.

Bist Du mit etwas im Leben unzufrieden, kannst Du es ändern. Du musst also Dein Unterbewusstsein aufräumen und Deine Denkweise ändern, um Deine Ziele zu erreichen. Nimm eine Korrektur vor und bleibe immer am Ball. Deine Herzenswünsche, Dein Lebensglück, sind vergleichbar mit einem Businessplan. Ein Unternehmer erstellt einen Businessplan, den er verfolgt; genauso musst Du Deinen Plan für Deine Herzenswünsche verfolgen. Nimm Dir Zeit und erstelle Deinen persönlichen Businessplan. Denke dabei auch darüber nach, warum es Dir bislang noch nicht gelungen ist, Deine Ziele konsequent zu verfolgen. Vielleicht warst Du nicht fest genug zu einer Korrektur entschlossen. Einer dieser Punkte könnte der Grund sein, warum Du bislang noch weit entfernt von Deinem Ziel bist:

- Hast Du Dich bisher selbst nicht genug geliebt und hattest Du ein zu geringes Selbstwertgefühl?
- Hattest Du noch kein klares Ziel festgelegt?
- Hattest Du Angst, Deine Schwächen eingestehen zu müssen?

- War es die Angst, nicht authentisch zu erscheinen?
- Hast Du bisher die Schuld immer nur bei anderen gesucht?

Nur Du kannst etwas ändern, wenn Du mit Deinem Leben nicht zufrieden bist, egal, ob einer oder mehrere dieser Gründe vorgelegen haben. Verfolge Dein Ziel und lass Dich nicht vom Wege abbringen; schweife nicht ab, da Dir etwas anderes verlockend erscheint. Dein Herzenswunsch ist eine Langzeitperspektive. Verfolgst Du ständig andere Ziele und hast Du Dein Ziel nicht klar vor Augen, dann versteht Dich Dein Unterbewusstsein irgendwann nicht mehr. Konzentriere Dich auf Dein Ziel und mache es Dir zur Gewohnheit, Dir Deinen Film darüber immer wieder selbst vorzuspielen. Dein Unterbewusstsein wird Dich nicht mehr ernst nehmen, wenn Du ständig Deine Meinung änderst und nicht klar weißt, was Du willst. Du musst aus dem, was bisher immer ein Hindernis war, herauskommen und ganz bewusst etwas ändern. Auch zufriedene, glückliche Menschen müssen ab und zu Kompromisse eingehen, doch gelingt es ihnen, diese Kompromisse aneinanderzureihen. Denke daran, dass im Leben nie alles geradlinig verläuft. Schließlich wird Dir, wenn Du auf Partnersuche bist und nach Schablone suchst, nie der begegnen, der perfekt in die Schablone passt. Es kommt auf Prioritäten an, was dir besonders wichtig ist.

Jeder hat andere Vorstellungen vom Lebensglück; während der eine von einer glücklichen Ehe, von Familie oder einfach einer Partnerschaft träumt, so träumt der andere von einem gut bezahlten Job mit Verantwortung, der ihm Spaß macht, oder von Ungebundenheit, um frei zu sein, um die Welt zu bereisen und niemandem Rechenschaft zu schulden. Egal, wovon Du träumst und was für Dich Lebensglück ist, so kommt es doch darauf an, wenn Du ein Ziel erreicht hast, nicht auf der Stelle zu treten. Es gilt, das nächste Ziel anzustreben und nach etwas Ausschau zu halten, das noch besser ist. Ist eine glückliche Ehe Dein Herzenswunsch und hast Du dann Deinen Traumpartner gefunden und ihn geheiratet, dann strebst Du danach, möglichst viel mit ihm gemeinsam zu machen, vielleicht wünscht ihr beide euch Kinder oder ein Haus. Ist ein gut bezahlter Job Dein Herzenswunsch und hast Du eine gut bezahlte Stelle in einem namhaften Unternehmen bekommen, dann möchtest Du weiterkommen, Du möchtest noch mehr Geld verdienen oder in einer höheren Position tätig werden. Die Vorstellung, dass Du nur noch ein halbes Jahr zu leben hättest, würde Dich sicher erschüttern, doch was würdest Du dann tun? Ganz sicher würdest Du noch etwas machen wollen, was Dir Freude bereitet, Du würdest Dich mit Menschen treffen wollen, die Dir sehr viel bedeuten, und würdest vielleicht unbedingt noch eine Reise antreten wollen, von der Du schon lange geträumt hast. Du solltest jetzt anfangen, über Deine Herzenswünsche nachzudenken, und damit anfangen, sie zu erfüllen. Dein Herzenswunsch muss Deine Gedanken immer beherrschen, um in Deinem Unterbewusstsein abgespeichert zu werden. Du selbst musst aktiv werden, denn nur Du kannst dazu beitragen, dass Du glücklicher und zufriedener bist. Entdeckst Du noch Blockaden und Ängste, dann gilt es, sie zu überwinden. Um in Harmonie und Glück zu leben, musst Du an Dir selbst arbeiten, ebenso kommt es darauf an, andere so zu behandeln, wie Du gerne behandelt werden möchtest. Möchtest Du vorankommen, dann ist einerseits Fleiß gefragt, andererseits aber auch das unerschütterliche Vertrauen zu Dir selbst, dass Du Dein Ziel erreichen kannst. Ganz wichtig ist, dass Du immer authentisch bist. Sage nur das, was Du denkst, und schweige dann, wenn Du nicht genau weißt, was Du denkst.

Warum sich nicht alle Wünsche erfüllen

Wünsche bedeuten nicht gleichzeitig Glück und nicht immer sind Wünsche materiell, sondern sie können auch ideell sein. Während ein Eigenheim oder ein Auto materieller Art sind, so sind eine glückliche Partnerschaft oder Harmonie mit Freunden,

Nachbarn und Kollegen ideelle Wünsche. Oft sind es sogar die Wünsche, die einem im Weg stehen, wenn er zu Glück gelangen will – hier stehen Wünsche und Glück im Widerspruch zueinander. Das lässt sich vielleicht anhand einer Situation erläutern. Du möchtest mit Deinem Partner glücklich sein oder viel mit Deiner Familie machen. Dein Wunsch ist aber auch ein größeres Auto. Um es Dir leisten zu können, arbeitest Du viel, Du schiebst Überstunden. Die Folge ist, dass Du unglücklich wirst, da Dir die Zeit für Deinen Partner oder für Deine Kinder fehlt – Dein Wunsch steht hier Deinem Glück im Weg. Der Verstand definiert verschiedene Wünsche und flüstert Dir ein, dass sich diese Wünsche unbedingt erfüllen müssen, wenn Du glücklich sein willst. Solche Vorstellungen, die Dir Dein Verstand immer wieder suggeriert, können in alten Denkmustern resultieren. So, wie es Deine Eltern gemacht haben, wie Dir Deine Eltern vielleicht vermitteln wollten, was Glück ist, so sind Deine Vorstellungen von Glück. Das führt dazu, dass Du Deine Gedanken in eine bestimmte Richtung lenkst, aber selbst nicht glücklich wirst, da Du das, was Dir Dein Verstand sagt, gar nicht willst. Du solltest Deine Wünsche überdenken und Dich fragen, ob Du das tatsächlich willst, gerade, wo Du bereits den Weg kennst, wie Du Dein Ziel erreichen kannst. Wünsche können als Lerneffekt dienen, auch dann, wenn sie nicht in Erfüllung gehen. Erfüllen sich diese Wünsche nicht, dann kannst Du lernen, was Du beim nächsten Mal besser machen kannst oder dass es gar nicht gut war, solche Wünsche zu hegen. Einige Menschen denken, dass es in ihrem eigenen Fehlverhalten begründet ist, dass sich einer ihrer Wünsche nicht erfüllt. Solche Gedanken basieren in religiöser Erziehung, wie sie über Jahrhunderte hinweg betrieben wurde. Solche Denkstrukturen machen unweigerlich unzufrieden und krank, daher ist es wichtig, sie auszumerzen und darüber nachzudenken, dass es vielleicht gut für Dich ist, dass sich dieser Wunsch nicht erfüllt hat. Auch das lässt sich gut mit einem Beispiel erläutern. Hast Du ein Kind, dann liebst

Du es und möchtest nur das Beste für Dein Kind. Äußert Dein Kind einen Wunsch, dann wirst Du sehr gründlich überlegen, ob Du ihn erfüllst. Ist Dein Kind beispielsweise zehn Jahre alt und wünscht es sich, in die Milchbar zu gehen und dort eine Riesenportion Eis zu essen, dann wirst Du vielleicht einen Kompromiss eingehen und ihm eine kleinere Portion Eis kaufen, da die große Portion einfach nicht gut für Dein Kind ist. Schließlich möchtest Du Dein Kind beschützen, Du möchtest es auf den richtigen Weg bringen. Dazu gehört auch, verschiedene Wünsche nicht zu erfüllen, um Dein Kind nicht zu einem kleinen Egoisten zu machen. Gibt es für Dich einen besseren Weg, um zu Glück und Zufriedenheit zu gelangen, dann erfüllt Dir das Leben manche Wünsche nicht.

Möchtest Du glücklich werden und siehst Du Dein Glück im Reichtum, dann kommt es nicht darauf an, einen ganz bestimmten beruflichen Weg zu gehen. Vielleicht hält das Leben eine andere Möglichkeit, eine andere Tätigkeit bereit, die Dir Freude bereitet und mit der Du vielleicht noch schneller zu Reichtum gelangen kannst. Du solltest Dir nicht vorstellen, wie du zu Reichtum kommen kannst, sondern solltest Dir diesen Reichtum vorstellen, dabei bist Du ein Teil dieser Vorstellungen. Von diesem Reichtum lässt sich ein gedankliches Bild zeichnen, auf dem Du Geldscheine in den Händen hältst oder an Deinem PC beim Online-Banking Deinen Kontoauszug prüfst und glücklich über den Kontostand bist. Erfüllt sich ein Wunsch nicht, der durchaus gut für Dich war und Dir zu mehr Glück verholfen hätte, dann kann es der Grund sein, dass Du nicht von Herzen an die Erfüllung geglaubt hast. Ein Wunsch ist nur dann sinnvoll und erfüllbar, wenn Du ganz fest daran glaubst, dass er in Erfüllung geht. Verabschieden solltest Du Dich auch vom Strom der Masse. Glaubt die Masse an Unfälle oder Krankheiten, dann solltest Du Dich davon nicht ausbremsen lassen. Glaubst Du beispielsweise an einen Schnupfen, aber hast Du Angst davor, ihn zu bekommen, dann wirst Du ihn bekommen. Denke vielmehr

»Ich bekomme das, was ich will. Der Wunsch erfüllt sich, denn ich bleibe gesund.«

Schaffe Dir ein neues Weltbild

Der berühmte Mahatma Gandhi, der mit so wenig auskam und fast schon asketisch erschien, wurde einmal gefragt, ob er ein Hindu sei. Diese Frage bejahte er, doch ergänzte er, auch Christ, Buddhist, Jude und Moslem gleichzeitig zu sein. Einige Menschen glauben fest an Gott und reden von ihm, während andere seine Existenz anzweifeln oder überzeugt sind, dass es ihn nicht gibt. Hier greift das Gesetz der Kausalität, das in allen Religionen gleich ist. Auch wenn die Religionen verschiedene Methoden benutzen, verfolgen sie doch dieselbe Absicht. Du solltest auf die Ergebnisse, auf das Erreichte, schauen, nicht jedoch auf die Ursachen. Gehst Du in ein Restaurant, hast Du Dir etwas Schönes ausgesucht und schmeckt es Dir, dann wirst Du es genießen und wirst nicht überlegen, wie es der Koch zubereitet hat und was in dem Essen enthalten ist. Du isst und genießt es.

Es gilt, neue und alte Glaubenssätze zu prüfen und dabei vorbehaltlos heranzugehen. Eine Wissenstradition ist dann gut, wenn sie sich in der Praxis bewährt.

Du entscheidest selbst über Erfolg und Misserfolg. Mit Fehlinterpretationen des Lebens bestrafst Du Dich selbst. Ist etwas in Deinem Unterbewusstsein hinterlegt und ist Dein Unterbewusstsein davon überzeugt, dann wird sich das in Deinem Leben manifestieren. Hier gilt es, umzudenken und Dein Unterbewusstsein mit positiven Denkweisen zu versorgen.

Ganz wichtig ist, dass Du an Dich selbst glaubst, dabei darfst Du Dich auch nicht von den Gedanken und Behauptungen anderer entmutigen lassen, die Dir einreden wollen, dass sich Dein Wunsch nicht erfüllt und dass Du zu etwas ohnehin nicht in der Lage bist. Die Entscheidung musst Du selbst treffen.

Möchtest Du glücklicher und zufriedener werden, ist es wichtig, dass Du bereit bist, das, was Dir im Wege steht, aus tiefstem Herzen zu verändern. Nimm Dein Leben selbst in die Hand und räume Ausflüchte und Entschuldigungen aus.

In der Physik wird gelehrt, dass Energie immer erhalten bleibt. Sie verschwindet nicht, sondern sie kann nur ihre Form verändern, die tägliche Praxis zeigt, dass diese Kraft eine erstaunliche Wirkung entfalten kann.

In der Nacht, aber teilweise auch am Tage erleben viele Menschen Situationen, die sich nicht erklären lassen. Sie sehen Ereignisse voraus, die in der Zukunft geschehen, und können dann, wenn sie erwachen, Räumlichkeiten oder fremde Gegenden beschreiben, an denen sie noch nie zuvor waren. Wie ist das möglich? Viele Mütter erleiden Albträume, in denen sie davor gewarnt werden, dass ihr Kind in großer Gefahr ist oder sie haben ein Gespür dafür, dass sich das Kind in Gefahr befindet oder verunglückt ist. Eine ähnliche Situation ist auch, wenn Du an einen Menschen denkst, häufig an einen, der Dir nahe steht oder den Du schon lange nicht mehr gesehen hast, und er Dir kurze Zeit später begegnet oder bei Dir anruft. Umso erstaunlicher ist der Fall eines 13-jährigen kroatischen Mädchens, das 24 Stunden lang im Koma lag und als es erwachte, fließend Deutsch sprach.

War es der Herzenswunsch dieses Mädchens, Deutsch zu lernen, und war das Mädchen so von dem Wunsch besessen, dass es ihn immer wieder wie einen Film vor sich abspielte? Hatte sich dieser Wunsch so tief in das Unterbewusstsein des Mädchens eingegraben, dass der besondere Zustand des Komas diese Sprachkenntnisse möglich machte?

Ein Psychologe berichtet über seine Erfahrungen in einem Experiment mit freiwilligen Testprobanden. Er ließ seine Probanden in dem Glauben, dass er sie zurückführen würde in ein früheres Leben. Das Experiment zeigte sehr interessante Ergebnisse. Ein Teilnehmer konnte sehr detailliert Ereignisse aus dem

17. Jahrhundert beschreiben, so, als hätte er alles miterlebt. Er konnte davon mit hoher Wahrscheinlichkeit nichts wissen. Der Psychologe recherchierte über diese Ereignisse und stellte fest, dass sie tatsächlich so wie vom Probanden beschrieben stattgefunden haben. Der Proband beschrieb, dass er im Jahre 1760 Diener am Hofe eines Königs und zu dieser Zeit 17 Jahre alt war. Als der Psychologe diesen Probanden ein weiteres Mal zurückführte, diesmal noch weiter, gab er ihm das Jahr 1758 vor, also musste der Proband demnach 15 Jahre alt gewesen sein. Wieder erzählte der Proband sehr detailreich, was geschehen war, aber dass er sich an einem völlig anderen Ort befand. Er war nicht 17 Jahre alt, erstaunlicherweise war er auch kein 15-Jähriger, sondern er war bereits 28 Jahre alt und Hufschmied.

Was der Proband im Experiment berichtet, ist unglaublich. Der Psychologe möchte mit seinem Experiment nicht die Reinkarnationstheorie widerlegen, sondern er möchte zum Nachdenken anregen.

Vielleicht denkst Du über das Experiment nach. Denke über irgendein Thema nach, von dem Du meinst, dass es auch künftig die Menschen noch stark beschäftigen wird. Es geht darum, zu verstehen, dass etwas, nur weil es noch nicht wissenschaftlich belegt ist, trotzdem real existieren kann.

VII
Positive Gedanken helfen Dir in allen wichtigen Lebenslagen

*Einschlafen dürfen, wenn man müde ist und eine Last fallen lassen
dürfen, die man getragen hat,
das ist eine tröstliche, wunderbare Sache.*

Hermann Hesse

Mehr Freude im Beruf, Erfolg und Wohlstand finden

In beruflichen Belangen greifst Du auf Altbewährtes zurück. Du hast eine fundierte Ausbildung, Du hast einen sicheren Job. Damit möchtest Du alt werden und in Rente gehen. Und doch ist da noch ein anderer Gedanke in Dir. Er könnte sich etwa in der Frage manifestieren: »Soll dieser tägliche Trott wirklich die nächsten 20 oder 30 Jahre so weitergehen?«

Obwohl Du in einer sicheren Position bist, kommen Dir Zweifel. Wer zum Beispiel noch niemals im Vertrieb gearbeitet hat, redet sich ein, nicht mit Menschen umgehen zu können. Und überhaupt – wer will schon extrovertiert sein und anderen Menschen Überflüssiges verkaufen? Wenn Du Dir das Leben mit solchen falschen Eingeständnissen schwer machst, hilft nicht einmal Dein Selbstmitleid, um Dich aus dieser Situation zu befreien!

Vielleicht hast Du auch Angst, man könnte Dich belächeln, auslachen oder als verrückt bezeichnen, wenn Du eine Veränderung anstrebst, die Dir alle Türen öffnen könnte. Das passiert, weil Du dann nicht dem bisherigen Fremdbild entsprichst. Wenn Du über Veränderungen nachdenkst, weil Du Deine Sehnsüchte und Ziele verwirklichen willst, hältst Du anderen Menschen den Spiegel vor, die sich so etwas nicht zutrauen. Bedenke immer – im Leben gewinnen nur diejenigen, die ihren Träumen folgen!

Es ist eine der großen Wahrheiten, an die Du denken musst, wenn Du ein Leben in Fülle erleben willst. Es ist das Wissen, dass jeder Mensch – und auch Du! – ein von Natur gegebenes Recht darauf hat, in Wohlstand zu leben. Natürlich sind die Zeitungen voll von negativen Schlagzeilen. Es wird immer schwieriger, zu Wohlstand zu kommen, denn vor lauter Negativmeldungen übersehen wir, dass wir in Meeren von unzähligen Möglichkeiten schwimmen. Wenn Du glaubst, dass Du nicht wohlhabend sein kannst, weil Deine Eltern kein Vermögen besitzen, hast Du nichts anderes als Minderwertigkeitskomplexe – viel schlimmer noch, Du glaubst sogar, dass Du nicht wohlhabend sein darfst! Überlege einmal, dass materieller Wohlstand nur ein Aspekt von Reichtum ist. Andere Aspekte wie Liebe, Harmonie und Gesundheit sind ebenso wichtig, denn nur in dieser Kombination dürfen wir wirklich von der ganzen Fülle des Lebens sprechen.

Natürlich gilt die alte Volksweisheit, dass Geld allein nicht glücklich macht. Du kennst die vielen Beispiele aus den Medien, in denen es um Menschen geht, die alles haben und trotzdem in einen Sumpf aus Alkohol und Drogen rutschen, die in Depressionen verfallen und die sogar Selbstmord begehen. Tatsächlich macht Geld allein nicht glücklich, wenn wir es nicht schaffen, Reichtum in dankbarer Haltung als wunderbares Geschenk anzunehmen, das uns vertrauensvoll in die Hände gegeben wurde, damit wir ihn mit Verantwortung verwalten. Reichtum steht also nicht allein für Wohlstand, sondern er ist immer auch mit Verantwortung verbunden!

Genau das ist es, was wir von erfolgreichen Menschen lernen können: Sie setzen sich selbst und ihren schöpferischen Möglichkeiten keine Grenzen. Allerdings gehen diese Menschen oft auch Wege für ihren Erfolg, den andere nicht gehen. Natürlich sagen Dir viele dieser Erfolgreichen auch, dass sie immer eine große Vision hatten und von Anfang an an diese Vision geglaubt haben. Das aber heißt, dass sie die richtige Haltung haben, die Erfolg nach sich zieht: Sie glauben an ihren Erfolg, und dieser Glaube ist unumstößlich. Er begleitet sie an jedem Tag und in jeder Nacht zu jeder Zeit!

Der bekannte Philosoph Dr. Joseph Murphy hat Armut einmal als »Geisteskrankheit« bezeichnet. Das ist ebenso polarisierend wie treffend. Dein Körper wird krank, wenn er Viren in sich trägt. Und genauso gibt es auch geistige Viren, die Dein Unterbewusstsein vergiften. Sie setzen sich wie ein Geschwür in unserem Denken und Glauben fest. Sie halten uns in Gedanken an Mangel und Knappheit fest. Und weil sich alles manifestiert, was wir glauben, wird dieser Mangel auch nach außen sichtbar. Wenn sich also geistiger Mangel mit Habgier und Lieblosigkeit verbindet, richtet diese Mischung sehr viel Schaden auf unserer Welt an. Überlege einmal, dass Bürgerkriege, Hunger, Kriminalität und vieles andere nur die Folgen von solchen Gedanken an Armut sind. Betrachten wir, wie viel Armut auf der Welt es noch gibt, hat sich offenbar der falsche Glaube in unglaublich vielen Köpfen festgesetzt, nach dem nicht genügend für uns alle vorhanden ist. Was also musst Du tun, damit in Dein Leben endlich Wohlstand und Reichtum einzieht?

Dein erster Schritt sollte sein, dass Du Dir noch einmal den von Dr. Joseph Murphy formulierten Gedanken vor Augen führst: Du hast ein Recht auf Wohlstand. Ja, mache Dir einmal intensiv Gedanken darüber, bevor Du anfängst, mit irgendwelchen fadenscheinigen Methoden zu Reichtum zu kommen. Wenn Du unter Deinen Möglichkeiten lebst, bedeutet das nur, dass in Deinem Unterbewusstsein Viren installiert wurden, die Deiner Entfaltung und Selbsterkenntnis im Weg stehen. Wirkliche Veränderungen erreichst Du erst, wenn Du Dich von solchen Gedanken befreist, die Dich nur selbst begrenzen. Bevor Du also irgendetwas unternimmst, musst Du in Dir zuerst den unumstößlichen Glauben schaffen, dass Du ein Recht auf Wohlstand hast. Du musst Deine Gedanken also von allen Einflüssen säubern, die Deinen Erfolg verhindern. Werde Dir bewusst, dass Du diesen geistigen Virus in Dir trägst und lösche ihn umgehend.

Ich möchte Dir gerne noch ein paar einfache Beispiele vor Augen führen: Kann der Grund für Deine bisherige Erfolglosigkeit darin liegen, dass Du schon in Deiner Kindheit nie Zuspruch erfahren hast und dass Du Dir deshalb nichts zutraust? Vielleicht haben Dir viele Menschen vermittelt, dass Erfolg viel mit Glück zu tun hat und dass ihn deshalb kaum jemand hat?

Gehe einmal in die tiefe Entspannung und beginne dann mit Deiner Affirmation. Wie Du natürlich weißt, muss sie aus Deinem tiefsten Herzen kommen und absolut ehrlich gemeint sein.

Denke auch noch einmal an Deine negativen Gedanken, die Du auf Deinem Zettel notiert hattest. Nimm dieses Gedankenpäckchen, verschließe es und wirf es danach ins Feuer. Stelle Dir vor, wie dieses Feuer Deine negativen Gedanken auffrisst und wie sie sich »in Luft auflösen«. Dein Unterbewusstsein versteht diese Bildaffirmation und wird dann beginnen, den Gedanken an Mangel in Dir aufzulösen. Diese Übung solltest Du immer wieder machen, bis Du das sichere Gefühl hast, frei zu sein von Deinen negativen Gedanken.

Durch Visualisierung zu Erfolg und Wohlstand

Am besten hilft Dir die Kunst der Visualisierung, wenn Du sie jeden Tag und immer wieder anwendest. Stelle Dir jeden Tag vor, wie Du von Reichtum erfüllt bist und am Gipfel Deines Erfolgs angekommen bist. Stelle Dir dazu zum Beispiel ganz exakt und realistisch vor, wie Du auf dem Siegertreppchen stehst und für Deine Erfolge gefeiert wirst. Fühle Dich mehrmals am Tag mit all Deinen Gefühlen, die Du in Dir hast, in diese Situation hinein.

Wohlstand ist ein relativer Begriff. Er bedeutet für jeden Menschen etwas anderes. Du bist reich, wenn Du Dich reich fühlst. Ein Mensch, der seine größte Erfüllung darin findet, in einem kleinen Dorf in einem fernen Land zu leben und der jeden Tag am Lagerfeuer stimmungsvolle Lieder auf seiner Gitarre spielt, benötigt für sein vollkommenes Lebensglück natürlich weniger Geld als jemand, der von einer Villa am Meer träumt. Trotzdem hat jeder Mensch das Recht darauf, sich absolut glücklich und wohlhabend zu fühlen. Ich rate meinen Kunden immer, dass sie Reichtum als Selbstverständlichkeit betrachten sollen und mit ihm eine »Ehe« schließen sollen. Anders ausgedrückt bedeutet das: Fühle ihn, spüre ihn und verliebe Dich.

Bevor Du die Fülle in ihrer ganzen Vielfalt erleben kannst, musst Du Dich im Geben üben. Das geschieht natürlich nur im Rahmen Deiner Möglichkeiten, und es muss auch nicht immer in monetärer Form sein. Aber bevor Du die Fülle der Liebe spürst, musst Du selbst Liebe geben.

Hör auch auf, auf andere Menschen neidisch zu sein, weil sie große Reichtümer besitzen. Bewundere sie und versuche, mit ihnen in Kontakt zu treten, um ihr Erfolgsgeheimnis zu erfahren. Wodurch wurde ihnen so viel Glück und Wohlstand beschert? Mache es Dir ruhig zur Gewohnheit, anderen Menschen ihren Erfolg von ganzem Herzen zu gönnen. Dann wirst auch Du schneller zum gewünschten Erfolg kommen. Reichtum und Fülle sind etwas von Grund auf Positives – deshalb bejahe sie, und lehne sie nicht ab!

Überlege einmal, dass wir Reichtum und Geld als das ansehen sollten, was sie wirklich sind: Sie sind ein Zahlungsmittel ohne eigene Moral. Der eigentliche Wert der materiellen Fülle liegt darin, was Du daraus machen kannst. Vielleicht zauberst Du armen Kindern ein Lächeln ins Gesicht. Vielleicht gibst Du ihnen ein Zuhause. Vielleicht zahlst Du Deinen Mitarbeitern einen Bonus und kurbelst damit die Wirtschaft an. Vielleicht machst Du Deiner Familie auch einfach eine Freude damit.

Ob Du also Fülle oder Mangel erfährst, hängt von Deinen Gedanken und Deinen Taten ab. Bist Du der Auffassung, dass man es im Leben immer schwer hat oder dass man Glück haben muss, um Fülle zu erleben? Mit solchen Gedanken bremst Du Dich selbst aus. Denke also schon jetzt so, wie Du denken wirst, wenn Du reich bist und handle auch danach! Fühle in jeder Sekunde die Fülle und den Reichtum in Dir, ganz unabhängig davon, wie viel Dir jetzt wirklich gehört. Du wirst dann Glück und Wohlstand in Dein Leben ziehen, denn vergiss nicht: Du wurdest als Gewinner geboren!

Wir sagen immer »Lebe nicht, um zu arbeiten, sondern arbeite, um zu leben!«. Die meisten Menschen glauben, dass man nur durch harte Arbeit an viel Geld kommt. Richtig ist aber: Je weniger Konzentration Du dazu aufwendest, verbissen und ungeduldig Geld zu verdienen, desto leichter findet das Geld den Weg zu Dir und desto lieber bleibt es bei Dir. Natürlich ist damit nicht gemeint, dass Du gar nicht mehr arbeiten sollst. Ganz im Gegenteil sollst Du lieben, was Du tust, damit es Dir zu Erfolg und Wohlstand verhilft.

Viele Menschen langweilen sich in ihrem Beruf und spüren den Drang nach einer Veränderung. Es ist deshalb Deine Pflicht, auf Entdeckungsreise zu gehen und nach Deinem eigenen Goldschatz zu suchen. Finde Deine ureigenen Talente, denn nur, wenn Du sie gefunden hast, entdeckst Du auch Deine Berufung. In jedem von uns wartet etwas darauf, sich ganz frei entfalten zu dürfen, damit er einen wichtigen Teil zum großen Ganzen beitragen kann. Dieses Etwas ist immer im Bereich seiner ganz persönlichen Talente und Stärken zu finden. Suche also zielstrebig nach Deinen Talenten und Stärken. Suche so lange, bis Du den Beruf gefunden hast, der genau Deinen Talenten entspricht. Auch wenn Du öfter den Beruf wechseln musst, bis Du an Deinem Ziel ankommst, ist das in Ordnung. Wichtig ist, dass Du irgendwann spürst: »Hier bin ich richtig, mir bereitet jeder Tag große Freude!«

Es gibt eine ganz einfache Methode, um den idealen Beruf für Dich zu finden. Wenn Du aufhörst, über berufliche Verpflichtungen zu reden und Deinen Beruf als Dein Hobby und Deine Erfüllung betrachtest, bist Du auf dem besten Weg. Das, was Du gerne machst, machst Du gut, und was Du gut machst, wird in Form von materiellen Leistungen honoriert. Bedenke immer, dass jeder, der weniger erreichen möchte, als ihm durch seine innersten Fähigkeiten erlaubt ist, für den Rest seines Lebens unglücklich ist. Arbeite also, um zu lernen, und wenn Du ausgelernt hast, tue etwas anderes, damit Du weiter lernen kannst.

Solltest Du ins Auge gefasst haben, Dich selbstständig zu machen, dann setze auch alles daran, Deine Pläne umzusetzen. Gib Dich nicht mit dem Arbeitsplatz zufrieden, wenn Du an anderer Stelle Dein eigenes kleines Unternehmen aufbauen könntest. Wenn Du im Wörterbuch nach Synonymen suchst, findest Du für »abhängig« Umschreibungen wie »angewiesen«, »hörig« oder »unterstellt«. Genau diese Bezeichnungen gelten für die meisten abhängig Beschäftigten in ihrem Alltag. Wie geht es Dir in dieser Hinsicht? Damit das Mögliche entsteht, musst Du immer wieder das Unmögliche versuchen. Es gilt also keine Ausrede, dass Du zum Beispiel zu wenig Erfahrung hast, zu alt bist, zu wenig Startkapital hast oder dass die Marktlage schlecht ist. Nur der felsenfeste Glaube und die konsequente Arbeit an Deiner eigenen Vision sind ausschlaggebend. Sie sind das Einzige, was auf Deinem Weg zur erfolgreichen Selbstständigkeit zählen. Setze auch alles daran, Deine Stärken so auszubauen, dass Du in Deinem Bereich unverzichtbar wirst!

Es gibt so etwas wie ein falsches Sicherheitsdenken, das sich wie ein Gefängnis auswirkt. Wenn Du zum Beispiel Dein ungeliebtes, aber sicheres Nest verlässt, besteht die Gefahr, dass Du Dich verzettelst und scheiterst. Wenn Du so weitermachst wie bisher und bleibst, wo Du bist, geht es Dir weiterhin schlecht, aber es passiert Dir auch nichts. Doch genau da liegt Dein Trugschluss: Du riskierst, unterzugehen, wenn Du Dich weiter gegen Veränderungen in Deinem Leben stemmst und Dich weigerst, Dich weiterzuentwickeln, weil Du einfach weitermachst wie bisher. Um an die Quelle des Lebensglücks zu gelangen, musst Du bereit sein, Deine »Wohlfühlzone« zu verlassen.

Oft verbringen wir viel zu viel Zeit damit, über alles das nachzudenken, was wir nicht besitzen. Wir richten unseren Fokus nicht auf das, was wir ersehen und wie wir das erreichen können. Um das zu schaffen, müssen wir unsere wahre Persönlichkeit entfalten, die tief in uns verborgen ist.

➤ Geschichte – Ich bin halt wie ich bin

Folgende Geschichte befasst sich mit der Notwendigkeit, nicht schicksalsergeben zu sein, sondern stattdessen das eigene Recht auf ein glückliches, erfülltes Leben zu erkennen und danach zu handeln. In einem meiner Coachings traf ich auf Andrea aus der Schweiz. Sie war bei unserer Begegnung Anfang 50 und hatte zwei Söhne im Alter von etwa 30 Jahren, die beide noch bei ihrer Mutter lebten. Der Grund dafür war schlicht und ergreifend Bequemlichkeit. Die Mutter wusch, putzte und kochte, was das Zeug hielt, um ihre Söhne zufriedenzustellen. Den beiden wäre es ohne Probleme möglich gewesen, eine Arbeit zu finden und eine eigene Wohnung zu beziehen. Doch sie wollten einfach nicht, denn die Mutter erledigte ja alles für sie.

Seitdem ihr Mann sie und die Jungs verlassen hatte, lebte Andrea ausschließlich für ihre Kinder. Laut eigener Aussage hatte sie das Gefühl, durch die Trennung tief in der Schuld ihrer Söhne zu stehen. Ihr eigenes Leben geriet nun in den Hintergrund – mit fatalen Folgen: Sie legte massiv an Gewicht zu, was sich wiederum negativ auf ihren gesamten Gesundheitszustand auswirkte. Auch in der Liebe war ihr das Glück nicht hold. Darüber hinaus war sie Mitglied in einer kirchlichen Gruppierung, in der ihr immer wieder eingeredet wurde, dass Gott sie nun einmal so wollte, wie sie war, und dafür solle sie doch gefälligst dankbar sein. Statt sie aufzubauen und sie zu dem so nötigen Lebenswandel zu ermutigen, wurde sie hier also lediglich in ihrer selbstzerstörerischen Haltung bestärkt. In langen Gesprächen machte ich ihr deutlich, dass es ihre Einstellung war, die den Grundstein für ihr Leben in ständiger Unzufriedenheit gelegt hatte. Außerdem erklärte ich ihr, wie wichtig es war, nichts auf die Meinung anderer zu geben – vor allem dann nicht, wenn diese Anderen der Ansicht waren, dass es völlig in Ordnung sei, die eigenen Möglichkeiten und Potenziale nicht vollkommen auszuschöpfen. Denn: Wer es wirklich gut mit einem Menschen meint, bestärkt ihn nicht auch noch in seiner Pseudozufriedenheit und hält ihn davon ab, die eigenen Ziele in Angriff zu nehmen. Andrea wollte aus diesem Teufelskreis ausbrechen und alte Denkmuster endlich ad acta legen. Ich bat sie, sich ihre Zukunft in allen Details vorzustellen und zu visualisieren, wie sie zufrieden, wohlhabend und vor Gesundheit strotzend ihr

Leben genießt. Des Weiteren gab ich ihr folgende Affirmation mit auf den Weg:
»Ich bin eine eigenständige Persönlichkeit. Ich vertraue auf mein Innerstes und bin dankbar dafür.«
Einige Zeit später besuchte mich Andrea erneut, um mir von ihren Erfolgen zu berichten. Sie erzählte, dass es ihr gelungen war, abzunehmen, sodass sie sich nun körperlich viel besser fühlte. Auch finanziell war es bergauf gegangen – nicht zuletzt, weil sie ihre Söhne dazu gebracht hatte, Arbeit zu suchen und ihr Leben ab sofort selbst in die Hand zu nehmen.

Eine starke Persönlichkeit hat sich nicht nur eingeredet, dass sie stark ist. Sie weiß um ihre Fähigkeiten und kennt ihre Talente. Sie glaubt daran, dass sie jede Herausforderung, die ihr das Leben auf den Weg gibt, meistert. Sie krempelt die Ärmel hoch und packt neue Aufgaben an. Doch diejenigen, die hier noch Entwicklungspotenzial haben und die sich von Ängsten und Zweifeln beherrschen lassen, machen aus jeder Mücke einen Elefanten.

Um vom Zuschauer zum Gestalter Deines Lebens zu werden, musst Du Deine Persönlichkeit ausbauen. Du musst das zum Vorschein bringen, was schon lange darauf wartet, endlich entdeckt zu werden. Die Tendenz dazu, eine starke Persönlichkeit zu sein, ist von Geburt an in jedem von uns vorhanden. Doch durch die Erziehung machen wir im Lauf der Jahre vieles kaputt. Natürlich ist es Dir im Erwachsenenalter möglich, Deine Persönlichkeit zu entwickeln und ganz und gar ausreifen zu lassen. Es setzt nur eine kontinuierliche Arbeit an Deinem Ego voraus, das Dir leider ständig suggeriert, dass das alles doch nichts bringt oder das ständig andere müde Ausreden findet.

Arbeite kontinuierlich an Deiner Persönlichkeit und lade sie emotional auf. Sei immer bestrebt, eine starke Persönlichkeit zu sein. Im Gegensatz zu einem ängstlichen Menschen kann einer starken Persönlichkeit im Leben nichts wirklich Schlimmes passieren! Versuche unbedingt, aus der Position der Stärke heraus zu handeln. Diese erreichst Du, indem Du Dir durch eine regelmäßige und konsequente Affirmation den Glauben schaffst! Überlege einmal, dass Du das, was Du jetzt bist, vermutlich von anderen eingeredet bekommen hast.

Du kannst Dir also gut selbst einreden, dass Du eine starke Persönlichkeit bist, denn andere oder Du selbst haben es auch geschafft, Dir das Gegenteil einzureden. Irgendwann hast Du dann angefangen, daran zu glauben. Natürlich kostet Dich diese Art der Arbeit an Dir selbst sehr viel Kraft und Mühe, doch wie immer ist die Ausdauer das Fundament aller Tugenden!

Deine Persönlichkeit ist so etwas wie Dein ganz eigener Schatz, den Du hegen und pflegen sollst. Wenn Du Deine Persönlichkeit stärken willst und stark bleiben willst, stelle Dir jeden Tag zusätzlich zu Deiner Affirmation die folgenden Fragen und beantworte sie für Dich im Detail. Stelle Dir dann das Bild dieser Person vor, das Deiner Idee entspricht:

- Wie verhält sich eine starke Persönlichkeit?
- Wie sieht sie aus?
- Was empfindet sie?
- Wie reagieren die Menschen in ihrem Umfeld auf sie?

Sei nie das Kind, das den anderen beim Spielen zusieht und selbst nachdenklich, lustlos und einsam auf der Wiese sitzt! Spiele vor Deinem inneren Auge immer wieder diesen Kurzfilm ab, der Dir genau zeigt, wie Dein Leben mit Deiner neuen und starken Persönlichkeit aussieht!

Stell Dir einmal vor, wie schön Dein Leben mit seinen Attraktionen und Sehenswürdigkeiten sein kann. Du musst ganz klar und zweifelsfrei wissen, was Du willst und felsenfest entschlossen sein, Deine Freiheit zu nutzen. Bedenke immer, dass Du überhaupt nichts von allem erreichst, wenn Du nicht ganz genau weißt, was Du willst. Wenn Du zum Beispiel nur ein einziges Mal am Tag daran denkst, geht dieser einzige Gedanke in dem Meer Deiner täglichen Gedanken einfach unter und ist für Dein Unterbewusstsein absolut uninteressant. Willst Du wirklich ein glückliches und erfolgreiches Leben führen, musst Du jede Mühe in Kauf nehmen, um eine emotionale und starke Persönlichkeit zu werden, die genau weiß, dass sie ein natürliches Recht auf ihr Lebensglück hat und die auf keinen Fall darauf verzichtet.

Je mehr eine Gesellschaft von Panik beherrscht ist, desto mehr Geld verdienen alle, die die Panik schüren. Dabei erwächst aus einer Krise oft etwas sehr Gutes! Deshalb dürfen wir vor einer Krise auch keine Angst haben oder fürchten, dass alles verloren ist. Am Ende wird immer nur Platz für etwas Neues geschaffen, während alles Alte und Schlechte ausgesondert wird. Für dieses Neue müssen wir offen sein. Menschen sind Gewohnheitstiere, sie erwarten immer, dass alles bleibt, wie es ist. Aber das Leben will von uns etwas Anderes und verlangt etwas Anderes, es fordert den ständigen Veränderungsprozess, weil uns dieser fördert und dadurch reifen lässt. Eine sich ständig verändernde Welt bietet mindestens so viele Chancen wie Risiken. Wende Dich lieber den Chancen zu, um von ihnen zu profitieren, statt über die Risiken nachzudenken und zu jammern.

Ein gepflegtes Auftreten ist vor allem im Berufsleben ein nicht zu unterschätzender Erfolgsfaktor. Wir wirken auf andere ansprechender und professioneller. Wir fühlen uns dann einfach wohler in unserer Haut, wir sind selbstbewusster, wenn wir das Beste aus unserem Äußeren machen.

Für Deinen Erfolg ist es von ganz entscheidender Bedeutung, dass Du Deinen Körper und Dein Aussehen liebst. Nur wenn Du äußerlich mit Dir im Reinen bist, schaffst Du dauerhaft das Selbstbewusstsein, das für einen anhaltenden Erfolg nötig ist. Deshalb wirken sich Komplexe wegen Deines Aussehens schädlich auf Dein Unterbewusstsein aus. Sie boykottieren Deinen Glauben und Deinen Erfolgswillen. Vergiss also nie: Dein Körper ist immer der Ort, in dem Du Dein weltliches Leben verbringst, ganz egal, wie Du aussiehst. Jeder – wirklich jeder – hat die Möglichkeit, das Beste aus sich zu machen. Dabei musst

Du nicht dem Schönheitsideal aus den Medien entsprechen – aber Du musst das Beste aus Dir machen.

Wenn wir erfolgreiche Menschen beobachten, sehen wir fast immer ein ansprechendes Äußeres. Diese Menschen sind sich ihrer optischen Wirkung voll und ganz bewusst. Sie kleiden sich elegant, sie benutzen ein angenehmes Parfum, sie achten auf saubere und gepflegte Schuhe. Niemals wirst Du sie mit ungepflegten Haaren oder mit einem ausgewachsenen Haarschnitt sehen. Auf sein Äußeres zu achten, hat sehr viel mit Selbstliebe und Selbsterkenntnis zu tun, deshalb unterschätze die Wirkung eines gepflegten Aussehens nicht. »Hey, Du hast wirklich etwas Geniales aus Dir gemacht, ich könnte mir selbst Blumen überreichen!« – Das ist kein Zeichen Deiner Arroganz, sondern ein Ausdruck Deines Selbstwerts, den Du Dir selbst geben darfst.

Warum empfinden wir gepflegte Menschen als sympathischer, erfolgreicher und zufriedener? Sie strahlen einfach Selbstwert aus, und wer diesen Selbstwert ausstrahlt, wird ganz automatisch auch von anderen als wertvoll empfunden. Mit solchen Menschen umgibt man sich einfach gerne. Gerade Frauen achten auf ihren Eroberungstouren sehr genau darauf, ein »Alphatier« zu finden, weil sie sich bei ihm geborgen, sicher und gut aufgehoben fühlen. Instinktiv wissen sie aber auch, dass derjenige, der auf sich selbst achtet, durch seine Wahl auch automatisch seinen Selbstwert auf andere Menschen überträgt. Ein solcher Mensch wird sich schließlich nur mit Dingen zufrieden geben, die er für sich und seine Person als angemessen empfindet.

Ich bin ganz sicher, dass nun viele Leser sagen: Wenn ich genauso hübsch wie die anderen wäre, würde ich mich auch schöner fühlen und besser auf mich achten. Wer aber so argumentiert, hat seinen eigenen Wert noch nicht erkannt und versteht noch nicht, dass Schönheit und Attraktivität nicht nur etwas mit einem hübschen Gesicht und einer super Figur zu tun hat. Natürlich soll jeder von uns das Beste aus sich machen, aber es geht nicht zuletzt um Charisma und Ausstrahlung. Sie entstehen vor allem aus einem gesunden Selbstwertgefühl und aus der Freude am eigenen Ich, nicht aber ausschließlich aus ebenmäßigen Gesichtszügen und Kleidergröße 36.

Ich schreibe das ganz bewusst hier nieder, weil wir als Kind nicht selbst die Entscheidungen getroffen haben, dass wir nicht attraktiv sind. Der Teufelskreis entsteht schon in unserer Kindheit, in der uns irgendjemand immer wieder sagte, wir sind zu dick, zu hässlich, wir haben eine zu große Nase oder zu viele Pickel. Diese Meinung der anderen Menschen haben wir im Lauf der Jahre durch den ständigen Vergleich zu unserer eigenen Ansicht gemacht. Wir führen also das fort, was andere in ihrer verblendeten Sicht der Dinge an uns wahrgenommen haben und was sie glaubten, uns mitteilen zu müssen. Dabei hatten sie keine Ahnung, welchen fürchterlichen Teufelskreis sie damit in uns in Gang setzen. Solche Ereignisse aus der Kindheit sitzen leider extrem tief in unserem Unterbewusstsein und müssen dort unbedingt aufgelöst werden.

Dabei hilft die folgende Affirmation:

Ich liebe mich und meinen Körper. Ich bin ein Magnet für wunderbare Begegnungen und freue mich über mein gutes Aussehen. Wiederhole diese Affirmation so oft du kannst, Tag für Tag.

Das Leben ist wunderbar, und auch Du kannst jederzeit zum Magneten für alles werden, was Du Dir wünschst! Fange jetzt sofort damit an, Dir Deiner großartigen optischen Wirkung bewusst zu werden und lege alle Deine Minderwertigkeitsgefühle zur Seite. Das schaffst Du, indem Du damit aufhörst, Dich ständig mit anderen Menschen zu vergleichen. Du bist ein wundervolles und einzigartiges Individuum, und es ist Deine wichtigste Aufgabe, alles aus Dir herauszuholen, was in Dir steckt. Lerne, Dich selbst zu lieben und trage dieses Gefühl nach außen! Es geht nur darum, Deine inneren Werte mit Deinem Äußeren zu vereinen und beide zu harmonisieren – oder anders ausgedrückt: einfach »vollständig« zu werden.

Krankheiten und dessen Einfluss

Auch ein schwacher oder unheilbarer Körper muss kein hoffnungsloser Fall sein, denn im wahren und tiefen Glauben ist alles möglich. Wenn Du Deinen Verstand abschaltest, der Dich ständig beherrscht, kann Dir alles widerfahren, woran Du glaubst. Du musst dem Glauben nur genügend Raum zur Entfaltung geben.

Eine Krankheit ist nur dann unheilbar, wenn sich der Patient selbst aufgibt. Wenn er vor seinen negativen Energien kapituliert, können sie in seinem Körper frei wirken und großes Unheil anrichten. Wenn die Ärzte diesem Menschen dann sagen, dass er unheilbar krank ist, verstärkt sich die Wirkung dieser wütenden Energien noch mehr. Es ist sehr wahrscheinlich, dass sich Dein Verstand dagegen sträubt, mit Affirmationen und Glauben gegen schwere Krankheiten anzugehen. Es ist verständlich, dass Du so etwas für Unsinn hältst, wenn eine Erkrankung Dein Leben bedroht. Wenn Du aber an das, was noch nicht ist, aus ganzem Herzen glaubst, wird genau das wahr werden! Auf Deinem Weg dorthin helfen Dir folgende Übungen:

Beschäftige Dich nicht mit Deiner Krankheit. Kümmere Dich um Deine Gesundheit!
Sieh Dich in freudiger Haltung voller Glück, Gesundheit und Harmonie.
Geh mehrmals am Tag in die Stille. Meditiere und lasse los.
Biete Deinem Unterbewusstsein keinen Widerstand.
Überlasse es den Ärzten, sich um Deine Krankheit zu kümmern, aber lass Dich nicht von dem, was sie sagen, beeindrucken.

Suche Dir einen Arzt, dem Du wirklich vertraust und der Dich in Deinem Glauben unterstützt. Die Zahl der Mediziner, die sich nicht nur auf Statistiken und Zahlen verlassen und die Krankheiten ganzheitlich betrachten und behandeln, steigt ständig weiter. Suche Dir Hilfe bei einem Mediziner, der diese Richtung vertritt. Unterschätze nicht den sogenannten Placebo Effekt. Er steht für ein interessantes Phänomen. Wenn Menschen unwissentlich Medikamente ohne Wirkstoffe zu sich nehmen, weil sie an die Wirksamkeit glauben, werden sie wieder gesund. Doch wie funktioniert das? Wie kann ein Körper ohne Medizin wieder gesund werden? Das Geheimnis liegt im festen Glauben an die Wirksamkeit des Medikaments.

Jeder von uns hat die Möglichkeit, über unser Unterbewusstsein die Prozesse im Körper zu beeinflussen. US-amerikanische Mediziner haben vor einigen Jahren ein erstaunliches Experiment an Patienten durchgeführt, die unter einer Arthrose im Kniegelenk litten. Sie täuschten den Patienten einen chirurgischen Eingriff vor, bei dem eine arthroskopische Gelenkspülung durchgeführt wurde. Obwohl der Patient nicht operiert wurde, waren die Schmerzen verschwunden. In den Niederlanden wurde eine Studie mit Patienten mit chronischen Bauchschmerzen ebenfalls eine Scheinoperation durchgeführt. Die Beschwerden der Probanden entstanden durch Verwachsungen im Bauchraum. Die Hälfte der Patienten wurde operiert, dabei wurden die Verwachsungen entfernt. Die andere Hälfte wurde nicht operiert. Die Patienten wussten aber nicht, zu welcher Gruppe sie gehörten und ob sie wirklich operiert worden waren oder nicht. Ein Jahr später zeigte eine Befragung der Patienten, dass in beiden Gruppen etwa gleich viele Betroffene von einer Besserung der Beschwerden berichteten.

Wenn es um unsere Gesundheit geht, müssen wir uns der Macht unserer Gedanken unbedingt bewusst werden. Wir müssen verstehen, dass es nichts gibt, was unserem Unterbewusstsein unmöglich ist. Die Theorien über die Entstehung von Krankheiten sind unglaublich vielfältig. Doch heute ist die moderne Medizin so weit, dass sie psychosomatische Erkrankungen offiziell anerkennt. Was denkst Du, was eine Krankheit wirklich ist? Könnte es vielleicht sinnvoll sein, sich keiner Theorie mehr anzuschließen, sondern die Dinge einmal allumfassend zu betrachten? In den letzten Jahrzehnten wurde sehr viel über Krankheiten geschrieben. In den Buchhandlungen reihen sich die Bücher darüber aneinander.

Doch wie sieht es mit dem Thema »Gesundheit« aus? Wer spricht und schreibt von Gesundheit? Wir Menschen sind naiv genug, uns mit diffusen Krankheitsbildern zu beschäftigen und nach ihren angeblichen Ursachen zu suchen. Dabei vergessen wir ganz, unseren Geist mit lebensbejahenden Gedanken an unsere Gesundheit zu füllen.

Manchmal benötigen wir so etwas wie eine Bewusstseinserweiterung, damit eine Heilung möglich ist.

Eine Krankheit ist kein von der Natur gewollter Zustand. Ich kann es nicht oft genug wiederholen: Wir sind, was wir glauben zu sein! Wenn wir daran glauben, dass wir einer Krankheit ausgeliefert sind, ist das unweigerlich so. Wer in seinem Glauben verharrt, nicht gesund werden zu können, verleugnet dabei das große Ganze und erfährt damit keine Heilung. Deine Gedanken und Dein Glaube an Deine Krankheit verhindern, dass Du gesund wirst. Überlasse die Sorge über Deine Krankheit Deinen Ärzten und kümmere Dich endlich um Deine Gesundheit! Sie stellt sich nämlich nur dann ein, wenn Du den Gedanken an Deine Gesundheit Raum gibst und sie konsequent durch Deinen Glauben stärkst.

VIII
Erfüllung in Partnerschaft und Sexualität

Zusammenkommen ist ein Beginn, Zusammenbleiben ein Fortschritt, Zusammenarbeiten ein Erfolg.

Henry Ford

Bevor Du mit dem nächsten Kapitel beginnst, empfehle ich Dir, dass Du dir zu folgenden Fragen Gedanken machst. Nimm Dir die Zeit die Du brauchst und wenn Du möchtest schreibe Deine Gedanken auf. Danach können wir weiter gehen.

- Frage Dich selbst und sei ehrlich zu Dir: Warum willst Du genau diesen Mann/Frau an Deiner Seite haben?
- Wie kann es sein, dass aus einem ehemaligen Traumpaar zwei verbissene Feinde werden, die sich erbittert bekämpfen?
- Wie wird ein Mensch – wenn überhaupt – beziehungsfähig?
- Warum sagt man dem Menschen, den man am meisten liebt, nicht die Wahrheit?
- Was macht ein gutes »Team« aus?
- Warum kommt die sexuelle Beziehung bei den meisten zum Erliegen, obwohl Sex eine so wichtige Rolle im Leben zu sein mag?
- Welche persönlichen Entwicklungsprobleme können eine Paarbeziehung behindern?

Dein Traum von einem Partner

Unsere hohe Erwartungshaltung und unsere Ungeduld sind die Ursache für manche Kurzschlussreaktionen. Sie führen leider nur zu einem Ergebnis: Wir erleben eine Enttäuschung nach der anderen. Ich betone immer wieder, wie wichtig es ist, nicht einen bestimmten Partner auszuwählen – also denjenigen, den wir uns in den Kopf gesetzt haben – sondern denjenigen, der wirklich zu uns passt. Der Weg zu dem Einen, dem Richtigen ergibt sich aus einem ganz intuitiv nachvollziehbaren geistigen Gesetz: Wenn Du jemanden suchst, so gibt es auf der Welt auch jemanden, der genau Dich sucht.

Wenn Du suchst, geht ein geistiger Impuls von Dir aus, der nie ins Leere gehen kann. Ganz egal, in welcher Situation Du

Dich gerade befindest, ob Du Dich als zu dick oder nicht attraktiv genug empfindest, gilt immer: Du wirst genauso gesucht, wie Du bist. Aber aus welchem Grund lässt der ideale Partner oft so lange auf sich warten?

Wir Menschen wollen oft alles sofort haben. Stelle Dir einmal vor, dass es einen Menschen gibt, der wie für Dich geschaffen ist. Dieser Mensch macht aber im Augenblick eine Weltreise, er ist beruflich sehr eingebunden, oder er muss gerade noch die Folgen einer Trennung überwinden. Aus irgendeinem Grund ist der perfekte Zeitpunkt dafür, ihn oder sie kennenzulernen, nicht jetzt, sondern erst in einem halben Jahr. Was ist Dir in dieser Situation lieber: Möchtest Du den Nächstbesten nehmen, damit Du nicht länger allein bist? Oder möchtest Du sechs Monate lang auf Deinen Traumpartner warten? Vielleicht musst Du aber selbst auch noch weiter wachsen, um mit Deinem zukünftigen Partner eine harmonische Beziehung führen zu können.

Das wahre Glück in der Liebe finden wir nur, wenn wir es zu einer Herzensangelegenheit machen. Um dieses wahre Glück zu finden, konzentriere Dich also vertrauensvoll und einzig und allein auf Deine Intuition und auf Deine innere Führung. Nur mit ihrer Hilfe ist es Dir möglich, den Partner zu finden, der wirklich zu Dir passt und der zu Dir gehört. Werde Dir voll und ganz darüber bewusst, wer Du bist und was Du zu bieten hast. Denke nicht weiter daran, was Dir an Dir nicht gefällt! Fühle Dich schon jetzt so geborgen und geliebt, als wäre Dein Traumpartner bereits da.

Wünsche Dir ab sofort keinen »bestimmten« Partner mehr, nur weil Du ihn unbedingt haben willst. Stelle Dir den Richtigen vor, ohne ihm ein Gesicht zu geben und drehe vor Deinem geistigen Auge einen Kurzfilm darüber, was Du mit ihm alles erlebst. Sieh Dich mit ihm an den schönsten Orten der Welt. Spüre seine Zärtlichkeit und empfinde mit ihm das Gefühl großer Geborgenheit.

Vergiss nie: Die Liebe ist die wichtigste und stärkste Kraft. Schreibe Deinen eigenen Liebesroman, damit die Gesetze des Lebens dafür sorgen, dass der Richtige auf Dich aufmerksam wird.

Wenn Du anerkennst, dass Du etwas Wunderbares bist und wenn Du verstehst, dass Du alles Notwendige für Dein Lebensglück in Dir trägst, wird Dich Deine große Liebe schon bald finden. Vielleicht stellst Du Dir die Frage, wie Du den richtigen Partner erkennen kannst und wie Du spürst, dass er Dein Wunschpartner ist. Überlege kurz, was wir bisher gesagt haben – und Du wirst die Antwort finden! Deine innere Stimme wird Dir mitteilen, dass der Richtige vor Dir steht. Du wirst ihn oder sie sehen und das Gefühl haben, dass Ihr Euch seit vielen Jahren kennt, weil sofort eine unglaubliche Vertrautheit und Verbindung zwischen Euch beiden besteht. Du wirst nicht den kleinsten Zweifel daran haben, dass diese Person Dein Glück ist, denn Dein Bauchgefühl wird Dir ohne Wenn und Aber »Ja« sagen!

Versuche es einmal mit folgender Affirmation:

Ich bin von Liebe umgeben. Ich bin begehrt und ein Magnet für wunderbare Begegnungen. Ich bin froh und dankbar, meine große Liebe gefunden zu haben.

Ganz ohne Deine Aktivität geht es natürlich nicht! Du musst voller Vertrauen unter Menschen gehen und neue Leute kennenlernen. Vergiss dabei Deine Erwartungshaltung, dass Du »ihn« heute unbedingt treffen musst. Die Chance auf Dein großes Glück trifft Dich dann zu einem völlig unerwarteten Zeitpunkt, aber sei unbedingt sicher: Sie wird Dich treffen! Werde die Person, die Du sein kannst, und sei ganz Du selbst.

Mit dem Liebesglück verhält es sich wie mit jedem anderen Glück: Es muss von beiden Partnern erschaffen werden. Leider hat in den meisten Ehen und Beziehungen heute die wahre Liebe keinen Platz mehr. Wahre Liebe bedeutet, dass beide Seiten Liebe geben wollen und tatkräftig an ihr arbeiten wollen. Viele Ehen gleichen heute aber eher einer Zweckgemeinschaft für die gegenseitige Bedürfnisbefriedigung. Eine Beziehung darf niemals zur Last werden, sie sollte für beide Partner eine Lebens- und Energiequelle sein, die erfüllt und befreit.

Sehr gerne neigen wir dazu, dem Partner die Schuld für alle Probleme zu geben. Dazu muss ich Dir leider sagen: Die Ursachen für Probleme, die Du mit Deinem Partner und mit anderen Menschen hast, sind in erster Linie bei Dir selbst zu suchen.

Der Grund für die häufigsten Krisen liegt in einem sexuellen Desinteresse oder in einem als langweilig empfundenen Alltag. Die Gefühle für den andern stumpfen dann ab und werden oft gar nicht mehr wahrgenommen. Wie aber konnte es so weit kommen? Und warum geschieht das immer und immer wieder?

Wenn sich zwei Herzen finden, verschießen sie ihr ganzes Pulver an Emotionen in den ersten Wochen, Monaten und Jahren. Unser Körper wird in dieser Zeit von einem Hormoncocktail geflutet, der uns auf Trab hält. Wir sehen den andern durch die rosarote Brille, und eine fast magnetische Bindung hält uns zusammen. Sie wird zusätzlich befeuert durch eine explosive Mischung aus Leidenschaft, Sex und Alltag.

Anders gesagt, überhören wir in diese Phase bewusst unsere innere Stimme, die uns vor Fehlern warnen könnte, weil wir unendlich glücklich sind, endlich den »Einen« gefunden zu haben. Mit ihm wollen wir unsere eigenen Ziele verwirklichen. Liebe macht also nicht blind, aber man sieht Dinge, die gar nicht da sind. Nach der ersten wilden Zeit beginnen wir, an unserem Partner Fehler wahrzunehmen, die wir vorher nicht oder nicht vollständig erkannt haben. Das ist die Phase, in der sich die Hormone langsam wieder beruhigen. Wenn es jetzt zu Streitigkeiten kommt, versuchen wir schnell, den anderen zu ändern. Das ist fatal! Zuerst sind es nur die kleinen Dinge, bei denen wir eigentlich schon lange einmal protestieren wollten. Schon bald kommt es dann zu Vorwürfen wie »Du nimmst zu wenig Rücksicht auf mich.« oder »Du bist ja nur mit Deinem Beruf verheiratet.« oder

»Ich will doch nur das Beste für uns beide, aber Du ...« Die Liste lässt sich endlos fortführen.

In dieser Situation haben wir zu lange die Augen vor einigen Wahrheiten über unseren Partner verschlossen und versucht, ihn zu ändern. Enttäuscht müssen wir feststellen, dass der erhoffte große Wandel nicht stattgefunden hat. Beide Partner leben dann noch immer in der Erwartung, dass alles wieder wird wie früher in der Anfangszeit, als die Hormone noch Karussell fuhren. Dieser Punkt tritt ein, weil wir nicht sehen konnten und wollten, wer und wie unser Partner wirklich ist. Am Ende verschärfen wir die Lage noch durch unsere Lösungsversuche, die kaum Aussicht auf Erfolg haben.

Schließlich stellt sich die Erkenntnis ein, dass sich der Partner nicht ändern wird – weil auch Du Dich nicht veränderst und Dich den neuen Umständen anpasst. Zu Beginn Eurer Beziehung wolltet Ihr vielleicht jeden Abend gemeinsam verbringen, aber muss das auf Dauer immer so sein? In dieser Situation wird es wenig helfen, wenn man an gewohnten Mustern festhält. Das wird die Beziehung nicht festigen. Viel sinnvoller wäre es, eine natürliche Entwicklung zuzulassen.

Für Frauen und für Männer lohnt es sich, sich einmal mit den besonderen Eigenschaften und Bedürfnissen des anderen Geschlechts auseinanderzusetzen. Dabei geht es nicht um die üblichen abgedroschenen Beispiele wie »Warum Männer Freiheit brauchen« oder »Warum Frauen immer alles ausdiskutieren wollen«. Solche Sätze findest Du in unzähligen Beziehungsratgebern, doch sie tragen dem eigentlichen Problem nicht Rechnung. Vielmehr geht es um die Unterschiede in der Persönlichkeit, in der Wahrnehmung, in den Bedürfnissen und auch in der Sexualität.

Warte nie darauf, dass der andere etwas tut, was Du selbst gerne hättest. Schließlich kann Dein Partner Deine Gedanken nicht lesen! Beziehungen scheitern oft an zu wenig Wertschätzung und Achtlosigkeit. Gib Deinem Partner deshalb immer wieder das Gefühl der Wertschätzung, indem Du ihn akzeptierst, wie er ist. Geh auch nicht davon aus, dass er weiß, wie sehr Du ihn schätzt – sag es ihm, wann immer es passt und gib ihm das Gefühl, dass Du ihn mit seinen Fehlern und Schwächen unvoreingenommen liebst.

➤ *Geschichte – Beziehungshilfe*

Bei einem meiner Seminare traf ich auf Susanne und Peter. Susanne war tiefunglücklich in ihrer Beziehung und zog bereits ernsthaft in Erwägung, sich von Peter zu trennen. Sie wünschte sich ganz einfach mehr Aufmerksamkeit, aber auch mehr Leidenschaft, womit ihr Peter jedoch nicht dienen konnte. Wie sich herausstellte, waren die Gründe dafür sehr vielfältig – es schien jedoch darauf hinauszulaufen, dass Peter von klein auf nicht gelernt hatte, seine Gefühle zu zeigen und sich einem anderen Menschen ganz und gar hinzugeben. Lediglich in der Phase der anfänglichen Verliebtheit waren Susanne und Peter glücklich miteinander.

Zunächst warfen wir einen Blick in Peters Vergangenheit, wobei wir schon sehr bald auf eine Blockade stießen. Sowohl im Kindesalter als auch in einer späteren Beziehung wurde Peter betrogen und zutiefst verletzt. Als Folge davon fiel es ihm sehr schwer, über seine wahren Gefühle zu sprechen. Außerdem neigte er dazu, Susanne mit den Frauen zu vergleichen, mit denen er früher zusammen gewesen ist. Das ging sogar so weit, dass er auf sexueller Ebene Vergleiche anstellte, die meist zu Susannes Ungunsten ausfielen.

Während des Coachings kam es mir in erster Linie darauf an, Peter beizubringen, seine Gefühle zuzulassen. Auch musste er lernen, mit seiner Partnerin offen über seine sexuellen Vorlieben zu sprechen und Vergleiche mit früheren Erfahrungen möglichst zu unterlassen – schließlich ist eine Beziehung kein Wettbewerb. Schon nach kurzer Zeit machte Peter kleine Fortschritte, die es Susanne zunehmend ermöglichten, positiv in die gemeinsame Zukunft zu blicken und Peter den für ihn so wichtigen Freiraum zu lassen. Beide können sich nun gegenseitig ihre Wünsche mitteilen, ohne vom jeweils anderen verurteilt zu werden.

Und so kam es, dass Peter mir einige Wochen später freudig von seinen Erlebnissen berichtete. Er und Susanne waren tiefer miteinander verbunden als jemals zuvor. Sie sprechen offen und ehrlich über ihre Bedürfnisse, sodass auch ihr Sexleben nun wesentlich erfüllter ist.

Bei dieser Gelegenheit möchte ich kurz auf eine Erfahrung aus meinem eigenen Leben verweisen. Meine erste richtige Beziehung dauerte länger als fünf Jahre, und auch ich hatte mit ähnlichen Problemen zu kämpfen wie Peter. Ich war durch Erlebnisse in meiner Vergangenheit blockiert, konnte diese Blockaden nach und nach überwinden, um mich heute voll und ganz auf meine jetzige Partnerin einzulassen.

Mein Tipp, wenn du dich in einer ähnlichen Situation befindest: Scheue dich nicht, mit deinem Partner über deine Gefühle zu sprechen. Ersetze deine negativen Affirmationen durch positive und lasse Tag für Tag konsequent einen »Kurzfilm« über deine Zukunft in deinem Kopf ablaufen. Auf diese Weise kommst du deinem Ziel in großen Schritten näher.

Sexuelle Frustration ist Gift für jede Beziehung

Ein unerfülltes Sexualleben ist einer der häufigsten Gründe für Frust in der Beziehung. Schlimmer noch: Eine falsch oder gar nicht gelebte Sexualität ist oft der Ursprung von schweren Neurosen. Obwohl junge Eltern heute modern denken und sich für sexuell offen halten, fällt es ihnen schwer, ihre Kinder zu gegebener Zeit aufzuklären und ohne Hemmungen über Sexualität zu sprechen. Für das ganze Menschenleben werden in dieser frühen Kindheits- und Jugendphase falsche Weichen gestellt und Blockaden aufgebaut, die sich im Erwachsenenalter negativ auf die seelische und körperliche Gesundheit und somit auf das Privat- und Berufsleben auswirken. Dabei geht es um viel mehr als Beziehungsprobleme! Schwerste Depressionen,

Manien, Phobien, Sadismus, ein gestörtes Verhältnis zum anderen Geschlecht und zum Thema Familie sind nur einige mögliche Auswirkungen.

Sollte sich Deine Beziehung in einer schwierigen Phase befinden, in der es auch um sexuellen Frust geht, dann sprich mit Deinem Partner. Löse alles Negative durch positive Affirmationen auf und drehe jeden Tag Deinen geistigen Kurzfilm von einer wundervollen Zukunft in einem liebevollen und herzerfüllten Miteinander. Wenn Du das konsequent tust, können in Deiner Beziehung wahre Wunder geschehen.

Der wichtigste Baustein einer dauerhaft erfüllten Zweisamkeit besteht darin, dass Du den Standpunkt und die Gefühlswelt Deines Partners wirklich verstehst. Sich vollkommen zu öffnen und die eigenen Sehnsüchte zum Ausdruck zu bringen, ist der Schlüssel zu einer harmonischen und erfüllten Beziehung. Die Tragweite einer fehlgeleiteten Beziehung wird dagegen stark unterschätzt.

Die Schöpfung hat uns die Sexualität nicht nur als einzigartige Quelle der Lust gegeben, damit wir uns fortpflanzen. Im geistigen Sinne ist sie der Ausdruck einer tiefen, liebevollen Verbundenheit von zwei Seelen. Du hast ein Recht darauf, begehrt zu werden und die Freuden der Sexualität erleben zu dürfen. Das gilt in jedem Alter, selbst wenn Dir Deine Umwelt etwas Anderes einreden will. Männer müssen deshalb keine Angst davor haben, nicht leistungsfähig genug zu sein für eine erfüllte Sexualität.

Sex ist kein Leistungssport!
Es gibt keinen schöneren Weg als den der Sexualität, um den Partner voller Hingabe und Leidenschaft die ganze Liebe spüren zu lassen, die Du für ihn empfindest. Dein Körper ist der Tempel Deiner Seele, und indem Du ihm Lust bereitest, strömen auch Deiner Seele positive Energien zu. Akzeptiere ab sofort Deine sexuellen Wünsche, aber öffne Dich genauso für die Wünsche Deines Partners.

Sexuelle Probleme entstehen oft aus persönlichen Ängsten und unterschiedlichen Vorstellungen. Oft geht es aber auch einfach um die Frage der Gewohnheit. Durch Partnerschaftsübungen können solche Probleme meist leicht behoben werden. Das umgekehrte Problem entsteht allerdings, wenn eine Beziehung nur durch guten Sex zusammengehalten wird.

Wenn Kinder Opfer einer Scheidung werden

Die Bindung zwischen Mutter und Kind gilt aus medizinischer und psychologischer Sicht als die wichtigste Beziehung überhaupt. Kaum jemand kann so großen Schaden in einer kleinen Kinderseele anrichten wie die eigene Mutter. Wenn Kinder in ihrer Jugend von der Mutter abgelehnt wurden oder gar misshandelt wurden, hat das oft allerschlimmste Auswirkungen auf ihr Leben als Erwachsene. Trotzdem kann auch die liebevollste Mutter nicht den Vater ersetzen. In den ersten Lebensjahren sind Vater und Mutter für jedes Kind die höchste Instanz. Sie stehen für Führung, für Schutz und für die oberste Gerichtsbarkeit. Nichts ist für ein kleines Kind wichtiger als die Eltern! Deshalb ist es auch für jedes Kind das Schlimmste, wenn sich die Eltern streiten. Wenn ein Kind schon in seiner frühesten Kindheit damit konfrontiert wird, dass sich die Eltern nicht mehr verstehen, nur noch streiten und sich schließlich trennen, hinterlässt dies in den zarten Kinderseelen oft verheerende Spuren.

Viele Männer sind ihren Kindern keine Väter, sondern lediglich die Erzeuger und Versorger. »Störe Deinen Papa nicht, er kommt von der Arbeit und hat einen langen und harten Tag hinter sich!« – Wenn Kinder solche Sätze regelmäßig hören, haben sie bald das Gefühl, nicht erwünscht zu sein. Denn wie soll ein Kind begreifen oder was kann es dafür, dass der geliebte Papa hart arbeiten muss? Im Lauf der Zeit lösen wir so das Gefühl in unseren Kindern aus, dass wir immer etwas leisten müssen, bevor wir eine Gegenleistung bekommen. Wir müssen also etwas geben, damit wir geliebt werden. Wir müssten vielleicht immer besonders lieb sein, bevor uns unsere Eltern einen bestimmten Wunsch erfüllen. Alles das hat Auswirkungen auf die Kinderseele und auf unser eigenes Empfinden als Erwachsene. Unsere Fähigkeit, im Erwachsenenalter Liebe und Zärtlichkeit zu geben, hängt stark davon ab, wie wir selbst als Kinder behandelt wurden.

Deshalb ist es für Kinder auch oft viel besser, mit getrennten Eltern aufzuwachsen, die sich auf die Liebe zu ihm konzentrieren und sich um die Erziehung kümmern können als bei Vater und Mutter zu leben, die sich nicht mehr verstehen und die nur mit ihren eigenen Problemen beschäftigt sind. Obwohl die Konsequenzen einer Trennung oder Scheidung für ein Kind gravierend sein können, ist es für das Seelenleben des Kindes besser, wenn man die Trennung in Ruhe vollzieht und wenn das Kind danach bei einem Elternteil lebt. Nach einiger Zeit gewöhnen sich alle Beteiligten an die neue Situation. Wenn Vater und Mutter zum Wohl des Kindes einen vernünftigen Umgang miteinander pflegen können, wächst es in seiner gewohnten Umgebung auf, geht zur Schule, trifft seine Freunde und muss sich nicht an ein neues Lebensumfeld gewöhnen. Natürlich sollte ein regelmäßiger Besuch bei dem Elternteil gegeben sein, bei dem es nicht lebt. Geht das nicht, sollte wenigstens der Kontakt zum fehlenden Vater oder zur Mutter erhalten bleiben. So lassen sich die Folgen einer Scheidung oder einer Trennung für die Kleinen reduzieren. Ganz wichtig ist dabei, dass das Kind immer das Gefühl hat, von Mama und Papa gleichermaßen geliebt zu werden, auch wenn sie nicht mehr im gleichen Haus leben. Auf keinen Fall sollte so etwas wie eine Konkurrenzsituation um die Liebe des Kindes entbrennen. Wenn es den Eltern aber gelingt, einen ordentlichen Umgang miteinander zu pflegen und ihrem Kind die Liebe von beiden Elternteilen zu geben, bestehen gute Chancen, dass auch ein Scheidungskind in geordneten Verhältnissen aufwächst.

Das wiederum bedeutet, dass auch Kinder mit geschiedenen Eltern selbst zu Erwachsenen werden können, die Liebe und Zärtlichkeit geben und empfangen. Wer sich der Verantwortung bewusst ist, die man dem kleinen Wesen gegenüber hat, kann vielleicht auch im Fall einer Trennung oder Scheidung so sensibel mit der Situation umgehen, dass die Auswirkungen auf die empfindliche Kinderseele überschaubar bleiben. Dazu aber müssen sich die Eltern zusammenraufen, selbst wenn dies in der jeweiligen Situation sehr schwer sein mag. Trotzdem müssen Scheidungskinder nicht zwangsläufig zu Erwachsenen werden, die selbst nicht fähig sind, eine Beziehung auf Dauer einzugehen. Im vernünftigen Umgang miteinander und mit dem Kind liegt eine große Verantwortung, der sich beide Elternteile auf keinen Fall entziehen dürfen.

Doch jetzt bist Du an der Reihe! Wie war denn Deine Kindheit? Woran erinnerst Du Dich noch? Welche Glaubenssätze haben Deine Eltern Dir mitgegeben? Welche Werte und Vorbilder beeinflussen Dein Leben noch heute? Welche Aussagen haben Dich geprägt und wirken bis heute nach? Hast Du vielleicht sogar Ermutigung aus Filmen oder Liedern gezogen, die Dir in einer schlimmen Phase Deines Lebens Trost gegeben haben?

Nimm Dir für alle diese Fragen die Zeit, die Du brauchst und unterschätze ihre Bedeutung nicht! In Deiner Recherche wirst Du viele Ursachen für Deine heutigen Probleme und Verhaltensmuster finden. Sicher kann die eine oder andere Entdeckung etwas weh tun. Doch es lohnt sich, denn Du bekommst Zugang zu Deinem Verhalten und zu Problemen, mit denen Du Dich bisher noch gar nicht beschäftigt hast. Wenn es Dir gelingt, Dich selbst am Ende besser zu verstehen, kannst Du noch gezielter Einfluss nehmen auf Deine Reaktionen anderer Menschen gegenüber. Und noch viel wichtiger ist, dass Du Dein Leben dadurch wieder selbst in die Hand nehmen und Dein Glück aktiv gestalten kannst!

Eine Scheidung oder eine Trennung ist oft eine der größten Krisen, die wir im Lauf unseres Lebens zu bewältigen haben. Viele Menschen können sich bei gemeinsamen Kindern nicht dazu entschließen, das Leben mit dem Partner und mit der Familie zu beenden. Man leidet in einer unerfüllten Ehe und lässt diese mehr oder weniger nur noch über sich ergehen. Vielleicht hat uns unser Gefühl schon seit langer Zeit gesagt, dass etwas in der Beziehung nicht mehr stimmt. Vielleicht wusste man sogar schon in den ersten Minuten des Kennenlernens, dass der Partner der Richtige für uns ist – oder eben nicht. Doch viel zu oft überhören wir diese oft so sichere und deutliche Stimme in uns, weil wir damit beschäftigt sind, unser Gegenüber zu erobern und weil wir jemanden als besonders schön und begehrenswert empfinden. Vielleicht hat uns unsere innere Stimme schon das Ende der Beziehung angekündigt, doch trotzdem verbringen wir viele Jahre glücklich miteinander und haben sogar geheiratet.

Doch irgendwann entschließt Du Dich dann doch zur Trennung, weil es auf Dauer einfach die beste Lösung für alle Beteiligten ist. In dieser Situation darf es im Grunde für Dich selbst nur eine einzige Reaktion darauf geben: Du musst Dich über Deinen Entschluss freuen können! So schwer es für Dich auch sein mag, so sehr solltest Du versuchen, die gemeinsame Zeit als etwas Schönes und Wunderbares zu schätzen. Entlasse sie in Liebe und akzeptiere, dass sie Dein Leben in vieler Beziehung geprägt hat. Natürlich darfst Du traurig sein, weil es für Dich und Deinen Partner nicht für ein Zusammenleben für die Ewigkeit gereicht hat. Trotzdem sollte Dir Dein Glück und auch das des anderen so wichtig sein, dass es über Deinem Ego steht. Gelingt das nicht, stellst Du Dein Ego und die eigene Täuschung über das Wohl des Partners. Manchmal heißt Liebe auch, den anderen gehen zu lassen, obwohl das natürlich sehr schwer sein kann.

Versetze Dich einmal in folgende Situation: Wenn Du selbst Deinen Partner nicht als optimal bezeichnest, bist Du auch nicht die perfekte Wahl für ihn! Das heißt, ihr habt beide gleichermaßen keine Chance, den oder die Richtige in Eurem Leben zu finden. Uns Menschen fällt das Loslassen unglaublich schwer. Deshalb neigen wir dazu, krampfhaft an Dingen festzuhalten, weil wir Angst vor Neuem und vor einer ungewissen Zukunft haben. Doch es geht auch anders! Du kannst Dich zum Beispiel darüber freuen, dass Du wieder frei bist. Weder Du noch Dein Partner bist auf irgendjemanden angewiesen. Eine Trennung darf für Dich nur bedeuten, dass ein neuer und noch schönerer Hafen auf Dich wartet, der besser zu Dir passt als derjenige, in dem Du bisher sicher geankert hast.

Auf keinen Fall solltest Du Deinen Partner zum Lückenbüßer werden lassen. Bleibe nicht bei ihm, nur weil gerade scheinbar keine bessere Alternative in Sichtweite ist. Versuche einmal, Dir Deine bewussten und unbewussten Handlungsmuster verständlich zu machen. Vielleicht missbrauchen wir den Partner nur, weil wir selbst irgendwo ein Defizit haben, das wir nur schwer erkennen. Vielleicht bleibst Du bei einem Mann, der viel Geld verdient, weil Du selbst materiell nicht genügend abgesichert bist und dennoch hohe Ansprüche an Dein Leben und an Deine finanzielle Sicherheit hast?

Vielleicht fühlst Du Dich auch immer wieder einsam, weil Du nur wenige Freunde hast? Muss Dein Partner sogar Deine Freunde ersetzen? Ist Dein Partner sehr stark und strotzt er nur so von Selbstvertrauen, das Dir selbst eindeutig fehlt? Achte darauf, dass Du von Deinem Partner nicht verlangst, Dir etwas zu geben, was Du selbst nicht besitzt. Ob er nun der Ersatz für Deine fehlende Familie sein soll oder ob er Dir etwas anderes geben soll, was Du glaubst, im Leben nicht zu bekommen, ist im Grunde nicht von Bedeutung. Achte aber immer darauf, dass Du nicht glaubst, nicht mehr ohne diesen einen Menschen leben zu können. Eine Liebesbeziehung soll immer eine Ergänzung zu Deinem eigenen Leben sein. Sie darf einen wichtigen Platz in Deinem Leben einnehmen, aber denke immer daran, dass die Kunst der Liebe darin besteht, eins zu werden, aber zwei zu bleiben! Das schaffst Du nur, wenn Du weiterhin Dein eigenes Leben lebst und darin genügend Raum für Deine Selbstverwirklichung lässt. Achte drauf, dass Du nie mehr sagen musst, dass Du wegen einer Partnerschaft keine Zeit mehr für etwas oder für jemanden hast. Dann bist Du nämlich auf dem besten Weg, Dein Leben und Dich selbst aufzugeben – und einer glücklichen und stabilen Beziehung die Basis zu entziehen.

Eine Trennung kann also wirklich manchmal der bessere Weg sein, um sein Leben wieder in geordnete Bahnen zu lenken. Gib Deinem Partner und Dir dann die Chance, noch einmal eine glückliche Beziehung mit einem Menschen zu führen, der in dieser Phase seines Lebens noch besser zu ihm passt. Ihr habt einige glückliche Jahre miteinander verbracht, vielleicht habt Ihr Euch zusammen etwas aufgebaut, vielleicht habt Ihr sogar gemeinsame Kinder. Jetzt ist es an der Zeit, den geliebten Menschen ziehen zu lassen und Euch beiden noch einmal die Gelegenheit auf einen Neuanfang zu geben.

Die folgende Affirmation kann Dir helfen, dieser sicher schwierigen Situation das Beste abzugewinnen und Dich wieder voller Freude auf Deine eigene Zukunft zu konzentrieren:

Ich bin dankbar für die vielen guten Erfahrungen, die ich mit Dir machen konnte und die mich haben wachsen lassen. Ich entlasse Dich jetzt in eine vollkommene Liebe und bin offen für alles Neue und das wunderbare Glück, das mich erwartet.

Eine glückliche Beziehung

Eine glückliche Beziehung wünscht sich wohl jeder Mensch. Ganz unabhängig davon, ob man seit vielen Jahren verheiratet ist, ob man ohne Trauschein zusammenlebt oder ob man erst sehr kurze Zeit mit jemandem zusammen ist, möchte man sicher immer eine glückliche Beziehung führen. Beobachtet man Menschen nach der Goldenen Hochzeit oder sogar nach einer Diamantenen Hochzeit, kommt sicher ein Gefühl von

Bewunderung und vielleicht auch Neid auf, wenn man einen liebevollen und fürsorglichen Umgang miteinander feststellt. Wie also kann es gelingen, eine glückliche Beziehung auf Lebenszeit zu führen, und was sind die Geheimtipps? Selbst sehr positive Menschen kennen darauf vor allem eine Antwort: Eine glückliche Beziehung ist beständige Arbeit.

Wer über viele Jahre lang mit dem gleichen Partner glücklich sein will, muss vor allem entschlossen sein, dieser Beziehung in jeder Lebenslage eine Chance und eine Perspektive zu geben. Wenn einer von beiden von Anfang an davon ausgeht, dass es sich sowieso nur um eine vorübergehende Affäre handelt, die keine Zukunft hat, ist die Liebe schon in der ersten Phase der Verliebtheit zum Scheitern verurteilt. Letztlich müssen beide Partner bereit sein, in guten wie in schlechten Zeiten zueinander zu stehen, denn sonst wird eine Beziehung nie von Dauer sein. Dieser feste Wille ist sicher auch die Basis dafür, eine schwierige Phase miteinander zu überstehen. Diese Erfahrung kann sehr bereichernd sein, denn wer nach einer größeren Liebeskrise doch bei dem geliebten Partner bleibt, stellt vielleicht fest, dass es sich lohnt, dem gemeinsamen Leben eine Chance zu geben. Zu dem festen Willen, gemeinsam alt zu werden, kommt aber in einer glücklichen Beziehung noch viel mehr dazu. Es ist eine Kombination aus Gemeinsamkeit und aus Selbstständigkeit, die das Geheimnis erfolgreicher Ehen ausmacht. Beide Partner müssen eigene Interessen verfolgen, nur so bleiben sie spannend und begehrenswert. Gleichzeitig müssen gemeinsame Werte vorhanden sein, für die es sich lohnt, in Krisenzeiten zu kämpfen. Und schließlich lautet ein wichtiger Geheimtipp ganz einfach, den Partner zu lieben und ihm seine Wertschätzung jeden Tag erneut zu bestätigen.

Wertschätzung ist das größte Kompliment
Damit eine Beziehung nach vielen Jahren noch glücklich und erfolgreich läuft, brauchen beide Partner die regelmäßige Bestä-

tigung durch den anderen. Selbst wenn es einmal für einige Zeit kriselt, muss man dem Partner zeigen, was man an ihm liebt und besonders schätzt. Es kann helfen, sich selbst erst einmal Klarheit darüber zu verschaffen. Vielleicht schreibt man sich sogar auf, welche Eigenschaften man an seinem Partner ganz besonders liebt. Konzentriert man sich dann auf diese Eigenschaften, werden die Fehler langsam weniger wichtig erscheinen. Eine glückliche Beziehung lebt also davon, dem anderen Menschen immer wieder zu spiegeln, was man an ihm besonders liebt und was ihn so einzigartig macht. Wenn das gelingt, hat man gute Chancen, ein Leben lang mit einem einzigen Partner glücklich zu sein, ohne jemals das Gefühl zu verspüren, etwas verpasst zu haben. Und genau darin liegt das vielleicht größte Glück einer langjährigen Beziehung, die alle Höhen und Tiefen übersteht.

Wenn eine Partnerschaft seit mehreren Jahren läuft, kann irgendwann der Zeitpunkt kommen, an dem man seine Beziehung auffrischen will. Am besten geschieht das natürlich gemeinsam mit dem Partner. Nur so bleibt gewährleistet, dass aus der harmlosen Suche nach neuen und frischen Anreizen kein Seitensprung wird, der alles zerstören könnte. Die Ideen, wie man eine langjährige Beziehung auffrischen kann, sind durchaus unterschiedlich. Im besten Fall ist natürlich bei beiden Partnern der Wunsch vorhanden, etwas Neues zu wagen, um der Partnerschaft wieder mehr Pep zu verleihen.

Neue Hobbys und Urlaube als Anreiz

Ein gemeinsames neues Hobby, eine interessante Sportart oder eine spannende Weiterbildung können erste Anreize sein, sich mit dem Partner auf etwas Neues einzulassen. Man lernt andere Menschen kennen, man kommt wieder häufiger in Kontakt mit anderen Menschen. Vielleicht haben die beiden Partner Spaß daran, gemeinsam tanzen zu lernen oder als geübte Tänzer das Tanzbein wieder regelmäßig zu schwingen. Beim Tanzen kommt man sich zwangsläufig näher, und wenn es dann noch zu heißer Musik geschieht, ist schon ein guter Schritt in Richtung Auffrischung geschafft. Eine Steigerung könnte ein neues Urlaubsziel sein. Vielleicht war man viele Jahre lang am gleichen Urlaubsort und hat jetzt die Gelegenheit, ein anderes Traumziel zu entdecken. Vielleicht macht auch eine Städtereise richtig Spaß, vielleicht darf es sogar ein Abenteuerurlaub oder ein Wellnessaufenthalt sein. Alles, was in irgendeiner Form neue Impulse in die Beziehung bringt, ist gefragt. Danach haben sich beide Partner sicher wieder eine ganze Menge zu erzählen, und vielleicht entdeckt man sogar den einen oder anderen Charakterzug, den man an seinem Partner bisher noch nicht kannte oder den man jetzt wieder ganz neu zu schätzen gelernt hat. Und natürlich gehört zur Auffrischung einer Beziehung natürlich auch das Intimleben dazu. Die Möglichkeiten, frischen Wind ins Schlafzimmer zu bringen, sind so vielfältig, dass der Fantasie keine Grenzen gesetzt sind. Wichtig ist hier, dass beide Partner ähnliche Interessen haben oder sich mindestens neugierig auf etwas einlassen wollen, was der andere unbedingt ausprobieren möchte. So kann man schon mit wenig Aufwand viel frischen Wind in eine angestaubte Beziehung bringen und auch langjährige Partnerschaften auffrischen.

Wenn die Beziehung in eine Schieflage gerät, wird dies für beide Partner fast zwangsläufig zu einer großen Belastung. Die Ursachen dafür mögen unterschiedlich sein, doch wenn man seine Beziehung retten will, geht das nur mit beständiger Arbeit von beiden Seiten. Vielleicht fühlt sich einer der beiden Partner vernachlässigt. Vielleicht kam es zum Seitensprung. Vielleicht belasten finanzielle Probleme das Glück der beiden. Vielleicht musste einer von beiden gesundheitliche oder familiäre Schwierigkeiten meistern. Vielleicht gibt es Stress im Job, vielleicht hat man Angst um den Arbeitsplatz und damit um den erreichten Lebensstandard. Die Gründe sind also äußerst unterschiedlicher Natur. Wenn man seine Beziehung retten will, muss die Bereitschaft von beiden Seiten unbedingt gegeben sein.

Wenn es in einer Beziehung Probleme gibt, kündigt sich das oft sehr banal an: Ein Ehepaar steht an der Kreuzung (zu Fuß oder im Auto), der Mann spricht zur Frau: »Jetzt ist die Ampel grün.« Das finden Sie nebensächlich? So denken Kommunikationsforscher nicht, sie haben diesen Satz hundertfach analysiert. Kennen Sie diesen Satz? Dann hatten Sie wohl schon einmal in ihrer Beziehung Probleme.

Es gibt viele weitere Sätze dieser Art, die symptomatisch dafür sind, dass es in der Beziehung Probleme gibt. Grundsätzlich fühlt sich mindestens einer der Partner missverstanden, der andere oft im gleichen Moment missachtet. Das passiert an der Ampel: Die Frau denkt, wieso muss er mir das sagen, denkt er, ich sehe es nicht selbst? Möglicherweise reagiert sie entsprechend gereizt, weil sie das Gefühl bekam, ihr Mann achtet sie nicht mehr (vor allem ihre Kompetenz als Autofahrerin). Der Mann wiederum denkt: Mein Gott, ich habe es doch nur gut gemeint! Warum missversteht sie mich nur ständig? So fangen in einer Beziehung Probleme an, denn die beiden können nun den ganzen Abend darüber streiten. Nur selten reflektiert das Paar, worum es wirklich geht: Jeder Partner wünscht sich aus tiefstem Herzen ein Pendant, das ihn uneingeschränkt liebt.

Wie lassen sich in einer Beziehung Probleme lösen?

Auf keinen Fall durch den stundenlangen Streit über die grüne Ampel. Dahinter steckt die Absicht, dass der Partner endlich die »richtige« Einstellung annimmt und sich so verhält, dass es wirklich nichts mehr zu bemängeln gibt. Wir könnten ihn wieder uneingeschränkt lieben und uns uneingeschränkt geliebt fühlen. Das ist eine Illusion, die manche Menschen in der Tat zu erzeugen vermögen: Sie passen sich so grenzenlos an ihren Partner an, dass sie diesem wie eine Prinzessin oder wie ein Prinz vorkommen. Genau das steckt hinter diesen Märchenfiguren. Prinzessinnen oder Prinzen sind immer gut und herrlich, was in der Psychologie bedeutet, dass sie all unsere Schwächen grenzenlos tolerieren und dabei immer gut zu uns sind. Da so etwas kein gesunder Mensch ewig durchhält, geht das nur im Märchen gut aus. Im wahren Leben müssen Prinz oder Prinzessin irgendwann die Maske fallen lassen, was eventuell zur Aufdeckung ihrer Drogen-, Spiel-, Sex- oder Lügensucht führt, manchmal aber auch ein Schlaglicht auf Misshandlungen und/oder Missbrauch in der Kindheit wirft, oder diese Personen müssen sich von uns so sang- und klanglos verabschieden, dass wir es nicht fassen können – oft ein Leben lang nicht. Weiter geschlussfolgert bedeutet das: Es ist allemal günstiger, in einer Beziehung Probleme anzusprechen.

Wenn man sich in einer Beziehung nicht mehr wohlfühlt, ist es an der Zeit zu handeln. Niemand möchte gerne Lebenszeit verlieren, und heute muss man an einer Partnerschaft nicht mehr festhalten, wenn sie keine Aussicht auf Erfolg birgt. Doch der Weg zu einer Entscheidung kann lang und steinig sein. Auf jeden Fall aber muss man sich darüber im Klaren sein, dass Eigeninitiative gefragt ist, wenn man unglücklich in der Beziehung ist. Eine Entscheidung, wie es weitergehen soll, kann nämlich nur der Betroffene selbst treffen. Er muss analysieren, warum er unzufrieden ist. Kann er selbst etwas dazu beitragen, sich wieder besser zu fühlen, sollte er das umgehend tun. Wenn der Partner aber aktiv werden muss, dann sollte man schnellstens das Gespräch mit ihm suchen. Ob es von Erfolg gekrönt ist, hängt natürlich sehr stark davon ab, wo eigentlich der störende Faktor liegt. Doch wenn der Partner nichts davon weiß, dass sein Gegenüber so unglücklich ist, bleibt letztlich nur die offene Aussprache. Diese wiederum ist man dem Partner schuldig, denn nichts ist so schlimm wie eine zufällige Auseinandersetzung nach einigen Jahren, in der dann ans Licht kommt, dass man sich eigentlich schon lange von etwas gestört fühlt, was man mit etwas Offenheit viel früher abstellen konnte.

Uneigennützig etwas für den anderen tun

Jeder Mensch wünscht sich Liebe – damit ist nicht nur die Liebe des Partners gemeint, sondern auch die Liebe von Eltern, Kindern oder Geschwistern oder die Freundschaft und Anerkennung durch andere Menschen. Liebe ist die tiefste Form der Zuneigung, doch bedeutet sie auch Freiheit und Achtung. Freiheit, die wir selbst haben, aber auch die Freiheit, die wir den Menschen lassen müssen, die wir lieben und von denen wir Liebe erwarten. Achtung ist eine wichtige Basis für die Liebe. Wir selbst wollen mit Achtung begegnet werden, doch das gelingt nur, wenn wir auch anderen Achtung entgegenbringen.

Hier ist nicht körperliche Liebe gemeint – vielleicht wirst Du ja sagen, dass sie für die Liebe zwischen zwei Menschen wichtig ist, das mag stimmen. Aber Liebe ist noch viel mehr. Viel tiefer ist die andere Form der Liebe, die auf Freiheit und Achtung basiert. Liebt ein Mann eine Frau, dann ist er von ihr überzeugt, von ihrer Rechtschaffenheit und Aufrichtigkeit, von ihren positiven Eigenschaften, einfach davon, dass sie so ist wie sie ist. Bringt er ihr Achtung entgegen, dann benimmt er sich ihr gegenüber nicht ungehörig, nur weil sie von ihrem Chef zum Essen eingeladen wurde und diese Einladung angenommen hat. Er wird sie anhören und wird ihr Verständnis entgegenbringen – schließlich kann ein Essen mit dem Chef die Karriere fördern, da der Chef sie als Mitarbeiterin schätzt und mehr von ihr erfahren will. Umgekehrt wird auch sie aufrichtig sein und ihrem Mann erzählen, dass sie mit ihrem Chef essen geht und wie das Essen verlaufen ist.

Viel zu oft verlangen Menschen, die etwas für einen anderen tun, dafür Dank, Anerkennung und vielleicht sogar eine Gegenleistung. Liebe bedeutet, dass Du jemandem einen Liebesdienst erweist, vielleicht eine Arbeit tust, die Du überhaupt nicht magst, aber dafür überhaupt nichts verlangst. Du solltest das ohne Hintergedanken tun.

Mütter machen oft den Fehler, dass sie nicht loslassen können und ihren Kindern keine Freiheiten gewähren, gerade weil sie ihre Kinder so sehr lieben. Die Kinder leiden darunter. Bist Du selbst Mutter und erkennst Du Dich wieder? Dann musst Du lernen, loszulassen und Deinen Kindern die nötigen Freiheiten einräumen.

Es ist natürlich, dass jede Mutter für ihr Kind das Beste will und sich um ihr Kind sorgt – doch hier lauert die Gefahr, das Kind in seiner Freiheit einzuschränken. Wichtig ist, dass Du Dein Kind mit der Realität konfrontierst, da es nur so lernen kann, mit den Tatsachen im Leben zurechtzukommen.

Jeder Mensch hat Schwächen; Menschen, die lieben, reiten nicht darauf herum, sondern sie akzeptieren diese Schwächen, ohne den anderen verbiegen zu wollen. Würdest Du den anderen dauernd auf seine Schwächen ansprechen, dann würdest Du ihn verletzen, er würde sich vielleicht von Dir abwenden, mit Dir nichts mehr zu tun haben wollen. Denke immer daran, andere so zu behandeln, wie Du selbst behandelt werden möchtest.

Wir kennen das Gesetz des Lebens und wissen, dass viele Menschen mit Visionen – Künstler, Erfinder und Wissenschaftler – oft von der Welt als Träumer und Spinner verspottet wurden. Hätte es diese Träume allerdings nicht gegeben, dann wären wir heute nicht dort, wo wir sind. Es kommt also darauf an, den Menschen zu akzeptieren und ihm die Freiheit zu geben.

Das Unterbewusstsein hat ein allgemeines Heilprinzip, es nutzt den Glauben als Heilmethode. In der psychosomatischen Medizin ist das Unterbewusstsein der Ausgangspunkt für vielfältige körperliche Leiden wie Magengeschwüre, Bluthochdruck oder Multiple Sklerose. Um diese Leiden zu behandeln, kommt es darauf an, beim Unterbewusstsein anzusetzen. Das Unterbewusstsein muss von Deinem Glauben überzeugt sein, um das nach außen hin zu übertragen.

Auf Überzeugung kommt es an – Was ist Überzeugung?

Die Grundlage dafür sind unsere Emotionen, aber auch das persönliche Wertesystem. Sind wir von einem Menschen überzeugt, dann projizieren wir unsere eigenen Wertvorstellungen auf ihn und sind der Meinung, dass er sie erfüllt. Je emotionaler Du bist, desto mehr beeinflusst Deine Überzeugung Dein Leben.

Überzeugen ist nicht überreden.

Überzeugen

Möchtest Du jemanden von einer Idee überzeugen, dann ist es wichtig, dass Du Dich mit ihm auf Augenhöhe befindest und Dich mit ihm austauschen kannst. Es geht nicht darum, dem anderen Deine Meinung aufzwingen zu wollen, sondern auch die Meinung des anderen, seine Wünsche und Bedürfnisse zu akzeptieren. Möchtest Du jemanden von etwas überzeugen, dann kannst Du Argumente hervorbringen, doch musst Du alles sachlich begründen und dem anderen genügend Freiheit lassen, es anzunehmen oder abzulehnen.

Überreden

Überreden ist mit Dominanz und Selbstsicherheit verbunden. Willst Du jemanden überreden, dann zeigst Du Dich ihm gegenüber dominant, selbstsicher und vielleicht auch selbstherrlich, während der andere sich unterwirft und unsicher ist. Beim Überreden ist die Machtverteilung unausgeglichen, Überreden ist nicht auf Augenhöhe. Eine Überredungssituation hat einen negativen Ausgang – für denjenigen, der überredet wird.

Jeder Mensch benötigt ein gesundes Selbstwertgefühl – es kommt darauf an, das Selbstbewusstsein richtig anzuwenden, dem anderen auf Augenhöhe zu begegnen, ohne überheblich zu sein. Ein gesundes Selbstwertgefühl bedeutet, dass Du Dich selbst liebst, ohne perfekt zu sein, und dass Du Dich so akzeptierst, wie Du bist. Du bist von Deinen Stärken überzeugt, doch kennst Du auch Deine Schwächen.

Liebeskummer überwinden

Liebeskummer gehört zu den Erfahrungen, die jeder Mensch mehrmals im Leben macht. Auch wenn eine unerwiderte Liebe ebenso wie eine zerbrochene Beziehung schmerzt, unterscheiden sich beide Formen der Liebesenttäuschung voneinander. In den meisten Fällen lässt sich das unerwiderte Liebeswerben leichter als die beendete Liebesbeziehung verarbeiten, da sich der Leidende nicht zuvor einem Partner vollkommen anvertraut hat.

Je nach persönlichem Typ unterscheiden sich die Arten, wie Menschen ihren Liebeskummer am wirksamsten überwinden. Nicht geeignete Methoden sind das panische Eingehen einer neuen Beziehung oder das Betäuben des Schmerzes mit einer vermeintlich unverbindlichen Affäre. Wesentlich sinnvoller sind Reisen, um Abstand zu gewinnen und neue Eindrücke zu sammeln. Der Wunsch, mit dem Ex-Partner befreundet zu bleiben, ist oft nachvollziehbar, aber nicht immer sinnvoll. Voraussetzung ist, dass der Trennung kein Streit vorausging und dass beide Partner mit der Liebesbeziehung abgeschlossen haben. In vielen Fällen ist es ratsam, dass ein früheres Paar sich in den ersten Wochen nach der Trennung konsequent aus dem Weg geht. Sobald die schlimmsten seelischen Schmerzen vergangen sind, lässt sich darüber nachdenken, mit dem früheren Liebespartner eine platonische Freundschaft einzugehen. Eine solche erleichtert auch den weiteren Umgang mit dem gemeinsamen Freundeskreis. Auch wenn der Liebeskummer nicht aus dem Ende einer Beziehung, sondern aus einer nicht erwiderten Liebe besteht, ist es ratsam, dem Objekt der Liebe zeitweise aus dem Weg zu gehen. Diese vorübergehende Zeit endet, sobald der vergeblich Liebende sich sicher ist, nichts anderes als Freundschaft mehr zu empfinden. Das Ausweichen gestaltet sich als ausgesprochen schwierig, wenn der vergeblich Angeschmachtete ein Arbeitskollege ist. In diesem Fall kann es sinnvoll sein, mit dem

Chef zu sprechen und um die vorübergehende Versetzung in eine andere Abteilung zu bitten.

Narzissmus und Beziehung

Narzissmus und Liebesbeziehung passen wunderbar zusammen, vor allem dann, wenn der nicht-narzisstische Partner den Narzissten gerade braucht. Solche Fälle sind viel häufiger, als man glaubt. Das Prekäre: Narzissten finden zielsicher solche Menschen und beuten sie dann gnadenlos aus.

Der Mythos von Narziss
Der Narziss der griechischen Mythologie war ein selbstverliebter Jüngling, der sein eigenes Spiegelbild so gern und oft im Wasserspiegel betrachtete, bis er eines Tages in den Teich stürzte und darin ertrank. Es gibt verschiedene Versionen der Geschichte, die alle davon berichten, dass Narziss andere Menschen nicht lieben konnte und sie damit maßlos kränkte. Fest steht: Narzissten ertrinken in Selbstliebe, die Liebe zu anderen Menschen vermögen sie kaum oder nur verzerrt wahrzunehmen. Praktisch dienen ihnen die Personen ihrer Umgebung nur als Spiegelbild. Narzissten sprechen daher sehr gern über sich und ihre Pläne, wobei sie das Feedback des Gegenübers recht genau aufnehmen. Bleibt dieses aus, werden sie gar in ihrem Redefluss unterbrochen, dann reagieren sie darauf mit unerhörter Kränkung. Doch oft genug sind sie sehr geschickt: Sie umgeben sich mit Zuhörern, die wiederum kommunikationsschwach sind und wenigstens anfänglich von der Narzissmus-Beziehung profitieren. Denn langweilig wird diese nie. Es geschieht immer etwas Neues. Das funktioniert auch dadurch, dass der Narzisst seine Partner mit verschiedenen Forderungen konfrontiert, sich aber anfangs für deren Erfüllung durchaus überschwänglich bedankt.

Das kann Balsam für eine wunde Seele sein, die sonst nie so viel Aufmerksamkeit erfuhr.

Der Partner – oft ist es eine Partnerin – des Narzissten gerät allmählich in die Rolle des Dieners, ohne es wahrzunehmen. Doch in jeder Beziehung kommt ein Punkt, an dem dieser Partner die Beziehung mehr benötigt und dann am Narzissmus des gnadenlosen Egoisten scheitert. Narzissten nehmen Opfer gern an, sie bringen sie aber selbst höchst ungern. Sie räumen sich im Gegenteil Sonderrechte ein, überlassen niedere Aufgaben dem Partner und überhäufen diesen mit andauernden geistigen Wendungen. Das klingt zunächst einmal sehr vordergründig und durchschaubar, doch eines darf nicht vergessen werden: Die griechische Mythologie stellt ihren Narziss als äußerst schönen, begehrenswerten Menschen dar, und so präsentiert sich auch der moderne Narzisst als begehrenswert. Wenn er nicht schön ist, versucht er auf jeden Fall, reich zu werden. Das hält er eine Weile durch, davon profitiert die unterlegene Partnerin (diese Konstellation ist die häufigste) noch einmal. Es werden teure Autos angeschafft, teure Urlaube gebucht, die Partnerin zum Vorzeigen mit Schmuck überhäuft, Firmen gegründet und Häuser gebaut. Der jüngere Narzisst schafft das alles mit einigen Affären nebenher, oft einem gewissen Drogenkonsum und permanentem Rededurchfall. Es ist bemerkenswert.

Die Beziehung zum Narzissten scheitert, wenn dieser, wie in der griechischen Sage, auf die Idee kommt, dass sein Spiegelbild gar nicht so schön ist, wie er immer glaubte. Dann stürzt er, seine Partnerin kann ihn nicht auffangen. Wie auch: Sie hatte oft über ein Jahrzehnt oder noch viel länger nicht die Chance, eine eigene Persönlichkeit zu entwickeln. Der Narzisst wendet sich von ihr ab, verkauft das Haus mit Verlust, löst die Firma auf und überlegt mit ergrauten Schläfen, ob er diese Nummer noch einmal durchziehen könnte. Dann hat er die Wahl: Entweder ertrinkt der Narziss in ihm, er wandelt sich und findet echte Beziehungen. Oder er wird ein alternder Narzisst, vor dem Sie sich hüten sollten:

Die Kraft zu den Taten seiner Jugend ist dahin, der Narzissmus ist geblieben und wird der erwachsenen Frau in einer Beziehung nur lästig. Vermeide die Beziehung zu einem Narzissten, wie alt Du auch immer sein mögest.

Phasen der Beziehung

Jede Beziehung durchlebt mehrere Phasen. Sie hängen von der Persönlichkeit der Partner ab, sie sind in sich unterschiedlich, und sie bergen ihr ganz eigenes Konfliktpotenzial in sich. Am Anfang gibt es ein ganz anderes Konfliktpotenzial als nach vielen Jahren des Zusammenlebens. Wer weiß, welche Phasen eine Beziehung durchläuft und in welchem Abschnitt sich die eigene Verbindung gerade befindet, hat gute Chancen, mit Problemen gezielter umzugehen und Lösungen zu finden.

Die große Verliebtheit steht am Anfang

Die erste Phase einer Beziehung ist naturgemäß von großen Gefühlen bestimmt. Vielleicht hat es lange gedauert, bis man überhaupt mit dem Partner anbandeln konnte. Vielleicht hat einer den anderen sehr lange warten lassen, vielleicht hat Amors Pfeil beide völlig überraschend getroffen. Doch es ist ganz häufig die große Verliebtheit, die beiden in der ersten Zeit des Zusammenseins eine rosarote Brille beschert. Man verklärt den Partner, man idealisiert die Beziehung, und eigentlich müsste man gar nichts mehr essen und trinken, solange man nur mit dem Partner zusammen ist. Natürlich steht diese Phase ganz unter dem Zeichen der Schmetterlinge im Bauch, und man wünscht sich, dass diese Zeit nie vorüber geht. Doch irgendwann ist die ganz große Sturm-und-Drang-Zeit vorbei, die Beziehung gerät in den Alltag. Jetzt muss sich zeigen, ob sie von Dauer sein kann, ob man für den Partner interessant sein kann und ob man sich auch selbst über viele Jahre hinweg für ihn begeistert. Nach der anfänglichen Verliebtheit fängt die eigentliche Beziehungsarbeit an, denn jetzt heißt es, sich gegen die Widrigkeiten des Alltags zu behaupten. Wenn diese Phase überstanden ist, beschließt man irgendwann vielleicht, dauerhaft zusammenzubleiben und eine Familie zu gründen. Die gemeinsame Wohnung, eine schöne Hochzeit und die Familienplanung stehen dann im Vordergrund. Selbstverständlich sind gerade Kinder eine große Belastung, nicht selten gehen Beziehungen in die Brüche, wenn erst einmal Kinder da sind. Doch auch finanzielle Probleme oder große berufliche Belastungen wollen dann gemeinsam mit der Familie überstanden werden. Wenn einer von beiden Partnern ganz oder teilweise zu Hause bleibt und sich der Kindererziehung widmet, birgt das ebenfalls ein gewisses Potenzial für Konflikte. Wenn die Kleinen dann größer werden, wenn sie vielleicht irgendwann nach der Ausbildung aus dem Haus sind und ihr eigenes Leben leben, wird die nächste Phase einer Beziehung eingeläutet. Nicht selten kommt es nach über 25 Jahren Ehe zur Trennung, weil mindestens einer von beiden nicht glücklich war und sein Leben nochmals neu ordnen will.

Sie steht bei vielen Menschen ganz oben auf der Wunschliste: die perfekte Beziehung. Doch was gehört zu diesem hohen Ziel eigentlich dazu? Und wie ist die »perfekte« Beziehung geschaffen? Ist nicht sogar das Leben mit einem geliebten Partner, das ganz und gar ohne Höhen und Tiefen verläuft, weil es so perfekt ist, ein Grund für Unzufriedenheit und Frust? Tatsächlich gehen viele Menschen davon aus, dass man die schönen Seiten des Lebens nicht zu schätzen weiß, wenn man keine schlechten Erfahrungen gemacht hat. Und eine »perfekte« Beziehung wird sehr stark auch von dem Bild in den Medien geprägt, die suggerieren, wie diese Beziehung am Ende auszusehen hat. Wer die Suche nach dem »perfekten« Glück etwas entspannter und gelassener angeht, wappnet sich selbst besser gegen die eine oder andere Unregelmäßigkeit im Leben und kommt auch besser durch stressige Zeiten.

Die Medien bestimmen das Bild
Der Partner verdient gut, er verbringt die Abende bei Frau und Kindern, er unterstützt im Haushalt, er ist am Wochenende für gemeinsame Unternehmungen zur Stelle. Die Dame des Hauses kümmert sich um die Kinder, sie ist berufstätig, sie übernimmt die Krankenpflege, und sie sieht bei allem auch noch stets gepflegt und attraktiv aus. Es ist dieser Eindruck von einem Paar, der in den Medien so häufig suggeriert wird. Und es verwundert nicht, dass die Realität an diesem Bild so weit vorbei geht. Letztlich muss man sich klar machen, dass das Bild von der perfekten Beziehung immer stärker von der öffentlichen Wahrnehmung geprägt ist. Fast scheint es, als sollten es die Medien sein, die uns vorgeben, wie unsere Beziehung aussehen soll. Doch die Realität stellt sich üblicherweise etwas anders dar, und nicht selten müssen wir daran scheitern. Bis wir uns eingestehen, dass es die Beziehung wohl nicht geben wird, können viele Jahre ins Land gehen. Bis dahin kämpfen wir Tag für Tag für das vordergründig perfekte Leben, bis wir eines Tages erkennen, dass uns etwas weniger Strenge und etwas mehr Entspannung sehr gut tun könnten. Trotzdem kann man natürlich eine Menge für die eigene Beziehung tun, an der Partnerschaft arbeiten und Tag für Tag etwas dazu beizutragen, dass sie ein ganz klein wenig perfekter wird.

»Zusammenpassen«

Das Ziel der meisten Menschen ist eine glückliche und erfüllte Partnerschaft. Auf den Punkt gebracht, ist eine Partnerschaft dann glücklich, wenn es zwei Menschen schaffen, gemeinsam die Herausforderungen des täglichen Lebens zu meistern und sich dabei gegenseitige Achtung und Anerkennung entgegenbringen. Wichtig ist dabei, dass einer den anderen als adäquat betrachtet und dass sich beide Partner auf Augenhöhe begegnen.

Du wirst Dich jetzt vielleicht fragen, was es heißt, sich auf Augenhöhe zu begegnen. Ganz klar spielt hier ein Größen- oder Altersunterschied, wie er in vielen Partnerschaften vorhanden ist, keine Rolle. Auch Unterschiede im Bildungsgrad, beispielsweise, dass einer von beiden Ingenieur und der andere ein Handyverkäufer ist, haben hier keine Bedeutung. Auf Augenhöhe begegnen, das bedeutet vielmehr, dass jeder den anderen so akzeptiert wie er ist und auf derartige Unterschiede nicht achtet. Gleichwertigkeit ist ein anderer Ausdruck dafür, wenn es darum geht, sich auf Augenhöhe zu begegnen. Die meisten Menschen wählen ihren Partner, wenn häufig auch unbewusst, nach einem bestimmten Schema aus. Sie suchen nach einer Ergänzung für das, was sie selbst nicht haben oder wo sie selbst Defizite aufweisen. Gerade das kann eine Bereicherung sein und ist die Grundlage für die Achtung und Anerkennung des anderen.

Während einige Menschen ihren Partner gezielt danach auswählen, dass er die gleichen Eigenschaften hat wie sie selbst, so suchen andere nach Gegensätzen. Ob das auf Dauer gut funktioniert, kann nicht gesagt werden.

Nicht immer entsteht eine Partnerschaft durch Liebe auf den ersten Blick – viele Partnerschaften entwickeln sich aus Freundschaften heraus. In zuvor platonischen Freundschaften stellen zwei Menschen fest, dass sie in wichtigen Dingen übereinstimmen und die gleichen Ansichten haben. Sex kann bei solchen Freundschaften bereits eine Rolle gespielt haben, muss aber nicht. Übereinstimmungen sind auch ein wichtiges Kriterium bei Online-Partnerbörsen. Die Interessenten müssen zuvor einen Fragebogen ausfüllen und dabei Angaben zu ihren Stärken, Schwächen und Interessen machen, aber auch angeben, worauf sie bei ihrem Partner besonderen Wert legen. Viele dieser Partnerbörsen werben damit, die Profile nach psychologischen Gesichtspunkten zu prüfen. Übereinstimmungen, so meinen viele Menschen, führen nicht zu Konflikten, da keine Streitpunkte vorhanden sind. Andere hingegen glauben, dass es gerade diese Reibungspunkte sind, die einer Partnerschaft das gewisse Prickeln verleihen und dass viele Übereinstimmungen auf Dauer langweilig werden könnten. Gerade bei vielen Übereinstimmungen besteht häufig die Gefahr, Anfänge von Disharmonie zu unterdrücken. Über einen gewissen Zeitraum mag das funktionieren, doch irgendwann macht sich Unzufriedenheit breit, die sich dann umso heftiger entlädt und in einem großen Streit endet.

Jeder Mensch hat seine Interessen, die sich im Laufe der Zeit weiterentwickeln. Bestehen zu Beginn einer Partnerschaft Übereinstimmungen bei den Interessen, so kann es passieren, dass sich die Interessen der beiden Partner völlig anders weiterentwickeln. Während der eine sein Interesse an einer bestimmten Sache verstärkt, kann es passieren, dass der andere im Laufe der Zeit immer weniger Interesse an einer Sache hat, da er ein neues Hobby findet. Hat der Partner an diesem neuen Hobby des anderen kein Interesse, kann es zu Konflikten kommen.

Liebe darf nicht zur Gewohnheit werden

Was wäre eine Partnerschaft ohne Liebe? Jeder wünscht sich, geliebt zu werden, doch kommt es darauf an, dass er auch dem anderen genügend Liebe entgegenbringt. Allzu oft passiert es jedoch, dass Gewohnheit in die Partnerschaft einzieht und dass aus der Liebe ein Benutzen oder Gebrauchen des anderen wird. Die Folge ist, dass sich der Partner, der vom anderen gebraucht wird, ausgenutzt fühlt. Das führt zu Problemen, da es zu einem Abhängigkeitsverhältnis kommt – der eine gibt, während der andere nimmt und kaum etwas gibt. Von Anfang an solltest Du, wenn Du in einer Partnerschaft glücklich sein willst, daran denken, dass Liebe und Partnerschaft immer auf einem gegenseitigen Geben und Nehmen beruhen, egal, ob Übereinstimmungen vorhanden sind oder nicht. Sind die Übereinstimmungen irgendwann nicht mehr vorhanden, droht die Partnerschaft zu scheitern, da sie einseitig wird.

Akzeptanz und Bescheidenheit genügen auf Dauer nicht
Bei einer Übereinstimmung in allen möglichen Interessen besteht die Gefahr, dass es sich nur um ein kurzfristiges Vergnügen handelt. Besonders zu Beginn einer Partnerschaft haben beide Spaß daran, möglichst viel Zeit gemeinsam zu verbringen, doch kommt es auf Dauer nicht selten zu Langeweile und zu Überdruss. Gerade verschiedene Interessen und Ansichten können eine Bereicherung sein. Sie stellen eine Herausforderung für beide Partner dar und können anfangs zu Problemen führen, doch im Laufe der Zeit wissen beide Partner – vorausgesetzt, sie achten und lieben einander, damit umzugehen. Sie entwickeln mit der Zeit Interesse an den Hobbys des anderen. Dazu gehört auch, die Schwächen des anderen zu akzeptieren. Ist der eine ein ordentlicher Mensch und der andere nimmt es mit der Ordnung nicht so genau, kann der Ordentliche diese Schwäche des anderen zu Beginn der Partnerschaft noch mit Humor tragen, doch auf Dauer ärgert er sich immer mehr darüber. Es wird kaum möglich sein, einen Menschen, der unordentlich ist, zur Ordnung umzuerziehen, denn Du willst ja den anderen nicht verbiegen. Hier solltest Du zwischen Deinem Selbst und der Bindung zu Deinem Partner unterscheiden. Hier geht es einerseits um das eigene Ich und andererseits um das gemeinsame Wir. Hat sich eine Partnerschaft aus der Liebe auf den ersten Blick heraus entwickelt, dann steht am Anfang das Wir, während sich die Partnerschaft im Laufe der Zeit mehr vom Wir zum Ich entwickelt. Entstand die Partnerschaft hingegen aus einer platonischen Freundschaft, dann stand zu Anfang auf jeder Seite ein Ich, die Entwicklung erfolgt vom Ich zum Wir. Das Wir ist zu Beginn einer Liebesbeziehung sehr stark ausgeprägt, da die beiden Partner möglichst viel gemeinsam machen wollen. Beide Partner sind, wenn auch unbewusst, bestrebt, diesen Zustand möglichst lange zu bewahren, und vermeiden es, unterschiedliche Auffassungen anzusprechen. Aus Liebe gehen sie Kompromisse ein, doch auf Dauer kann das zu Unzufriedenheit führen,

da sich der eine unterordnet und sich vielleicht sogar ungerecht behandelt fühlt. Das Wir ist anfangs auch beim Sex zu beobachten – beide Partner wollen einander entdecken und bekommen nicht genug voneinander. Wichtig ist, dass die Partnerschaft und die Liebe nicht zur Gewohnheit verkommen und dass beide miteinander glücklich und zufrieden sind.

Wichtig ist in einer Partnerschaft die Unterscheidung der eigenen und der gemeinsamen Ansprüche, zu berücksichtigen sind auch die Ansprüche des jeweils anderen. Besteht kaum Übung in dieser Unterscheidung, dann neigt einer der beiden Partner häufig dazu, eine dieser Seiten überzubewerten. Stellt ein Partner seine Ansprüche zu weit zurück, da er mehr auf die Ansprüche des anderen und auf die gemeinsamen Ansprüche achtet, dann wird er im Laufe der Zeit unzufrieden, er fühlt sich nicht selten vom anderen dominiert. Ebenso schädlich für eine Partnerschaft ist es, wenn der eine seine eigenen Ansprüche zu stark durchsetzt, ohne auf die Ansprüche des anderen und die gemeinsamen Ansprüche zu achten. Schon frühzeitig solltest Du auf solche Warnhinweise achten. Du solltest auf Deine eigenen und die Reaktionen des Partners achten. Warnhinweise sind

- wenn einer der beiden extrem emotional reagiert und seine Gefühle nicht unter Kontrolle hat,
- wenn einer der beiden Unannehmlichkeiten bewusst aus dem Weg geht,
- wenn einer der beiden eine scheinbare Harmonie vortäuscht.

Reden ist ganz wichtig in einer Partnerschaft; auch wenn Diskussionen manchmal unangenehm sein können, sind sie unverzichtbar. Nur in einer Diskussion können Konflikte offen angesprochen und gelöst werden. Es geht nicht darum, lautstark zu diskutieren und den anderen anzuschreien, denn das kann dazu führen, dass sich der andere beherrscht und nicht ernstgenommen fühlt. Viel wichtiger ist es, die Dinge sachlich anzusprechen und die Ruhe zu bewahren.

*Die intakte Unterscheidungsfähigkeit
(Differenzierungsfähigkeit)*
Eine gute Unterscheidungsfähigkeit ist wichtig, um eine gemeinsame Basis in der Partnerschaft herzustellen. Du kannst an einigen Merkmalen selbst feststellen, wie gut Deine Unterscheidungsfähigkeit ist:

- Lässt Du Dich in Diskussionen häufig in eine Richtung drängen, die Du nicht willst?
- Lügst Du den anderen an nur, weil Du keine Konfrontation mit der Wahrheit willst?
- Gehst Du denjenigen, die Du nicht magst oder die Dich nicht mögen, aus dem Weg?
- Reagierst Du immer emotional bei Angst, Wut oder Enttäuschung und zeigst Du das nach außen?

Alles das sind Anzeichen für eine schlechte Unterscheidungsfähigkeit. Du solltest allerdings nicht verschweigen, wenn Du Dich über etwas ärgerst und enttäuscht bist, sondern solltest die Dinge sachlich ansprechen. Eine gute Unterscheidungsfähigkeit ist nicht nur für die Partnerschaft, sondern auch für den Umgang mit Freunden, mit Kindern, Eltern, Geschwistern und Kollegen wichtig.

Eine glückliche Partnerschaft fällt nicht vom Himmel, sondern sie ist das Ergebnis gemeinsamer Arbeit und einem gegenseitigen Geben und Nehmen. Wichtig ist, dass Du mit Deinem Partner immer auf Augenhöhe bist und Deinen Partner als gleichberechtigt ansiehst. Beachtest Du das von Anfang an, dann ist das eine gute Grundlage für eine auf Dauer glückliche Partnerschaft. Gemeinsame Interessen und viele Übereinstimmungen sind gut, doch sind sie kein Muss. Bestehen nur wenige Übereinstimmungen, aber eine innige Zuneigung, kann daraus auf Dauer eine gute und glückliche Partnerschaft entstehen. Eine ganz wichtige Grundlage ist das gemeinsame Vertrauen, denn eine Partnerschaft, die von Misstrauen geprägt ist, scheitert unweigerlich irgendwann. Vor gelegentlichen Zweifeln ist niemand gefeit, doch kommt es darauf an, sie frühzeitig auszuräumen. Es kann immer wieder zu Meinungsverschiedenheiten kommen, auch ein Streit bleibt nicht aus. Wichtig ist dabei, sich auf Augenhöhe zu begegnen und den anderen zu respektieren. Jeder Streit sollte mit einer konstruktiven Aussprache enden. Weise nie dem Partner von vornherein die Schuld zu, sondern sprich das Problem offen an und höre Deinem Partner zu. Kooperation dient in einer Partnerschaft nicht dazu, um Konflikte zu umgehen, sondern dazu, die Beziehung zu erhalten, da sie unverzichtbar ist. Geht Dein Partner eine Kooperation ein, tut er es aus Liebe zu Dir. Im Gegenzug kannst auch Du nicht auf Kooperation verzichten. Sprich Dich mit Deinem Partner über die gemeinsamen Ziele aus und rede mit ihm darüber, wie ihr sie am besten erreichen könnt. Hier kommt es auf jeden von Euch beiden an.

Eine auf Dauer glückliche Partnerschaft basiert auf einer guten Zusammenarbeit. Damit ist nicht nur gemeint, dass ihr beide gemeinsam die Wohnung putzt oder im Garten arbeitet. Es geht vielmehr darum, gemeinsam an der Beziehung zu arbeiten. Überlegt gemeinsam, warum ihr beide unbedingt zusammenleben möchtet. Gute Zusammenarbeit heißt, die Wünsche des anderen zu respektieren und dazu beizutragen, sie zu erfüllen. Nicht immer ist eine gute Zusammenarbeit von Beginn an einfach, doch der Grund liegt häufig in der mangelnden inneren Reife, besonders bei sehr jungen Partnern. Kommt es zu Problemen, dann ist es wichtig, sie frühzeitig anzusprechen, darüber zu diskutieren und gemeinsam daran zu arbeiten, sie aus dem Wege zu räumen. Häufig ist es der Fall, dass beide Partner oder zumindest einer der beiden eine gescheiterte Beziehung hinter sich hat. Solche Altlasten können ein Hindernis sein, denn derjenige, dessen frühere Beziehung gescheitert ist, versucht, die Fehler aus der Vergangenheit zu vermeiden, indem er genau die Fehler des früheren Partners auch beim jetzigen Partner sucht.

Solltest Du eine gescheiterte Beziehung hinter Dir haben, solltest Du sie aufarbeiten. Belasten diese schlechten Erfahrungen die neue Partnerschaft, dann erzähle Deinem jetzigen Partner darüber. Liebt er Dich, dann wird er das akzeptieren; er wird Dich auch darauf ansprechen, wenn Du die Fehler aus der Vergangenheit wiederholst.

Probleme in der Kommunikation

Mangelnde Kommunikationsfähigkeit kann die Ursache für Konflikte sein oder Konflikte verstärken, da die Probleme nicht angesprochen werden. Es ist nicht immer leicht, die Probleme offen anzusprechen, doch kannst Du das lernen. Fällt es Deinem Partner schwer, offen darüber zu reden, dann sprich ihn darauf an, wenn es Dich stört, ungefähr so: »Ich merke, dass Dich irgendetwas belastet oder Du mit etwas nicht zufrieden bist. Ich bin für Dich da. Ich will Dir helfen, doch das kann ich nur, wenn ich weiß, was Dich bedrückt.« Du kannst nicht erwarten, dass der Partner nun gleich darauf los redet, denn das braucht Zeit. Er kann es aber mit der Zeit lernen, die Probleme anzusprechen. Sprichst Du den anderen darauf an, dann bringst Du ihm Respekt entgegen. Hier gilt, behutsam vorzugehen, sodass sich der andere nicht wie eine Zitrone ausgequetscht fühlt. Respekt zueinander ist eine wichtige Grundlage für eine glückliche Partnerschaft, denn nur so fühlt sich der andere ernstgenommen.

In einer langfristigen Partnerschaft sind Konflikte niemals auszuschließen, sondern sie müssen sogar hin und wieder sein, um zu lernen, sie anzusprechen und gemeinsam aus dem Weg zu räumen. Kommt es zu Problemen, dann ist es wichtig, sie rechtzeitig zu erkennen, darüber zu reden und sie gemeinsam zu lösen. Heftige Diskussionen und Schuldzuweisungen sind völlig fehl am Platz, sondern vielmehr kommt es darauf an, die Gespräche auf der Grundlage von Liebe, gegenseitiger Achtung und Respekt voreinander zu führen. Ziel eines jeden Gesprächs sollte eine gemeinsame Lösung sein. Die eigenen Wünsche sollten nicht im Vordergrund stehen, aber auch nicht vernachlässigt werden. Es ist wichtig, einander zuzuhören, fair zu bleiben und nicht emotional heftig zu reagieren. Wird einer von beiden lauter, dann solltet ihr eine Gesprächspause einlegen, um zur Ruhe zu kommen. Habt ihr euch beide wieder beruhigt, solltet ihr das Gespräch sachlich fortsetzen.

Viele Partnerschaften scheitern daran, dass der eine von beiden seine Gefühle bewusst oder unbewusst an die des Partners anpasst. Das mag am Harmoniebedürfnis desjenigen liegen, der seine Gefühle anpasst, oder daran, dass er Konflikte vermeiden will. Fühlt sich Dein Partner unwohl, dann fühlst Du Dich ebenfalls schlecht. Die andere Seite, dass ein Partner erwartet, dass der andere seine Gefühle bedingungslos anpasst oder ihm in allen Entscheidungen zustimmt, kann genauso ein Grund für das Scheitern von Beziehungen sein. Viele Partner erachten es als selbstverständlich, dass sie sich gegenseitig wohlgefällige Handlungen schulden. Vertritt der andere nicht dieselbe Meinung, dann glaubt der Partner, nicht genügend geliebt zu werden. Der Grund für diese Denkweise ist häufig eine mangelnde Unterscheidungsfähigkeit zwischen persönlicher Ebene und Sachebene. Damit eine Partnerschaft gut funktioniert, musst Du auch hin und wieder Kooperationen eingehen und dem anderen zustimmen, doch kommt es darauf an, dass Du nicht einfach zustimmst, nur um Konflikten aus dem Wege zu gehen oder Harmonie herzustellen, sondern dass dies aus Deiner eigenen Überzeugung und der Abwägung der sachlichen Argumente heraus kommt.

Glaubst Du, dass Dir Dein Partner nicht genügend Aufmerksamkeit entgegenbringt, dann solltest Du nicht verletzt sein. Das muss kein Anzeichen dafür sein, dass er Dich nicht genug liebt. Dein Partner ist vielleicht nicht gerade der Typ, der für seine Aufmerksamkeit bekannt ist, er ist vielleicht gerade beruflich stark eingespannt oder es plagen ihn gesundheitliche Probleme. Ein klassisches Beispiel dafür ist, wenn eine Frau ein neues Kleidungsstück trägt oder einen neuen Look mit einer neuen Frisur ausprobiert und er es nicht gleich bemerkt. Häufig passiert so etwas in langjährigen Partnerschaften – dann hat das allerdings nichts mit mangelnder Liebe, sondern mit den Anforderungen des Alltags zu tun. Er wäre gekränkt, würde sie jetzt verletzt reagieren und glauben, er würde sie nicht lieben. Trotzdem solltest Du Dir den Blick für Deinen Partner bewahren, auf ihn zugehen, ihn anschauen und auch solche Kleinigkeiten wie eine aufgeräumte Wohnung, ein neues Kleidungsstück oder die getane Arbeit im Garten nicht unbemerkt lassen.

Der Beziehungskiller Unehrlichkeit
Unehrlichkeit ist immer ein Beziehungskiller, doch viele Menschen nutzen Notlügen, um langen Diskussionen und möglichen Konflikten auszuweichen. Kennst Du Deinen Partner gut und weißt Du, wie er tickt, dann erkennst Du solche Notlügen jedoch sofort, denn das Minenspiel ändert sich, Dein Partner wirkt unsicher. Bringst Du jetzt hervor, dass Du bemerkst, dass er lügt, ist das zwar ehrlich, aber nicht immer der richtige Weg. Eine Partnerschaft ist immer eine Gratwanderung. Hin und wieder kann sich der Partner nicht richtig ausdrücken, er weiß nicht, wie er Dir eine für ihn unangenehme Situation vermitteln soll. Dann kann es sogar der Fall sein, dass er darauf wartet, dass Du ihn ansprichst, um ihm zu helfen, Dir seine Gedankengänge mitzuteilen. Ganz wichtig ist, zu erkennen, wenn sich der Partner in Schwierigkeiten befindet und Dir etwas mitteilen möchte. Zu Beginn einer Partnerschaft mag das noch schwierig sein, doch je länger die Partnerschaft besteht, desto einfacher wird es.

Soziale Zurückweisung vermeiden
In verschiedenen Situationen kommt es zu sozialer Zurückweisung durch den Partner, was Verletzungen zur Folge hat. Von vornherein kannst Du das vermeiden, indem Du Deinem Part-

ner darlegst, warum Du nicht genug Zeit für ihn hast. Sage ihm beispielsweise, dass Du Dich gerade gesundheitlich nicht gut fühlst oder dass Dich Probleme im Beruf belasten. Nennt der Partner Dir keinen bestimmten Grund, warum er im Moment gerade keine Lust auf Zärtlichkeit oder Sex hat, dann tut das weh. Wichtig ist daher, einen konkreten Grund zu benennen und das auf freundliche Weise zu tun. Gelingt Dir das, dann wird Dein Partner Verständnis haben und wird Dir auch gern helfen, das Problem zu bewältigen. Im Laufe der Zeit kennst Du die Vorlieben Deines Partners. Hat er am Sonntagnachmittag den Fernseher für sich reserviert, da er Fußball schauen will, dann wird er für nichts anderes Interesse haben, doch bedeutet das nicht, dass er Dich zurückweist. Du kennst diese liebenswerte Macke und weißt, dass es gerade nicht die richtige Zeit für Intimitäten ist. Ganz wichtig für eine glückliche Partnerschaft ist, dass jeder dem anderen genügend Raum für eigene Aktivitäten lässt und auch Verständnis zeigt, wenn der Partner gerade keine Lust zum Schmusen hat. Das bedeutet nicht, dass Dich der Partner zurückweist.

Wie wichtig sind Sex und Intimität?
Zwischen Sex und Intimität gibt es einen Unterschied. Paare in langjährigen Beziehungen schlafen oft nur aus Gewohnheit noch miteinander, ohne etwas zu empfinden. Es ist schade, wenn eine Beziehung derart zur Gewohnheit verkommt – nicht wenige Beziehungen scheitern daran. Es ist möglich, einen solchen Gewohnheitszustand abzuwenden; dafür kommt es darauf an, sich gegenseitig genügend Empfindungen und Zärtlichkeiten entgegenzubringen. Das muss aus der Liebe zueinander, aus der Überzeugung heraus, dass Du den anderen so richtig gern hast und noch immer verliebt in ihn bist, erfolgen. Intimität ist auch ohne Sex möglich, das kann sogar noch bedeutender und wertvoller als Sex sein. Solche Intimitäten können gegenseitiges Streicheln, Küssen oder Umarmen sein; auch sehr intime Berüh-

rungen gehören dazu. Was war für Dich eigentlich die intimste Erfahrung? War es vielleicht der Moment, als ihr Euch gegenseitig eure Liebe gestanden habt oder war es der Vorschlag, eine gemeinsame Wohnung zu beziehen? Solche Gespräche und Vorschläge erfolgen nur selten im Bett, sondern oft bei romantischen Stunden bei Kerzenschein. Solche Momente solltest Du mit Deinem Partner viel öfter erleben. Nehmt Euch Zeit für romantische Stunden zu Hause oder in Eurem Lieblingsrestaurant, tauscht Zärtlichkeiten in Form von Streicheln, Kuscheln oder einfach nur Nähe aus – so geht der Partnerschaft nicht die Puste aus. Versäume auch nicht, die geheimsten Wünsche beim Sex anzusprechen. Gib Deinem Partner die Gelegenheit dazu und sprich auch selbst Deine Wünsche an – beim Sex ist alles erlaubt, was Spaß macht.

Jeder Mensch, der in einer Partnerschaft lebt, verfolgt das Ziel, dass die Partnerschaft auf Dauer glücklich ist und dass er möglichst viel Zeit mit dem geliebten Menschen verbringt. Es geht hier nicht nur um die glücklichen Tage, an denen es beiden Partnern gut geht, sondern viel wichtiger ist es, auch in schlechten Zeiten füreinander da zu sein. Gerade schwierige Phasen beweisen, wie gut eine Partnerschaft tatsächlich ist. Durchleben zwei Menschen eine schwierige Zeit, schweißt sie das häufig noch mehr zusammen, die Partnerschaft wird gestärkt. Eine gute Partnerschaft ist auf Dauer durch Respekt, Achtung und vor allem Liebe zueinander geprägt.

Tipps für eine glücklichere Beziehung

– Jede Beziehung fordert beständige Arbeit, und diese setzt die unbedingte Bereitschaft von beiden Partnern voraus. Es gibt einige interessante Empfehlungen, die wichtige Denkanstöße geben können, wie eine Ehe oder eine Beziehung auf Dauer erfolgreich bleibt.

– Wertschätzung zeigt dem Partner, dass man ihn liebt und achtet und ihn so annimmt, wie er mit all seinen Fehlern und Schwächen nun einmal ist.

– Rücksicht auf die Gefühle des Partners ist ein erprobtes Mittel, ihn nicht unnötig zu verletzen und vor den Kopf zu stoßen.

– Gemeinsame Interessen schaffen die wichtige Basis für eine erfolgreiche Beziehung, denn man verbringt dadurch viel Zeit miteinander, man kann sich austauschen und hat doch immer eine stabile Basis für gemeinsame Unternehmungen.

– Eigene Interessen sind von großer Bedeutung, wenn man attraktiv bleiben will für den anderen und sich gegenseitig immer wieder etwas Neues erzählen will.

– Jede Beziehung braucht Nähe. Wenn einer von beiden nicht bereit ist, diese zuzulassen, wenn man den Partner emotional auf Entfernung hält, weil man Angst vor dieser Nähe hat, ist auch die größte Liebe sehr schnell am Ende.

– Jede Partnerschaft benötigt eine Perspektive. Wer von Anfang an davon ausgeht, dass es sich doch nur um etwas Vorübergehendes handelt, wer nur von einer einzigen Nacht oder von einer Affäre ausgeht, nimmt sich selbst und dem Partner die Chance auf etwas Dauerhaftes. Vielleicht könnte aus einer einzigen Nacht nämlich die große Liebe werden, wenn man nur eine Perspektive schaffen würde.

– Familie und Verwandte wollen berücksichtigt werden. Die Angehörigen eines neuen Partners kann man sich nicht aussuchen. Es heißt also, Mutter, Vater, Geschwister und alle anderen Angehörigen zu akzeptieren und den Partner nicht ständig mit ihren scheinbar schlechten Eigenschaften zu konfrontieren. Vielleicht hilft es, im schlimmsten Fall den Kontakt etwas einzugrenzen, wenn die Angehörigen so ganz und gar unerträglich erscheinen.

– Gemeinsame Auszeiten müssen sein. Wenn beide Partner beruflich stark eingeschränkt sind oder wenn Kinder aus einer früheren Beziehung da sind, kann es mit der gemeinsamen Zeit schon schwierig werden. Doch damit die Gefühle nicht erkalten, sind gemeinsame Unternehmungen ganz wichtig. Am besten reserviert man sich einen Termin im Kalender, damit für den Partner auch wirklich wie versprochen Zeit bleibt.

– Ab und zu eine kleine Überraschung für den Partner erhält die Gefühle und schafft eine tiefe Verbundenheit. Vielleicht freut sie sich über hübsche Blumen, vielleicht lässt sie sich gerne von Zeit zu Zeit zum schicken Dinner entführen, vielleicht gibt es andere Möglichkeiten, sie zu verblüffen. Und natürlich darf auch er sich über die eine oder andere gelungene Überraschung freuen, die er von seiner Liebsten sicher nicht erwartet hätte.

– Jede Beziehung verlangt harte Arbeit. Damit eine Ehe lange Bestand hat, muss man an ihr arbeiten und sich selbst immer wieder hinterfragen.

IX
Krisen: Vertraute Wegbegleiter in unserem Leben

Wir sind nicht nur verantwortlich für das, was wir tun, sondern auch für das, was wir nicht tun.

Molière

Krisenbewältigung im Alltag

Wenn Dein Leben gerade durch eine tiefe Krise gekennzeichnet ist, fällt es Dir vielleicht schwer, die nächsten Schritte zu erkennen. Gerade dann helfen schon kleine Maßnahmen, Dein Leben langsam wieder in geordnete Bahnen zu lenken. Versuche nicht, alles auf einmal zu ändern, sondern gehe behutsam vor, um Dich selbst nicht zu überfordern. In diesem Kapitel lernst Du wirksame Wege zur Krisenbewältigung kennen, die Du mit wenig Aufwand in Deinen Alltag einfließen lassen kannst.

Unser Lebensweg ist gut mit einem Fluss zu vergleichen. Wir müssen ständig fließen und in Bewegung bleiben. Wenn wir uns nicht von der Stelle rühren, sondern faul und bequem werden, können wir uns nicht entwickeln. Dann bleiben wir langfristig unter unseren Möglichkeiten. Schlimmer ist noch, dass Stillstand so etwas wie eine Selbstaufgabe ist. In allen Lebensbereichen schafft Stillstand Blockaden und führt so auf Dauer zu Verlusten. Wir alle stehen ständig im Prozess, uns körperlich und geistig weiterzuentwickeln. Das entspricht dem menschlichen Naturell. Wir wollen mit Neuerungen mitgehen und uns anpassen, damit wir nicht abgehängt werden.

Dazu müssen wir uns im Klaren darüber sein, dass wir immer und zu jeder Zeit Veränderungen ausgesetzt sind. Selbst wenn wir manchmal davonlaufen möchten, weil uns alles über den Kopf wächst, sind wir doch immer der kontinuierlichen Veränderung ausgesetzt. Häufig fällt heute der Begriff »Work-Life-Balance«. Vielleicht fühlst Du Dich auch gerade wieder einmal an einer Wegkreuzung angelangt und fragst Dich, welchen Weg Du jetzt nehmen sollst. Gerade im beruflichen Bereich stehen solche Entscheidungen immer wieder an. Die Frage, die es zu beantworten gilt, lautet dann: »Welchen Pfad willst Du ab sofort ganz bewusst betreten? Was kannst Du in Zukunft tun, damit Du in einem gesunden Lebensfluss bleibst und Dich nicht wieder verlierst?«

Ich kann mir gut vorstellen, dass Du bereits damit begonnen hast, Dein Leben nach den ersten Ratschlägen aus diesem Buch zu gestalten. Vielleicht hast Du bereits wichtige Entscheidungen getroffen und bist mitten in einem Entwicklungsprozess. Denke daran, dass Dich dieser Weg zu Deinem Lebensglück führen wird! Jetzt musst Du konsequent bleiben und darauf vertrauen, dass sich die Dinge für Dich zum Guten wenden. Im Lauf der Jahre haben wir durch Erziehung und Erfahrung die Vorstellung aus unserer frühesten Kindheit verloren, nach der wir ein unerschütterliches Vertrauen in uns selbst hatten und voll unbändiger Freude waren, wenn wir lernen und uns weiterentwickeln durften. Doch denke daran, dass das Leben aus einer Kette von Herausforderungen besteht, bei denen Du Dich immer wieder auf den Weg machen musst. Dieser Fluss an Herausforderungen ist kein lästiges Übel, sondern der Beginn eines erfüllten Lebens. Deshalb wiederhole ich immer wieder »Glück ist das Glück des Aktiven!« Nimm Dir den Lauf eines Flusses als Lehrmeister zum Vorbild! Mache Dich voller Vertrauen auf den Weg und verfolge Deine Ziele und Visionen. Bilde Dich dabei immer weiter, und nimm auch den einen oder anderen Umweg auf Deinem Lebensweg in Kauf. Das sind wichtige Bestandteile und Wegmarken, aus denen Du am Ende sehr viel lernen wirst. Selbst wenn Du in der einen oder anderen Situation in eine Sackgasse gerätst, hat diese doch immer einen Sinn und einen Lerneffekt. Sie korrigiert Dich und Dein Verhalten und gibt Dir neue Inspirationen, wenn Du gerade auf dem falschen Weg bist.

Sicher hast Du auch schon einmal gedacht, dass Du mit Deiner Kraft und mit Deinen Fähigkeiten an Deine Grenzen stößt. Du kennst vielleicht die Situation, dass Du nicht mehr weiter weisst und völlig am Ende bist. Verfalle dann nie in Panik, dass Du vielleicht nicht mehr Schritt halten kannst mit Deinem hohen Tempo! Sage manchmal auch ganz bewusst »Nein!« oder »Stopp!«, wenn Du spürst, dass Du dringend zur Ruhe kommen musst. Um nicht auszubrennen, benötigen wir alle regelmäßige

Auszeiten und zuverlässige Rastplätze, an denen wir Energie tanken können. Ein sehr hilfreicher Weg dazu liegt in der Meditation. Sie hilft uns dabei, unser Inneres zur Ruhe kommen zu lassen, sie ist eine Energiequelle, die wir jeden Tag und jederzeit unabhängig von unserer Umwelt aufsuchen können. Ganz egal, wie gut oder schlecht wir uns gerade fühlen, ist die Meditation immer ein Weg, der uns wieder Kräfte sammeln und uns auf das Wesentliche konzentrieren lässt.

Unsere Intuition ist aber noch viel mehr als nur eine spontane Eingebung. Sie ist die Verbindung zwischen uns und unserem Unterbewusstsein. In der Stille der Meditation erhalten wir eine intuitive Eingebung, durch die wir spüren, ob etwas gut oder schlecht, richtig oder falsch für uns ist. Hier finden wir Antworten auf unsere Gedanken und Fragen – und auch auf unsere Affirmationen! Bevor Du aber mit dem Meditieren anfängst, musst Du zuerst lernen, zu vergeben. Überlege einmal, was geschieht, wenn Du reines Wasser in einen schmutzigen Behälter gießt. Die frische Flüssigkeit würde sofort wieder verunreinigt. Genau das Gleiche passiert, wenn Du meditierst. Erst danach kannst Du mit der erfolgreichen Arbeit an der Affirmation beginnen. Folgst Du ihr dann konsequent, ist es nur eine Frage der Zeit, bis sich die positiven Veränderungen auch in Deinem äußerlichen Leben manifestieren! Viele Menschen wollen ihr Selbstbewusstsein durch unterschiedlichste Methoden stärken. Beruflicher Erfolg kann dazu ebenso dienen wie teure Luxusartikel oder ständig wechselnde Beziehungen. In letzter Konsequenz bedeutet Selbstbewusstsein aber nichts anderes, als sich seiner selbst bewusst zu sein und zu spüren, wer man selbst wirklich ist und welche tief verborgenen Kräfte und Fähigkeiten in uns schlummern. Deswegen müssen wir unser Ego von Zeit zu Zeit zur Ruhe bringen und die direkte Verbindung zu unserer inneren Führung und Intuition wieder herstellen.

Sei Dir bewusst, dass Du einen bedeutenden Sinn und Zweck in diesem Leben zu erfüllen hast! Damit gehst Du den ersten

Schritt zu einem erfüllten Dasein. Dieses Wissen um Deine eigene Bedeutung vermitteln Dir aber nicht Deine Freunde, das Internet oder der Fernseher. Dieses Wissen ist nur in Dir selbst verborgen. Es ist Dir nur in einem Zustand der absoluten Ruhe zugänglich.

Im mittleren Lebensalter erwartet uns häufig eine Krise, die für viele Wissenschaftler stellvertretend für alle Krisen steht. Manch einer wird nur für eine kurze Phase davon gequält, andere stürzen in eine tiefe Lebenskrise und kommen ohne fremde und professionelle Hilfe nicht wieder heraus. Aus dieser einen besonderen Krise schaffen übrigens die wenigsten Menschen den Weg so hinaus, wie sie hineingekommen sind: die viel beschworene Midlife Crisis.

Irgendwann im Alter von 40 bis 50 Jahren fragt sich wohl jeder: War das jetzt alles in meinem Leben? Der Betroffene ist mit nichts mehr zufrieden, er hinterfragt sich und seine Ziele immer wieder. Was bis vor kurzer Zeit noch in Ordnung war und gepasst hat, scheint jetzt nicht mehr für das eigene Leben gemacht zu sein.

Wissenschaftler gehen heute davon aus, dass die Midlife Crisis auf biologische Faktoren zurückzuführen ist. Bei Männern liegt das auch daran, dass der Testosteronspiegel im Laufe der Jahre sinkt. Bei Frauen sind ebenfalls hormonelle Gründe die häufigste Ursache. Zwar sind biologische Vorgänge im Körper nicht der einzige Auslöser, doch ihnen kommt zweifelsohne eine große Bedeutung zu. Mein Mentor C. Huber beschrieb, dass es im Grunde zwei unterschiedliche Typen gibt, die mit dieser großen Sinnkrise des Lebens unterschiedlich umgehen:

Person A:
Er hat bisher alles erreicht, was er sich in seinem Leben vorgenommen hat. Er führt eine scheinbar glückliche Ehe. Er hat Kinder und Wohneigentum gekauft. Er ist im Rahmen seiner Möglichkeiten auf der Karriereleiter weit oben angekommen. Das

Leben läuft Tag für Tag nach der gewohnten Routine. Entsprechend dreht sich jeden Tag alles um die gleichen Themen. In dieser Phase des Lebens fragt sich dieser Mensch, ob das nun alles gewesen ist! Seine Gefühle frisst die Person A meist erst einmal in sich hinein. Er reagiert nicht auf seine Gefühle, er nimmt sie nicht ernst, manchmal nimmt er sie nicht einmal wahr. Die vermutlich eingefahrene Partnerschaft und alle zwischenmenschlichen Beziehungen werden zu einem Spannungsfeld. Eine Neuorientierung im Beruf erscheint jetzt zu anstrengend und auch als zu wenig aussichtsreich. Ein Auslöser von Unzufriedenheit reiht sich in dieser Phase an den anderen. Die Person A gerät in eine Spirale der Unzufriedenheit, in der sie sich ständig nur noch im Kreis dreht.

Person B:
Dieser Typ erscheint als das Gegenstück zu Person A. Er hat Angst vor der Zukunft und glaubt, noch zu wenig erreicht zu haben, wobei seine Uhr langsam abläuft. Vielleicht hat er Karriere gemacht, doch er ist alleinstehend und hat auch noch keine Zeit gehabt, eine Familie zu gründen. Vielleicht hat er die Frauen bisher regelmäßig und kurzfristig gewechselt, vielleicht hatte er aber auch überhaupt keine Zeit oder kein Glück, die große Liebe zu finden und sexuelle Abenteuer zu genießen. Jetzt verfällt er in eine Art Torschlusspanik und will absolut und um jeden Preis die oder den »Richtige/n« finden. Für Frauen kann diese Torschlusspanik besonders hart sein, wenn sie kurz vor dem 40. Lebensjahr stehen und keinen Mann gefunden haben, mit dem sie eine Familie gründen und Kinder haben können. Bei ihnen schleicht sich das Gefühl ein, ihren Marktwert von Tag zu Tag zu verlieren. Der unerfüllte Kinderwunsch zermürbt innerlich und wird zum alles bestimmenden Thema, je mehr sich die biologische Grenze nähert. Jetzt muss um jeden Preis ein potenzieller Vater für das Kind her. Ganz ähnliche Verhaltensmuster laufen bei Person B

ab, wenn er seine beruflichen Ziele noch nicht wie gewünscht erreicht hat oder wenn er seine Berufswahl in Frage stellt.

Natürlich gibt es neben diesen beiden klassischen Typen viele weitere Charaktere. Sie sind oft Mischformen oder keine Reinformen von Person A oder B. In irgendeiner Form ist aber ein großer Teil der Menschen von der gefürchteten Midlife Crisis betroffen. Allerdings hat jeder Mensch unterschiedliche Muster, auf die Symptome zu reagieren. Deshalb gehen die Menschen auch unterschiedlich daraus hervor.

Unabhängig davon, zu welcher Personengruppe man gehört und um welche Krise es sich handelt, greift doch immer ein ähnlicher Lösungsansatz: Es gilt, sich der Probleme bewusst zu werden und zu handeln!

Konzentriere Dich in der nächsten Zeit nur auf Dich, denn Du bist der wichtigste Mensch in Deinem Leben! Besprich Deine Pläne und Dein Vorhaben mit Deinen Lieben! Wenn Dir eine Dir nahestehende Person aber keine Unterstützung oder keinen Freiraum geben will, dann lass Dich davon nicht beirren!

Höre tief in Dich hinein. Meditiere über das, was Dir fehlt und was Du brauchst. Erstelle eine Liste mit den Dingen, die Dich glücklich machen – und mache diese Dinge dann auch! Natürlich sollst Du in dieser Phase darauf achten, Deinen Liebsten nicht weh zu tun und sie unnötig zu verletzen. Lasse also auf Deinem Egotrip nicht einfach alles stehen und liegen, denn letztlich kann niemand etwas für Deine Probleme.

Sicher hast Du in der Vergangenheit Fehler gemacht. Dein Leben fordert jetzt von Dir, diese zu verstehen und auf Deinem weiteren Lebensweg einige Korrekturen vorzunehmen. Beseitige, was Dich unglücklich macht! Wenn Dich Deine Arbeit frustriert, dann verschwende keine Zeit darauf. Wünsche Dir eine gut bezahlte Chance, die Dich erfüllt. Werde Dir in der Meditation darüber bewusst, was Dir heute in Deinem Beruf fehlt und wo Du Deine eigentliche Berufung siehst. Denke darüber nach, wo Deine Stärken liegen, denn dort steckt auch Deine Erfüllung.

Bist Du mit Deinem Beruf zufrieden, aber in Deiner Partnerschaft läuft es nicht so, wie Du Dir das vorstellst? Werde Dir darüber klar, welchen Stellenwert Dein Partner für Dich hat. Stehst Du uneingeschränkt zu ihm? Willst Du Dein Leben wirklich mit ihm verbringen? Wenn Du diese Frage eindeutig mit einem »Ja« beantworten kannst, solltest Du Deinen Liebsten oder Deine Liebste mit der Krise in Dir und mit Deinem Konfliktmanagement vertraut machen. Binde Deinen Partner mit ein, damit er erfährt, was in Dir vorgeht. Wahrscheinlich kann auch er Dir nur begrenzt helfen, aber wenn er weiß, was Dich quält, kann er sich besser darauf einlassen. Sonst riskierst Du, dass auch ein verständnisvoller Partner irgendwann die Reißleine zieht und seine Wege geht. Denke immer daran, dass es manchmal im Leben Situationen gibt, in denen eine drastische Kursänderung nötig ist, um das Glück aller Beteiligten nicht auf Dauer zu gefährden.

In kleinen Schritten zu mehr Entspannung

Ob Du in der Meditation oder in einfachen Übungen zur absoluten Ruhe findest, ist ganz und gar Dir überlassen. Wichtig ist, dass Du Dich innerhalb von wenigen Minuten in einen Zustand der totalen Entspannung bringen kannst. Lege Dich dazu auf eine bequeme Unterlage oder setze Dich in einen gemütlichen Liegestuhl. Jetzt versuche, Dich ganz zu entspannen. Konzentriere Dich auf Deinen Atem und höre ihm zu! Atme zwei Minuten lang tief durch und zähle dabei ganz langsam bis vier. Halte Deinen Atem kurz an und atme dann wieder aus. Achte nur auf Deinen Atem und lasse alle anderen Gedanken los. Nach einer gewissen Zeit der Übung musst Du nicht mehr zählen, denn Du kommst ganz ohne Mühe in einen normalen Atemrhythmus. Du kannst Dir zusätzlich vorstellen, dass Du mit jedem Einatmen Entspannung in Dir aufsaugst und bei jedem Ausatmen

Anspannung loslässt. So entspannst Du Deinen Körper innerhalb von kurzer Zeit. Dein Unterbewusstsein kommt dann in einen Zustand, in dem es sich öffnet und besonders empfänglich wird für Deine Affirmationen. Mit jedem Atemzug suggerierst Du Deinem Unterbewusstsein, das in der totalen Entspannung sehr zugänglich ist. Für Dich beginnt damit eine wunderbare Zeit, in der Du Dein Leben selbst in die Hand nehmen wirst. So kannst Du zum Beispiel mit jedem Atemzug folgende Affirmation einatmen:

»Ich bin eine selbstbewusste Person!«

Du kannst aber auch Deine ganz eigenen Affirmationen entwerfen, die gerade zu Dir und Deiner Situation passen. Alles, was Du in Deine Worte fasst und mit Emotionen belässt, wird sich in Deinem Leben manifestieren. Wenn Du jeden Tag eine halbe Stunde über dieser Wahrheit meditierst und diese in Dein Bewusstsein lässt, wird sich Dein ganzes Leben verändern! Schon nach kurzer Zeit wird zum Beispiel Folgendes passieren: Deine Freunde werden Dich ansprechen und Dich fragen, was mit Dir geschehen ist, weil Du in letzter Zeit immer so selbstbewusst wirkst. Je konsequenter Du Tag für Tag die geistige Arbeit an Dir selbst fortführst, desto schneller wird sie sich durch Dein steigendes Selbstwertgefühl manifestieren. Handle dabei immer diszipliniert und geduldig wie ein Sportler. Bleibe voller Freude und Zuversicht und denke immer daran: Große Veränderungen geschehen nicht von heute auf morgen.

Je weiter Du auf Deinem Weg fortschreitest, desto mehr Rückenwind wirst Du spüren – und vergiss nicht, dass der Anfang immer am schwierigsten ist. Ist er erst einmal geschafft, wirst Du eine nie gekannte Anerkennung und Bestätigung erfahren und immer mehr zu Selbstvertrauen und Glauben an Dich selbst finden.

Faktor Bewegung

Wenn Du zur vollkommenen Zufriedenheit und Erfüllung finden willst, sind zwei weitere Faktoren ganz wichtig: Sport und Bewegung. Auf das Äußere zu achten, hat natürlich etwas mit der Liebe zu sich selbst zu tun. Der erste Schritt zum Wunschgewicht ist nicht, übermäßig viel Sport zu machen und sich für eine gesunde Ernährung zu entscheiden.

Vielmehr geht es darum, sich geistig auf diesen Weg vorzubereiten. Das, woran Du glaubst, wird sich im Äußeren manifestieren.

Wenn Du also zu viele Kilogramm auf die Waage bringst, dann höre auf, Dich selbst zu bemitleiden. Erschaffe Dir ein inneres Bild, auf dem Du schlank bist. Ganz egal, ob es zu Deinem Wunschgewicht nur ein paar Gramm oder viele Kilos sind, musst Du immer das Bild von Deinem Traumzustand vor Deinem geistigen Auge haben. Du kannst auch ein Bild von einem tollen Körper an Deinen Kühlschrank heften! Fühle Dich dann in Deinen neuen Traumkörper hinein und spiele vor Deinem inneren Auge einen Kurzfilm darüber ab, wie Du dann aussehen willst. So gibst Du Deinem Unterbewusstsein Deine Ziele und Wünsche mit.

Wenn Dir der Gang zum Sport wieder einmal schwer fällt, denke an das wunderbare Gefühl in Dir, wenn Du Dein Idealgewicht erreicht hast. Vergiss auch nicht, wie wohl Du Dich nach dem Sport fühlst. Wenn Du Schritt für Schritt zu einem gesunden Leben findest, steigerst Du ganz automatisch Deine körperliche und geistige Leistungsfähigkeit. Du wirst schon bald feststellen, wie wirksam diese Methode der Suggestion ist. Im Spitzensport hängen mehr als 30 Prozent des Erfolgs von der geistigen Einstellung ab. Sie allein entscheidet oft über Erfolg und Misserfolg. Auch das härteste Training bringt Dir wenig, wenn Du Deine Gedanken nicht auf Erfolg programmierst. Vergiss also all Deine negativen Bemerkungen über Dich selbst, die Du

Dir immer wieder eingeredet hast. Verinnerliche Deine Traumbilder und sei Dir darüber im Klaren, dass sich nur dann etwas ändert in Deinem Leben, wenn Du selbst aktiv wirst.

X
Gelassenheit beginnt im Kopf

Das Leben ist wie ein Spiegel:
Wenn man hineinlächelt, lächelt es zurück.

Nubar Gulbenkian

Der innere Entspannungshelfer

»Mach Dir bewusst, dass alles vorbeigeht, ganz egal, wie aussichtslos es erscheint. Gelassenheit ist Deine Entscheidung.«

Folgendes ist passiert: Du hast beim Schwimmen Deinen wertvollen Diamant-Ehering verloren. Es ist natürlich völlig verständlich, wenn Du Dich ärgerst, aber zugleich völlig sinnlos. Denn: Zum Verlust Deines Eherings gesellt sich nun auch noch der Verlust Deines inneren Friedens. Sieh es doch einmal so: Der Ehering ist unwiederbringlich verloren, aber das, wofür er steht, ist noch da. Und ist das nicht viel wichtiger? Der Ring steht für die Liebe zu einem Menschen und er soll Dich daran erinnern, wie viel Dir dieser Mensch bedeutet. Letztlich ist er jedoch nur ein Gegenstand – dass Du die Liebe nicht verlierst, ist weitaus wichtiger.

Ich verrate Dir jetzt ein Geheimnis: So etwas wie einen inneren Schweinehund gibt es gar nicht. Stattdessen liegt es allein an uns, ob wir in uns einen inneren Schweinehund vermuten, den wir mit viel Disziplin besiegen müssen, oder einen inneren Entspannungshelfer, der uns positiv auf unserem Weg begleitet und immer nur unser Bestes will. Er möchte uns helfen, den Problemen des Alltags mit Gelassenheit zu begegnen, ihm fehlen jedoch die richtigen Methoden dazu. Versuche es einmal: Stelle Dir vor, Du hast gar keinen inneren Schweinehund, sondern einen inneren Entspannungshelfer. Spürst Du den Unterschied?

Dazu ein kleines Beispiel: Du siehst oder hörst etwas, das nicht mit Deinem Weltbild im Einklang steht. Es entsteht eine unangenehme Spannung, die Du aufzulösen versuchst, indem Du Deine Meinung sagst. Doch: Das genügt in der Regel nicht. Denn wer verändert schon seine Sicht auf die Welt, allein dadurch, dass er seine eigene in Worte fasst. Ich denke, das passiert sehr selten. Stattdessen empfehle ich Dir, damit aufzuhören, die

Dinge zu bewerten. Das bringt Dich nur aus dem Gleichgewicht und nimmt Dir die Chance, die Welt so zu verstehen, wie sie ist. Wenn Du jetzt glaubst, diese Vorgehensweise ist gleichbedeutend mit Gleichgültigkeit und der Gewohnheit, zu allem »Ja und Amen« zu sagen, liegst Du falsch. Darum geht es natürlich nicht. Du kannst weiterhin ganz offen sagen, was Du denkst und wie Deine Sicht der Dinge ist. Nur urteilen und verurteilen solltest Du nicht, denn das bringt Dich unweigerlich aus dem Gleichgewicht. Denn sind wir doch ehrlich: Meistens ist es unnötig, seine eigene Meinung zu äußern, denn Du kannst nur wenige Menschen wirklich überzeugen, ihre eigene Meinung zu ändern. Und außerdem: Wen willst Du überhaupt überzeugen und warum?

Stress ganz einfach wegatmen
Statt Zeit und Energie damit zu vergeuden, andere von Deiner Meinung zu überzeugen, solltest Du Dich auf das Wesentliche konzentrieren. Gehe sorgsam mit Dir selbst um und ärgere Dich nicht länger über Dinge, die Du sowieso nicht ändern kannst. Das ist ein bewährtes Heilmittel gegen Stress und eine ganz einfache Art, entspannt durch den Alltag zu kommen. Hier ein Tipp: Atme belastende Emotionen ganz einfach weg. Dein Atem gehört nämlich zu den wenigen Körperfunktionen, die Du bewusst steuern kannst. Du kannst schnell oder langsam atmen, tief oder flach. Außerdem kannst Du das Ausatmen verlängern oder verkürzen oder Deinen Atem einfach nur achtsam beobachten, denn schon allein die intensive Wahrnehmung des Atemvorgangs hat zur Folge, dass Du Dich entspannst. Lass es uns einmal versuchen ...

Wenn Du Stress empfindest, eine innere Anspannung fühlst oder kurz davor stehst, in Rage zu geraten, atme einige Male ganz bewusst tief durch die Nase ein – und zwar so lange, bis Deine Lungen vollständig gefüllt sind. Anschließend atmest Du langsam wieder aus und lässt die Atemwelle dabei durch Deinen gesamten Körper fließen. Wiederhole diesen Vorgang mindestens dreimal und Du wirst merken, wie sich Deine Stimmung zum Positiven ändert.

Doch es gibt noch einen weiteren Trick, um spontan Dampf abzulassen oder akuten Stress abzubauen. Dieser besteht darin, das Ausatmen besonders zu betonen, das heißt in die Länge zu ziehen. Sag Dir, dass es völlig okay ist, angespannt zu sein, denn schon allein dadurch trägst Du effektiv zur Entspannung bei. Atme zunächst tief durch den Mund aus. Dann atmest Du langsam durch die Nase ein und hältst den Atem anschließend kurz an. Nun langsam durch den Mund wieder ausatmen und bis acht zählen. Das funktioniert am besten, wenn Du Deine Lippen quasi als Bremse benutzt und beim Ausatmen ein lang gezogenes »fff« ertönen lässt. Auch diese Übung wiederholst Du dreimal.

Die meisten Menschen atmen viel zu flach, meist aufgrund von chronischem Stress. Die Folge: Dein Gehirn wird nicht mit ausreichend Sauerstoff versorgt und Deine Stimmung sinkt noch tiefer in den Keller. Auch dann, wenn Du Dich zu sehr in negative Stimmungen und Situationen hineinsteigerst, verfällst Du leicht in einen flachen Atem und wirst letztlich noch angespannter und unruhiger. Andersherum gilt: Je mehr Du in der Lage bist, loszulassen, umso gelassener wirst Du.

Lasse Deinen Atem also möglichst frei strömen und gib ihm auf diese Weise die Chance, Dein inneres Gleichgewicht wieder herzustellen. Alles, was Du tun musst, ist wieder zu Atem zu kommen!

Wenn Dir nach Lachen zumute ist, lache. Wenn Du das Bedürfnis hast zu weinen, weine. Sowohl durch Lachen als auch durch Weinen kannst Du inneren Druck abbauen und Dein Wohlbefinden steigern, deshalb solltest Du diese Funktionen Deines Körpers keinesfalls unterdrücken.

Merke: Die bewusste Wahrnehmung Deines Atems ist eine der effektivsten Achtsamkeitsübungen, die uns zur Verfügung steht. Es ist zudem nachweislich eine Methode, die innerhalb weniger Wochen zu mehr Ruhe sowie zu einer verbesserten psychischen Widerstandskraft (»Resilienz«) führt. Führe die von mir erläuterten Übungen daher regelmäßig durch – zehn Minuten täglich sind bereits völlig ausreichend, um entspannter und gelassener durch den Alltag zu kommen!

Hier eine weitere Übung:

1. Setze Dich aufrecht und möglichst entspannt an einen ruhigen Ort. Schließ die Augen und atme dreimal tief durch.

2. Atme durch die Nase ein und wieder aus – ob schnell oder langsam, ist im Moment irrelevant. Wichtig ist, dass Du Dich voll und ganz auf Deinen Atem konzentrierst und spürst, wie er beim Ein- und Ausatmen durch die Nase strömt.

3. Wenn Du merkst, dass Deine Gedanken abschweifen oder Du ein Geräusch hörst, nimm diese Reize kurz wahr, aber konzentriere Dich dann wieder ganz auf Deinen Atem.

4. Übe Dich in Geduld! Reite auf den Wellen Deines Atems und genieße die Ruhe und Klarheit. Am Ende der Übung atmest Du erneut dreimal tief ein und wieder aus. Anschließend kehrst Du gelassen in Deinen Alltag zurück.

Dein Körper ist in der Lage, blitzschnell auf verschiedenste Emotionen und Stimmungen zu reagieren. Ist Dein Inneres ängstlich und angespannt, so verspannt sich zwangsläufig auch Dein Körper. Ist Dein Körper angespannt, verstärken sich automatisch die Angstgefühle – ein echter Teufelskreis! Es liegt jedoch in Deiner Hand, Deinen Körper bewusst zu nutzen, um gelassener zu werden und Angstgefühle zu mindern.

- Lerne, Deinen Körper in einen tiefen Entspannungszustand zu versetzen.

- Verbringe mehr Zeit damit, Deinen Körper intensiv zu spüren.
- Versuche, regelmäßig in Deinem Körper zu ruhen.

Progressive Muskelrelaxation nach Jacobson
Die progressive Muskelrelaxation nach Jacobson gehört zu den effektivsten Übungen, um Körper und Seele zu entspannen. Und so geht's:

– Lege Dich auf den Rücken. Deine Arme ruhen entspannt neben Deinem Körper, mit den Handflächen nach oben. Die Füße sind ebenfalls völlig entspannt. Schließ die Augen.

– Konzentriere Dich nun voll und ganz auf Deinen Atem. Balle Deine Hände zu Fäusten, hebe die Arme leicht in die Höhe und spanne Deinen Bizeps an. Halte die Spannung für etwa sieben Sekunden und atme dabei langsam tief durch. Lasse dann los und konzentriere Dich nun auf das Gefühl der Entspannung, das sich in Deinen Händen und Armen ausbreitet. Wiederhole nun das Ganze ...

... mit Schultern, Rücken und Bauch: Ziehe die Schultern nach oben, spanne den Bauch an und halte die Spannung für sieben Sekunden. Anschließend alle Muskeln blitzartig entspannen und spüren, wie sich der gesamte Oberkörper entspannt.

... mit den Beinen: Spanne sie an, indem Du mit den Fersen gegen den Boden drückst und die Zehen anziehst. Spannung sieben Sekunden halten und dann loslassen.

... mit allen Muskeln gleichzeitig: Mache ein Gesicht, als hättest Du in eine Zitrone gebissen, hebe den Kopf leicht an, drücke die Schultern gegen den Boden und spanne Bauch, Beine und Po an. Atme dabei gleichmäßig weiter und löse die Spannung nach sieben Sekunden.

Entspanne nun Deinen gesamten Körper. Spüre, wie er warm und schwer wird und versuche dabei, sämtliche Gedanken einfach an Dir vorüberziehen zu lassen.

Fühle dich wohl in Deinem Körper

Eine schöne Alternative zur progressiven Muskelrelaxation ist die Meditation. Begib Dich an einen ruhigen Ort, an dem Du Dich rundherum wohl und geborgen fühlst. Setze oder lege Dich entspannt hin, atme tief durch und versuche, Deinen Körper bewusst wahrzunehmen. Lenke Deine Aufmerksamkeit auf Deine Körperhaltung, auf Dein Gesicht, auf die Lage Deiner Hände. Nimm Deinen Körper als Energie wahr und schalte gedanklich vollkommen ab. Du kannst diese Übung ganz nach Deinen individuellen Bedürfnissen gestalten, indem Du Dich beispielsweise auf Deinen Atem konzentrierst oder versuchst, Deinen gesamten Körper zu entspannen.

Du kennst das sicher: Du bist mit Deinen Gedanken ständig woanders, sodass Dein Körper immer mehr in den Hintergrund gerät. Mit der Zeit kann er Dir sogar völlig fremd werden und Du beginnst, ihn mehr und mehr abzulehnen. Die Folge: Du wirst unzufrieden und unglücklich. Vor allem Hektik und permanenter Zeitdruck tragen dazu bei, dass wir uns so häufig gestresst und regelrecht ausgebrannt fühlen. Dabei gilt: Weniger ist mehr, und langsamer ist besser. Vor allem die Dinge, die wirklich von Bedeutung sind, sollten wir nicht schnell machen. Stattdessen lernen wir echte Gelassenheit nur dann, wenn wir uns Zeit nehmen und uns regelmäßige Pausen vom Alltag gönnen. Du wirst staunen, wie einfach das ist.

- Tue einfach mal gar nichts!
- Gönne Deinem Körper gezielt Erholung und Entspannung.
- Genieße das Nichtstun!

Ein großes Problem des Menschen besteht darin, dass er zu viel grübelt, Gedanken immer wieder hin und her wälzt und darüber nachsinnt, wie schön das Leben eigentlich sein könnte, wie schwierig es aber tatsächlich ist. Wir denken darüber nach, dass wir bald sterben könnten, dass unser Job in Gefahr ist und so weiter. Jedes Mal, wenn Du das Wort »könnte« benutzt, ist es genau das Gleiche, als würdest Du sagen »könnte nicht«. Sei also wachsam, wenn Du darüber nachdenkst, was alles passieren »könnte«. Wenn Du mit Deinen inneren Persönlichkeiten Zwiesprache hältst, ist es sehr hilfreich, Bilder heraufzubeschwören, die Dich entspannen und Dir positive Gefühle schenken. Jedes Mal, wenn Dein Kopfkino einen schlechten Film abspielt, sagst Du Dir sofort »Halt!« und machst Dir bewusst, dass es DEIN persönlicher Film ist und nur DU ihn ändern kannst.

Weniger erwarten – mehr staunen

Wie willst Du Dich eigentlich in Deiner Haut wohlfühlen, wenn Du Dich selbst nicht magst? Stimmt: Das ist gar nicht möglich! Und genau deswegen ist der freundliche Umgang mit Dir selbst der beste und einfachste Weg zu mehr Gelassenheit. Schließe Freundschaft mit dem wichtigsten Menschen in Deinem Leben – mit Dir selbst! Gib Dir die Erlaubnis, Dich so zu mögen, wie Du bist, und fange noch heute damit an, freundlicher und nachsichtiger mit Dir umzugehen. Finde heraus, was Dir gut täte, was Dich glücklich macht. Am besten denkst Du in Ruhe darüber nach und fertigst eine kleine Liste an. Frage Dich:

- Was schadet mir?
- Was tut mir gut?
- Was brauche ich?

Nur dann, wenn Du glücklich bist, kannst Du auch andere Menschen glücklich machen. Menschen machen Fehler, denn sie sind nicht vollkommen. Akzeptiere, dass das auch für Dich gilt! Du musst nicht unfehlbar sein. Lerne Selbstmitgefühl und nimm Dich so an, wie Du bist.

Perfektionisten geht es nicht um den Weg, sondern um das Ziel, also um das Ergebnis. Doch das Ergebnis wird niemals perfekt sein. Aus diesem Grund ist Perfektionismus eine Quelle nie endender Ruhe und Frustration. Da ist es doch kein Wunder, dass psychologische Studien immer wieder zu dem Schluss kommen, dass Perfektionisten besonders häufig unter Depressionen, Ängsten und Burn-out leiden.

Was ist so schlimm daran, zuzugeben, dass Deine Figur nicht perfekt ist, dass Deine Karriere nicht so geradlinig und berauschend ist wie bei anderen Menschen? Gar nichts! Statt Deine Energie darauf zu verwenden, den Schein zu wahren, kannst Du also ganz einfach Du selbst sein und gelassen und mit einem Lächeln auf den Lippen dem entgegenblicken, was das Leben noch für Dich bereithält.

Erlaube Dir zu scheitern!
Wie oft fallen kleine Kinder auf die Nase, bevor sie richtig laufen können? Ziemlich oft. Ohne Scheitern gibt es keine Entwicklung, keinen Fortschritt. Gelassene Menschen scheitern genauso häufig wie gestresste. Der Unterschied besteht darin, dass sie keine Angst vor dem Scheitern haben. Wer nicht wagt, der nicht gewinnt! Der Nutzen des Scheiterns besteht letztlich also darin, dass dennoch Fortschritt stattfindet, und das ist auf jeden Fall besser als Stillstand ohne Scheitern. Verabschiede Dich von der Illusion, perfekt sein zu müssen.

Versuche in Zukunft also Folgendes: Sobald Du Dir Deiner negativen Gedanken bewusst wirst, halte kurz inne, atme tief aus und frage Dich: Stimmt das überhaupt? Wer sagt das eigentlich? Gibt es nicht auch eine positive Perspektive? Ich nenne diese Herangehensweise »Selbstmitgefühl«. Mit ihrer Hilfe kannst Du Deine Selbstachtung ganz einfach von innen heraus stärken.

Befreie Dich von Erwartungen, denn sie sind grundsätzlich übertrieben. Nichts erweist sich am Ende tatsächlich als so schlimm, wie wir es erwartet haben. Statt Dir darüber Gedanken zu machen, was alles geschehen könnte und wie schlimm das doch wäre, solltest Du mit staunenden Augen in die Welt blicken und gelassen die Dinge annehmen, die auf Dich zukommen.

Wenn Du davon ausgehst, dass Menschen grundsätzlich freundlich und sympathisch sind, wirst Du auch tatsächlich nette Menschen treffen. Vorfreude und eine grundsätzlich positive Einstellung gegenüber dem, was kommen mag, sind wunderbare Fähigkeiten. Auch Du kannst sie erlernen! Wenn Dich etwas aus der Ruhe bringt, kommt es nicht darauf an, ob Du reagierst, sondern wie Du reagierst. Stelle Dir einfach folgende Frage: Welche Folgen wird meine Reaktion haben? Es geht nämlich nicht darum, etwas zu verdrängen. Wenn Du Dir stattdessen klarmachst, was Du Dir wirklich wünschst, ist es gar nicht länger notwendig, irgendwelche Gefühle zu unterdrücken. Was da in Dir brodelt und sein Revier verteidigen will, ist das sogenannte »Reptiliengehirn«. Dabei handelt es sich um jenen Teil des Gehirns, der aus uralter Vorzeit stammt und automatisch auf alles reagiert, was es als »Angriff« empfindet. Das Fatale: Wenn Du diesen Mechanismus mit all Deiner Willenskraft unterdrückst, wendet sich diese geballte Kraft nach innen und es entsteht nur noch mehr Druck. Frage Dich also immer wieder: Erreiche ich mit dem, was ich sage oder tue, auch wirklich das, was ich will?

Lass die Probleme einfach Probleme sein – Gelassenheit beginnt im Kopf

Der Mensch ist sehr gut im Problemlösen. Was so positiv klingt, hat den Nachteil, dass wir oftmals gar nicht mehr anders können. Wir sehen Probleme, wo gar keine sind und sind nicht in der Lage, die Dinge einfach als gegeben hinzunehmen. In den meisten Fällen ist Gelassenheit jedoch viel besser als blinder Aktionismus. Wenn Du wieder einmal ein »Problem« aus der Welt geschafft hast, frage Dich also: Was wäre passiert, wenn ich das nicht getan hätte? Wäre das wirklich so eine Katastrophe gewesen? Manchmal ja, manchmal nein. Es lohnt sich also, immer achtsam zu sein und überlegt zu handeln, statt automatisch mit Wut und Angst zu reagieren und in Panik zu versuchen, das vermeintliche Problem aus der Welt zu schaffen. Denn: Der Mensch sucht geradezu nach Problemen. Wir diskutieren sie mit Freunden, denken über sie nach, suchen nach Lösungswegen. Doch auf diese Weise schaffen wir erst recht Probleme und verstärken sie.

Es sind nicht die Dinge selbst, die uns Menschen beunruhigen, sondern stattdessen die Meinungen und Urteile, die wir uns zu diesen Dingen bilden. Forschungen zeigen, dass es nie die Umstände selbst sind, die Gefühle wie Angst und Wut erzeugen, sondern ausschließlich unsere negativen Gedanken dazu.

Wenn Du nervös oder ängstlich bist, frage Dich also, woher diese Gefühle ganz konkret kommen. Versuche, gelassen zu bleiben und denke dabei daran, dass alles in drei Phasen geschieht: Ankommen, Dasein, Vergehen. Nimm jede dieser drei Phasen bewusst wahr, und Du wirst sehen, dass Dein Leid schneller vergeht und Du voller Vorfreude in die Zukunft blicken kannst.

Du kannst, darfst und solltest Deinen Standpunkt wechseln, wenn er Dir nicht gut tut und nur Leid verursacht! Aber wie wechselt man am besten die Perspektive? Es ist ganz einfach: Mache aus jedem Drama eine Komödie und verzichte darauf, aus jeder Mücke einen Elefanten zu machen. Lass die Mücke Mücke sein! Wenn etwas Schlimmes geschieht, füllt es Dein ganzes Denken aus und macht Dich unruhig oder sogar tieftraurig. Ich werde versuchen, Dir das anhand eines einfachen Beispiels zu verdeutlichen. Du hattest bestimmt schon einmal Muskelkater. Wenn Du den Schmerz im Rahmen »Sport« siehst, wird er zur Lappalie. Ich habe Sport getrieben, jetzt habe ich Muskelkater, das ist nicht so schlimm. Aber: Wenn Du den Rahmen änderst und Muskelkater als »Krankheit« siehst, verstärkst Du den Schmerz. Der Rahmen ändert am Bild nichts, aber er kann die Wirkung des Bildes komplett verändern! Und genau dieser Rahmen entsteht einzig und allein in Deinem Kopf.

Gedanken, die Du mit Gewalt loswerden möchtest, setzen sich erst recht in Deinem Kopf fest. Daran zu denken, dass Du etwas Bestimmtes eben NICHT denken möchtest, ist so, als würdest Du Dir intensiv etwas ansehen, was Du gar nicht ansehen möchtest. Halte nicht an negativen Gedanken fest. Lasse die Gedanken ziehen – wenn Du sie lässt, tun sie das ganz von allein! Wenn Du unangenehme Gedanken hast, richte Deine Konzentration ganz bewusst auf etwas anderes, das Deine ganze Aufmerksamkeit erfordert.

Wir sind, was wir denken
Was bedeutet Achtsamkeit? Es bedeutet, dass Du stets wach und dabei völlig entspannt bist. Der Trick besteht darin, sich auf das Hier und Jetzt zu konzentrieren und das Gedankenkarussell, das Dich in Unruhe versetzt, zu verlassen. Nimm bewusst wahr, was Du gerade hörst oder tust oder sagst. Achtsam sein heißt, offen zu sein für die Schönheit der Natur, für die Worte eines Kindes, für den Geschmack, für andere Menschen und zu guter Letzt auch für Dich selbst.

Wenn Du gelassen bist, kannst Du loslassen und Dich entspannen. Bist Du hingegen gestresst, spannst Du Deinen Körper ganz automatisch an. Ob Du im Stau steckst, Streit mit Deinem Chef hattest, Dich langweilst oder mit einer Situation überfordert bist: Laufe nicht weg! Jede Erfahrung – ob positiv oder negativ – ist lediglich ein Phänomen, das zu Besuch kommt und schon bald wieder gehen wird. Nimm diese Phänomene achtsam wahr, und sie werden verschwinden. Wenn Du wegläufst, läufst Du dem Glück davon. Wir glauben, wir laufen dem Glück hinterher, doch dabei verpassen wir jeden Tag aufs Neue unsere Verabredung mit dem wahren Leben.

Die zwei Wölfe in unserem Inneren

Zum Schluss möchte ich Dir eine kleine Geschichte erzählen, die sehr gut verdeutlicht, wie viel Einfluss unsere Gedanken auf unseren inneren Frieden haben:

Ein alter Medizinmann der Cherokee-Indianer sagt zu seinem kleinen Enkel (Moki):

»Weißt Du, Moki, in unserem Herzen leben zwei Wölfe. Der schwarze Wolf bringt uns Unruhe, Hass, Kampf, Angst und böse Träume. Der weiße Wolf erfüllt unser Herz mit Ruhe, Liebe, Vertrauen und Frieden. Die beiden Wölfe kämpfen miteinander, Tag für Tag.«

Schließlich fragt der kleine Moki: »Großvater – und welcher Wolf wird gewinnen?« Der alte Indianer schweigt eine Weile und antwortet dann: »Der, den Du fütterst, Moki. Der, den Du fütterst.«

XI
Durch unsere professionelle Hilfe zu neuem Lebensmut

Leb so wie du es für richtig hältst und geh, wohin dein Herz dich führt.

Das Leben ist ein Theaterstück ohne vorherige Theaterproben. Darum: Singe, lache, tanze und liebe!

Und lebe jeden einzelnen Augenblick deines Lebens, bevor der Vorhang fällt und das Theaterstück ohne Applaus zu Ende geht.

Charlie Chaplin

Unsere Philosophie

Minimaler und präziser Einsatz von Methoden für maximalen Coaching-Nutzen – das ist unsere Philosophie.

Bei unseren Coaching-Methoden, die wir anwenden, kommt es uns nicht darauf an, was ein Mensch leisten kann, sondern hier es wichtig, dass er sein Leistungsvermögen schnell und gezielt einsetzen kann. Nicht das Was, sondern das Wie ist wichtig – wie es ein psychisch gesunder Mensch schafft, sein Leistungsvermögen voll auszuschöpfen. Jeder Mensch verfügt über mentale und kreative Ressourcen, die es zu entdecken, zu stärken, auszubauen und zum Laufen zu bringen gilt.

Kaum jemand wird negative Erlebnisse vollständig vergessen und aus seinen Gedanken auslöschen können, doch ist hier entscheidend, künftig mit dem Erlebten stressfrei umgehen zu können.

Unser Ziel liegt in der Neutralisation von negativem Stress. Ein negatives Erlebnis kann nicht vollständig aus den Gedanken ausradiert werden, doch gelingt es, sich damit zu arrangieren, wenn ein stressloser Umgang erreicht wird.

Zwei Experten treffen beim Coaching aufeinander
Beim Coaching begegnen sich zwei Experten: Nicht nur der Coach, sondern auch Du als Coachee sind ein Experte. Der Coachee ist der Experte seiner eigenen Lebensgeschichte, seiner Probleme, seiner Zustände und Befindlichkeiten. Er ist Experte dafür, dass er eigene Ziele verfolgt und den Wunsch nach Veränderungen hat. Der Coach bietet die nötige Unterstützung, er ist der Experte für Entwicklungs-, Veränderungs- und Verbesserungsprozesse. Coach und Coachee bilden eine Allianz, ein Team. Du als Coachee bist Experte und Teil dieses Teams, das Dir dabei hilft, Deine Ziele zu erreichen und Deine Wünsche zu erfüllen.

Um einen Schritt nach vorn zu machen, müssen belastende Themen offen angesprochen werden. Scheue Dich nicht, Themen, über die Du sonst vielleicht mit niemandem sprechen könntest, offen anzusprechen, denn nur so können die Ursachen gezielt gelöst werden.

Mittlerweile vertrauen Menschen aller Gesellschaftsschichten und Lebensbereiche auf einen neutralen, erfahrenen Coach, der ihnen immer hilfreich zur Seite steht und sie unterstützt.

Jeder Mensch steht vor besonderen Herausforderungen. Gehen wir diese Herausforderungen an. Wir helfen Dir mit zielgerichteten Coachings:

- Einzelcoaching – aus den erfolgreichsten und effektivsten Methodenansätzen
- Paarcoaching
- Führungskräftecoaching
- Intensivcoachings

Ein Beweis für die Effektivität und den Nutzen unserer angewandten Methoden ist der signifikante Rückgang negativ empfundener Emotionen wie Angst. Mit unseren Methoden wird die Wirkung positiver Emotionen gestärkt und die generelle Ängstlichkeit gemindert.

Unabhängig von der Betrachtung der Methoden sind positive Emotionen und Stresslinderung messbar steigende Kräfte.

Durch unser Coaching zu mehr Lebensfreude

»Ein neues Leben durch unser Coaching« – das klingt in einer verzweifelten Situation sicher nach einem leeren Versprechen. Doch bedenke, dass positives Denken der Schlüssel für Dich ist, wieder ein schöneres und erfolgreiches Leben zu fuhren! Positives Denken macht Spaß – und genau den hast Du nach einer Phase von Schmerz und Trauer, von Kummer und Ungewissheit endlich wieder verdient!

Wenn wir uns Tag für Tag nur noch mit den Missständen unserer Gedanken- und Gefühlswelt beschäftigen, entsteht in unserem Unterbewusstsein so etwas wie eine geistige Mülldeponie. Alle Erfahrungen, die uns geprägt haben, scheinen sich hier zu verankern. Ich vergleiche diese Situation gerne mit dem Zustand eines alten Autos: Hat sich der Rost erst einmal an einzelnen Stellen festgesetzt, kannst Du diesen Rost entweder überstreichen, damit Du ihn nicht mehr siehst oder Du beseitigst ihn gründlich und streichst die rostfreie Fläche neu an. Mit dieser Methode wirst Du auf Dauer im wahrsten Sinn des Wortes besser fahren. Genauso verhält es sich auch mit unserem Coaching!

Unser Coaching beruht auf verschiedenen, erfolgreich und weltweit etablierten Methoden.

»Was Du denkst und was Du wirklich glaubst, das wirst Du sein!«
Viele Menschen sind nach einer Kette von negativen Erfahrungen in eine Spirale der Pseudozufriedenheit geraten. Sie schaffen es nicht mehr, die Konsequenz für eine erfolgreiche Arbeit an einer positiven Zukunft aufzubringen. Im Zustand der Trance haben wir die unglaublich effektive Möglichkeit, unser Unterbewusstsein ähnlich wie eine Festplatte neu zu formatieren, um positive Affirmationen und Bilder direkt abzuspeichern. Dabei erleben viele Menschen einen positiven Nebeneffekt der geistigen »Sperrmüllentsorgung. Durch eine individuelle Behandlung und eine Kombination von sehr effektiven Coaching-Methoden entsteht ein maximaler Erfolg. Trotzdem bist Du selbst immer noch Dein bester Coach, und nur wenn Du bereit bist, Dir helfen zu lassen, hat unser Coaching wirklich Erfolg. Im Profisport werden Coaching und Trance seit vielen Jahren erfolgreich eingesetzt. Dort bezeichnet man die Methode als Mentaltraining. Selbst ich bin heute noch manchmal überrascht, welche enormen Erfolge und Höchstleistungen Sportler durch die Arbeit mit ihrem Unterbewusstsein erreichen können.

Die Kenntnisse, die ich Dir bisher in diesem Buch vermittelt habe, helfen Dir dabei, Dein Leben nachhaltig in eine positive Richtung zu verändern. Bei tiefgreifenden Problemen kannst Du mich und mein Team gerne direkt ansprechen, um mehr über die Möglichkeiten und Chancen unseres Coachings zu erfahren. Und denke immer daran: Positives Denken macht Spaß!

Endlich siehst Du in Deinem Leben mehr als einen Sinn – Du siehst Deine Berufung. Mein Ziel war es, Dir zu zeigen, wie viel Spaß das Leben macht, wenn Du im Bewusstsein der geistigen Gesetze lebst. Positiv zu denken und Deine Sehnsüchte in Erfüllung gehen zu lassen, kann Dir sehr viel Freude machen! Ist es nicht atemberaubend zu wissen, dass Du Dein ganzes Leben von heute auf morgen grundlegend verändern kannst und Dir mit Hilfe Deines Unterbewusstseins Dein eigenes Lebensglück aufbauen kannst? Nutze das unglaubliche Potenzial, das in Dir steckt! Genieße jeden Tag und freue Dich über das Bewusstsein, dass Du Dein Leben endlich nach Deinen Vorstellungen leben kannst. Endlich bist Du in der Lage, ein Leben nach Deinen Wünschen zu schaffen, wenn Du Deine Träume und Visionen so intensiv spürst, als seien sie bereits Realität.

▶ Geschichte – Wunderbare Romanze

Zum Schluss möchte ich eine Geschichte erzählen, die mich ganz besonders berührt hat, zeigt sie doch, was möglich ist, wenn beide Partner in einer Beziehung sich ihrer Selbst und des anderen bewusst werden. Sie verdeutlicht zudem, was ein Paar erreichen kann, wenn beide Seiten bereit sind, alles für die Liebe zu tun. Es handelt sich um eine wundervolle Liebesbeziehung, und ich bin dankbar dafür, hier davon berichten zu dürfen.

Laura und Pascal lernten sich vor etwa 35 Jahren kennen und lieben. Die Beziehung zwischen den beiden war von Anfang an etwas ganz Besonderes. So erzählte Pascal mir, dass er von Laura sofort hin und weg war. Er spürte bereits bei der ersten Begegnung, dass es zwischen ihm und der jungen Frau eine ganz spezielle Form der Harmonie gab, die er so noch mit keinem anderen Menschen erlebt hatte. Daher spürte er sofort: Sie ist die richtige Frau für mich und sonst keine. Zunächst wurden Pascal und Laura enge Freunde. Über einen Zeitraum von zwei Monaten verbrachten sie jede freie Minute miteinander, unternahmen schöne Dinge und kosteten das Leben in vollen Zügen aus. Kein Wunder also, dass aus Freundschaft schon bald Liebe wurde. Doch der Anfang war nicht leicht. Pascal brachte ein Kind mit in die Beziehung, und Laura fiel es zunächst schwer, sich an den neuen Begleiter zu gewöhnen. Darüber hinaus bringt ein Hund jede Menge Verantwortung und einige Einschränkungen mit sich, welche die junge Liebe auf eine harte Probe stellten. Doch die Bereitschaft, dem Partner zuliebe eine Kooperation einzugehen, war so groß, dass die Hürde problemlos überwunden werden konnte. Die Chancen, dass Pascal und Laura miteinander glücklich werden würden, waren also sehr groß. Dennoch hatten die beiden – wie die meisten anderen Menschen auch – immer wieder mit negativen Einflüssen und Schicksalsschlägen zu kämpfen. Gegenüber vielen anderen Paaren hatten sie jedoch einen entscheidenden Vorteil: Beide beschäftigten sich mit der Urlehre des positiven Denkens. Sie fragten sich, was es bedeutet, sich seiner selbst bewusst zu werden und wie der respektvolle Umgang miteinander konkret aussieht. Sie redeten, diskutierten und wurden auf diese Weise ein unschlagbares Team. Zugleich gelang es ihnen, ihre individuelle Persönlichkeit und Eigenständigkeit zu bewahren und sich nicht zu sehr voneinander abhängig zu machen. Selbst schwere Schicksalsschläge konnte das Paar auf diese Weise meistern. Sie bildeten eine starke Allianz, und aus der anfänglichen Verliebtheit entstand eine tiefe, unerschütterliche Liebe, die von absolutem Vertrauen getragen ist. Auch nach 35 Jahren sind Laura und Pascal glücklich miteinander – denn beide wissen, dass es sich lohnt, für die Liebe zu kämpfen.

Du fragst dich vielleicht, warum mir diese Geschichte ganz besonders am Herzen liegt. Ganz einfach: Sie spiegelt so ziemlich alles wieder, was du in diesem Buch gelesen und gelernt hast. Positives Denken, das Erkennen der eigenen Wünsche und Träume, tiefes Vertrauen zum Partner – all das sind wichtige Voraussetzungen für ein sinnerfülltes Leben und eine Zukunft, die vor Glück und Zufriedenheit nur so strotzt.

Alles was Du jetzt in diesem Buch gelesen hast, Deine Selbsterkenntnis und Deine zukünftige Weiterentwicklung, sehe es nicht als Arbeit an, sondern als Vergnügen, das Spass macht. Denn es wird Dir auch grossen Spass bereiten, an Dir selbst etwas verändern zu können und zu sehen, wie erfolgreich und glücklich das Leben sein kann. Das gehört wohl zum schönsten Gefühl, das man selbst empfinden kann.

Wenn Du ein persönliches Gespräch wünscht oder Fragen hast, kannst Du mich und mein Team jederzeit kontaktieren unter:

info@grunauer-coaching.com

Auf unserer Webseite www.grunauer-coaching.com findest alle Informationen zu unseren Dienstleistungen und im Shop viele interessante Artikel (Hörbuch, Meditationen, Musik usw.)

Unsere eigenen geführten Meditationen kannst Du auch begleitend für die Arbeit mit meinem Buch benutzen oder einfach zur Entspannung.

Ich wünsche Dir von ganzem Herzen viel Erfolg bei der Arbeit an Dir selbst und an Deinem eigenen Leben!

Dein Michel Grunauer

Fragen und Selbstcoaching-Methoden

Stell Dir immer wieder folgende Fragen:

- ✓ Bist Du von ganzen Herzen bereit, Dein Leben selbst in die Hand zu nehmen?
- ✓ Was Wünscht du dir sehnlichst?
- ✓ Wer willst Du sein und wer bist du wirklich?
- ✓ Was möchtest Du unbedingt in deinem Leben erreichen?
- ✓ Was macht Dich wirklich glücklich?
- ✓ Was möchtest Du auf keinen Fall bereuen müssen, wenn du einmal im hohen Alter auf dein Leben zurückblickst?

Was hat Dich an der Umsetzung und am Erreichen Deiner Ziele/Träume gehindert?

- ✓ Keine Selbstliebe und zu geringer Selbstwert?
- ✓ Angst davor, was andere über Dich denken könnten?
- ✓ Ein klares Ziel vor Augen?
- ✓ Ist es Faulheit?
- ✓ Ausrede an Ausrede. Suchst Du die Schuld in der Vergangenheit und bei anderen?
- ✓ Die Angst, Deine Schwächen preisgeben zu müssen?
- ✓ Fühlst Du dich rundum wohl in Deiner Haut?
- ✓ Wie sieht es in Deinem Zuhause aus? Fühlst Du Dich da wohl?
- ✓ Solltest du gewisse Dinge in Deinem Umfeld (Personen) klären?
- ✓ Brauchst Du eine berufliche Neuorientierung?

✓ Solltest Du dich von schlechten Gewohnheiten trennen?

Selbstcoaching-Methoden

Als Abschluss biete ich Dir noch weitere Selbstcoaching- Methoden an, die Du, wenn Du möchtest, jederzeit ausprobieren kannst.

Selbstcoaching-Tipp: Positive Ausstrahlung steigern

- Stell Dich selbst als Person mit einer maximal positiven Ausstrahlung vor, wie Du dabei bei den Mitmenschen ankommst. Nun schließe die Augen und betrachte Dein Selbstbild auf einer »Mental-Leinwand«. Registriere welche Emotionen das Bild in Kombination mit dem Satz »ich mag mich« bei Dir auslöst: Stolz, Freude, Zufriedenheit? Gib diesem Gefühl einen Wert auf der Skala (–10 bis +10)

- Fahre fort mit dem Body Scan: Wo im Körper spürst Du das vorhin beschriebene Gefühl, wie fühlt es sich an?

- Beginne mit dem Processing (Arme überkreuzen, auf Schulter abwechselnd mit dem Finger tippen). Erlebe wie das positive Gefühl immer intensiver wird. Führe so viele Sets durch, bis das gute Gefühl nicht mehr zu steigern ist.

Nun lege die flache Hand oben an Deinen Brustkorb. Damit hast Du das positive Selbstbild zusammen mit dem angenehmen Körperecho geankert. Berührst Du nun wieder Deinen Brustkorb an dieser Stelle, ruft er sekundenschnell das dazugehörige nonverbale Muster in deinem Ausdruck auf und wirkt somit sofort auf die Umgebung.

Selbstcoaching-Tipp: Mit dem »Gedanken-Mobil« in den Schlaf gleiten
Wenn Du als Processing Methode die Augenbewegungen (links rechts bewegen) einsetzen möchtest, führst Du die Bewegung mit geschlossenen Augen durch, es handelt es sich hier um eine Einschlafhilfe.

1. Entwerfe für Dich ein »Gedanken-Mobil«.
2. Begib Dich in oder aufs Gedanken-Mobil und setze es mental in Bewegung.
3. Setze mit der Augenbewegung ein (bei geschlossenen Augen).
4. Fahre mit Deinem Gedanken-Mobil Deine Gedankenwelt gründlich ab, verdränge die Gedanken nicht, sondern fahre oder fliege extra öfters um sie herum. Wichtig ist, dass Dein Gedanken-Mobil in Bewegung bleibt.
5. Nach kurzer Zeit spürst Du schon den beruhigenden Effekt. Du gleitest in eine Traumwelt oder in ein angenehmes Ruheerlebnis hinein.

– Diese Mentaltechnik eignet sich natürlich auch tagsüber als Abschalthilfe oder Feierabendritual.
– Selbstverständlich kannst Du die direkten Varianten wählen: Du fokussierst das Körperecho auf die unangenehmen Gedanken und führst das Processing durch.

Selbstcoaching-Tipp: Kraftquelle bewusst aktivieren
Du kannst diese Übung im Liegen oder bequem im Sitzen anwenden. Kreuze die Unterarme über dem Brustkorb, sodass deine Hände mit den Fingerspitzen die beiden Schultern berühren. Nun kannst Du mit den Handflächen oder Fingerspitzen die Schultern durch leichtes abwechselndes Klopfen berühren.

1. Denke an eine zukünftige Situation, in der Du Deine positiven Ressourcen brauchst.

2. Bestimme einen »Erfolgsschalter«: Finger, Daumen, grosser Zeh usw.

3. Denke nun an eine vergangene Situation, in der Du genau die Ressourcen hattest, die Du Dir für die zukünftige Situation wünschst: Gelassenheit, Begeisterung, Mut, Wachsamkeit, Reaktionsschnelligkeit, Humor, Distanz usw. Dabei ist es völlig egal, in welcher konkreten Situation das war. Entscheidend ist nicht, was Du gemacht hast, sondern wie, also mit welcher inneren Aktivierung, Du die Situation gemeistert oder erlebt hast.

4. Suche den besten Moment heraus, den Du ab jetzt fokussierst.

5. Bestimme einen positiven Ich-Satz, der Deine Wahrnehmung von sich selbst heute treffend beschreibt.

6. Benenne die Emotion, die auf den Gesamtzustand zutrifft: Freude, Zufriedenheit, Begeisterung usw.

7. Ordne dieser positiven Gesamtbefindlichkeit auf der Skala einen Wert zwischen 0 und +10 zu.

8. Mache den Bodyscan, um das positive Körperecho auf die angenehmen Erinnerungen zu fokussieren.

9. Führe das Processing durch, bis das Wellness-Erlebnis nicht mehr zu steigern ist.

10. Denke an die zukünftige Situation und benutze dabei Deinen »Erfolgsschalter«. Auf diese Weise hat Dein Unterbewusstes jetzt schon das zukünftige Ereignis mit einer inneren Kraftquelle in Verbindung gebracht.

11. Verankere das positive Erlebnis durch einige weitere Sets, bewege zur Verankerung weiterhin den »Erfolgsschalter«.

12. Wenn Du die Situation im wirklichen Leben erlebst, setze gezielt Deinen Erfolgsschalter ein.

Selbstcoaching-Tipp: Dem Konflikt »Beine machen«
In einem Streit- und Konfliktgespräch könnt Ihr gemeinsam einen Spaziergang unternehmen. Allein das Gehen regt das Gehirn zur fortlaufenden bilateralen Hemisphärenstimulation an. Auf diese Weise gerät nicht nur die Körperbewegung, sondern auch die Sprache wieder in Fluss.

Auch wenn Ihr nach guten Ideen sucht und nicht weiterkommt, geht spazieren, joggen oder fahrt Fahrrad. Ideensuche spielt sich nämlich nicht nur in inneren Bildern, sondern auch im inneren Dialog ab. Auch hierfür benötigen wir unser Sprachzentrum, das durch bilaterale motorische Impulse seinen Redefluss wiederfindet.

Selbstcoaching-Tipp: Mentale Entspannung
Gehe in die absolute Ruhe. Stell dir vor, wie du einen Felsvorsprung hochgehst. Im Vordergrund siehst Du das offene, weite Meer. Wenn du oben angekommen bist, fühlst Du dich absolut wohl und geniesst diesen wunderschönen Ausblick. Lege dich nun geistig auf diesem Felsvorsprung in eine herrlich duftende Wiese und sage Dir folgende Worte immer und immer wieder:

»Frieden ist in meinem Herzen und Frieden ist in meiner Seele.«

Selbstcoaching-Tipp: Sehnsüchte in einer Partnerschaft
Legt einen gemütlichen Teppich oder eine Decke aus, zündet ein paar Kerzen an und setzt Euch Rücken an Rücken. Schliesst beide die Augen. Einer von euch bekommt an einem Abend das Wort und darf dem anderen mitteilen, was er fühlt, sich vorstellt, was ihn belastet, stört, beschäftigt und welche Sehnsüchte er hat.

Wichtig: Es spricht nur eine Person. Der andere bleibt still und hört sich das Anliegen des anderen an. Weder in diesem Moment noch danach wird über das Gesagte diskutiert. Die zuhörende Person soll sich bis zum nächsten Tag in aller Ruhe Gedanken machen. Am nächsten Abend macht ihr diese Übung wieder, nun darf diesmal die andere Person sprechen. Sie darf zuerst auf das am Vorabend vom Partner gesagte antworten und im Anschluss die eigenen Bedürfnisse mitteilen.

Diese Übung könnt ihr so oft wiederholen, wie Ihr möchtet.

Macht Euch nie Vorwürfe oder beschwert euch nicht. Sprecht immer aus Eurer Empfindung heraus. Und es findet zu keiner Zeit eine Diskussion statt! Wenn Ihr die Übung konsequent und richtig macht, werdet Ihr beide überrascht sein von der Wirkung dieser Übung.

Selbstcoaching-Tipp: Thymusdrüsenstimulation
Wenn du nur drei bis fünf Minuten täglich die Thymusdrüse stimulierst, steigerst Du damit die subjektive verfügbare Körperkraft und die Krankheitsabwehr. Auch das mentale Leistungsvermögen wird durch diese Stimulation stabilisiert.

Die kraftspendende Wirkung der Thymusdrüsenstimulation hält zwei bis drei Stunden an.

Die Thymusdrüse befindet sich etwa fünf Zentimeter oberhalb des unteren Brustbeinanfangs, klopfe mit der lockeren Faust abwechselnd links und rechts darauf wie ein »Tarzan«.

Klopfe einfach so lange, bis Du einen tiefen Atemzug machen musst. Das tiefe Einatmen zeigt die Wirkung der Stimulation an. Dies kannst Du immer wieder nach Bedarf wiederholen.

Selbstcoaching-Tipp: Tod und Trauer
Gehe in einen Zustand der absoluten Ruhe, am besten an Deinen Ressourcen-Ort. Lade dann in deine Vorstellung den verstorbenen an diesen Ort ein. Nimm ihn in den Arm und verabschiede Dich von ihm. Sag der Person alles, was Dir auf dem Herzen liegt. Erlebe dabei, wie gut es der Person geht und spüre dass dein Schmerz nach und nach vollkommen verschwindet.

Sobald du bereit bist und einen Frieden gefunden hast, lass die Person in Liebe gehen und freu dich auf euer Wiedersehen.

Die »Belief-Liste«

Negative Kognitionen
Ich verdiene keine Liebe
- Ich bin ein schlechter Mensch
- Ich bin schrecklich
- Ich bin wertlos (nutzlos)
- Ich muss mich schämen
- Ich bin nicht liebenswert
- Ich bin nicht gut genug
- Ich verdiene nur Schlechtes
- Ich bin nicht vertrauenswürdig
- Ich kann mir selbst nicht trauen
- Ich kann meinem Urteil nicht trauen
- Ich kann keinen Erfolg haben
- Ich habe die Kontrolle verloren
- Ich bin hilflos
- Ich bin schwach
- Ich kann mich nicht schützen
- Ich bin dumm
- Ich bin unwichtig
- Ich bin eine Enttäuschung
- Ich verdiene den Tod
- Ich verdiene, dass es mir schlecht geht
- Ich kann nicht kriegen, was ich will
- Ich bin ein Versager (werde versagen)
- Ich muss perfekt sein (allen gefallen)
- Ich sterbe jetzt
- Es war meine Schuld
- Ich bin auf immer geschädigt
- Ich bin (mein Körper ist) hässlich
- Ich hätte etwas tun müssen (bin schuld)
- Ich habe etwas verkehrt gemacht
- Ich bin in Gefahr (Es ist aus mit mir)
- Ich kann es nicht ausschalten
- Ich kann niemandem vertrauen
- Ich bin es nicht wert ...

Positive Kognitionen
Ich verdiene Liebe/ kann Liebe bekommen
- Ich bin ein guter (liebender) Mensch
- Ich bin in Ordnung so wie ich bin
- Ich bin wertvoll
- Ich bin ehrenwert
- Ich bin liebenswert
- Ich bin gut genug (verdiene es)
- Ich verdiene Gutes
- Ich bin vertrauenswürdig
- Ich kann (lernen), mir selbst (zu) trauen
- Ich kann meinem Urteil trauen
- Ich kann erfolgreich sein
- Ich habe jetzt die Kontrolle
- Ich habe jetzt Wahlmöglichkeiten
- Ich bin stark
- Ich kann (lernen), für mich (zu) sorgen
- Ich kann (daraus) lernen
- Ich bin wichtig
- Ich bin in Ordnung, so wie ich bin
- Ich verdiene es zu leben
- Ich verdiene, dass es mir gut geht
- Ich kann erreichen, was ich will
- Ich kann es schaffen
- Ich kann ich selbst sein (Fehler machen)
- Es ist vorbei
- Ich habe getan, was ich konnte
- Ich bin gesund (kann gesund sein)
- Ich bin in Ordnung (attraktiv/ liebenswert)
- Ich habe getan, was ich konnte
- Ich habe daraus gelernt/ kann daraus lernen
- Es ist vorbei
- Ich kann damit umgehen
- Ich kann wählen, wem ich vertraue
- Ich bin es wert ... (darf jetzt ... haben)

Literatur

Mein in diesem Buch erwähntes Fachwissen und inhaltliche Zusammenhänge resultieren aus verschiedenen Literaturen, Aus- und Weiterbildungen:

Wingwave-Coaching
Roger Marquardt – Coaching und Training

Magic Words
Besser Siegmund Institut – Hamburg

Neurolinguistisches Coaching-NLC
Besser Siegmund Institut – Hamburg

»Wie der Flügelschlag eines Schmetterlings«-Buch
Besser Siegmund Institut – Hamburg

Die Psychologie der Intimität
Tobias Ruland

Systemische Sexualtherapie
Ulrich Clement

Christian Huber – Lifecoaching
Mental- und Lifecoach C. Huber

Überzeugungspsychologie
Branka Ternegg

Systemisches Coaching
St. Galler Coaching Modell (5-dCM)

Die 5 Wirkungsfaktoren der Therapie
Walther Corman

Psychologische Kommunikationsprozesse
PFH Professional School – Berlin

Konfliktmanagement
PFH Professional School – Berlin

Differenzierte Persönlichkeitspsychologie
PFH Professional School – Berlin

»Gelassenheit für Anfänger«
Roland Schweppe und Aljoscha Long

Supervision
Tilmann Moser; Dr. Joseph Murphy
Erhard F. Freitag Institut für Hypnoseforschung

Erfolgsfaktor Mensch, Coachen
Marcus Schildknecht Care – Basel

Mit Überzeugung Coachen und Führen
Marcus Schildknecht Care – Basel

Michel Grunauer – Lifecoaching
Iso Zertifizierter Mental- und Lifecoach – Europa

Stress und Burn-out
Dr.med. Joachim Leupold

Psychosomatic Medicine
Bishop S.R.

Das Burn-out-Syndrom
Burisch M.